Beltz Taschenbuch 892

Über dieses Buch:
Immer mehr Kinder leiden unter extremer Schüchternheit und Sozialangst: Wie reagiert man am besten, wenn das Kind jeden Morgen weint, weil es nicht in den Kindergarten oder in die Schule will? Wenn es andere Leute meidet? Wann ist schüchtern wirklich zu schüchtern? Wann ist ängstlich zu ängstlich? – Dieses Buch gibt sinnvolle Handlungsimpulse. Denn: Wenn in der Kindheit nichts dagegen unternommen wird, entwickeln sich diese Kinder oft zu Erwachsenen mit Sozialphobien, Depressionen und anderen psychischen Problemen.

Die Autoren:
Dr. Barbara G. Markway und *Dr. Gregory P. Markway* sind klinische Psychologen und Therapeuten mit dem Schwerpunkt Angststörungen.
Dr. Gregory Markway arbeitete lange Zeit an der verhaltensmedizinischen Abteilung der Universität von Washington und hat jetzt eine eigene Praxis.
Bei Beltz erschien 2003 ihr Buch »Frei von Angst und Schüchternheit. Soziale Ängste besiegen – ein Selbsthilfeprogramm.«

Barbara G. Markway
Gregory P. Markway

Kinderängste und Schüchternheit überwinden

Ein Praxisratgeber für Eltern

Aus dem Amerikanischen von Andreas Nohl

BELTZ
Taschenbuch

Titel der amerikanischen Originalausgabe:
Nurturing the Shy Child: Practical Help for Raising Confident and Socially Skilled Kids and Teens

First published by Thomas Dunne Books, an imprint of St. Martin's Press, New York, 2005
Dieses Werk wurde im Auftrag von St. Martin's Press, L.L.C., durch die Literarische Agentur Thomas Schlück GmbH, 30827 Garbsen, vermittelt.

Vorbemerkung an den Leser:
Dieses Buch soll Ihnen als Informationsquelle dienen, es kann weder eine psychologische noch eine medizinische Beratung ersetzen.

Für Kayla und Sherry

Beltz Taschenbuch 892
1. Auflage 2007

www.beltz.de
Umschlaggestaltung: Federico Luci, Odenthal
Umschlagabbildungen: Mauritius, Mittenwald
Satz: WMTP GmbH, Birkenau
Druck und Bindung: Druck Partner Rübelmann, Hemsbach
Printed in Germany

ISBN 978-3-407-22892-5

Inhaltsverzeichnis

Einführung:

Frei von Angst und Schüchternheit

von Barbara G. Markway

Ich habe mein ganzes Leben Schüchternheit und Sozialangst studiert. Ein Teil meiner schwer erarbeiteten Kenntnisse basiert auf eigener Lebenserfahrung. Erinnern Sie sich an das Kind, das in der Klasse ganz hinten saß und nie einen Ton herausbrachte? Dieses Kind war ich. Ich wuchs mit meiner krankhaften Schüchternheit auf und litt bis weit über Mitte zwanzig unter starker Sozialangst. Ich weiß, wie es ist, wenn man viel zu sagen hat, sich aber nicht zu reden traut. Ich weiß, wie es ist, wenn in einer sozialen Situation mein Gesicht rot wird und mein Herz unkontrolliert zu rasen beginnt. Ich weiß, wie es ist, Entscheidungen danach zu treffen, was ich mir zutraue, und nicht danach, wozu ich Lust habe. Und ich weiß, was es heißt, mich wegen dieser Dinge selbst anzuklagen und schlecht zu fühlen.

Zum Glück habe ich große Fortschritte bei der Überwindung meiner Sozialangst gemacht. Ich bin immer noch recht still im Vergleich zu anderen – so bin ich nun mal. Doch schränke ich mein Leben nicht mehr aufgrund von Furcht ein. Ich sage, was ich sagen will, und tue, was ich tun will. Ich gehe hinaus in die Welt und setze meine Fähigkeiten ein und mache mir nicht so viele Gedanken darüber, was andere von mir denken. Vor allem aber: Ich habe kein geringes Selbstwertgefühl und keine Depressionen mehr, die so oft mit Sozialangst gepaart sind.

Der andere Teil meiner Kenntnisse stammt aus dem Studium. Ich habe in Psychologie promoviert und mittlerweile fast zwanzig Jahre klinische Erfahrung gesammelt. Ich habe mit Menschen aller Altersgruppen gearbeitet, die an schwerer Schüchternheit und Sozialangst leiden, und ich weiß, welches Unglück diese Störungen bedeuten können. Noch wichtiger ist mir jedoch: Ich kenne die enormen Fortschritte, die wir gemacht haben, um diese Probleme zu verstehen und Menschen zu helfen.

Als mein Mann Greg und ich *Frei von Angst und Schüchternheit – Soziale Ängste besiegen* schrieben, sprachen wir vor allem mit und von Erwachsenen, die unter Sozialangst litten, auch wenn wir ein Kapitel über Kinder einfügten und wie man ihnen helfen kann. Nach der Veröffentlichung dieses Buches haben wir ein überwältigendes Feedback von Lesern bekommen, die uns zeigten, wie groß der Bedarf für unser Buch tatsächlich war. Eine häufige Äußerung, die wir von Lesern hörten, lautete etwa: »Ich wünschte, meine Eltern hätten das alles gewusst, als ich bei ihnen aufwuchs. Vielleicht hätte mir das viel von dem Elend erspart, das ich durchmachen musste.« In der Tat: Das Gleiche dachte ich auch. Wie schön wäre es gewesen, wenn krankhafte Schüchternheit schon vor vierzig Jahren als ein ernst zu nehmendes Problem angesehen worden wäre. Aber das war nicht der Fall. Wie Sie später lesen werden, ist die Soziale Angststörung in der psychologischen Fachwelt ein noch relativ neuer diagnostischer Begriff. Das heißt nicht, dass es die Störung vorher nicht gab – es gab nur keinen Namen dafür.

Also ist unser Ziel, mit dem vorliegenden Buch *Kinderängste und Schüchternheit überwinden* Eltern, Lehrern, Psychologen, Therapeuten und anderen betroffenen Erwachsenen die Informationen und Techniken an die Hand zu geben, mit denen sie schüchternen, sozialphobischen Kindern so früh wie möglich helfen können. Forschungsstudien weisen darauf hin, dass die Soziale Angststörung sich früh entwickelt, häufig während der Adoleszenz. Tatsächlich berichten uns viele unserer Klienten, dass sie sich an keine Zeit erinnern können, in der sie nicht krankhaft schüchtern gewesen seien. Wenn wir etwas von dem Leid, das mit der Sozialen Angststörung verbunden ist, verhindern oder abbauen können, dann haben wir etwas Wichtiges geschafft.

Mein Mann und Mitautor Greg, ebenfalls Psychologe, hat vielen Menschen geholfen, lang anhaltende Ängste zu überwinden und wieder ein volles, produktives Leben zu führen. Er hat an unseren Schreibprojekten einen wichtigen Anteil. Während ich gewöhnlich diejenige bin, die am Computer sitzt und die ersten Fassungen schreibt, macht Greg mit seinem Scharfsinn Vorschläge für Zusätze oder Veränderungen. Auch wenn wir dieses Buch als Team geschrieben haben, so wollen wir doch unsere Leser nicht verwirren, indem wir uns ständig abwechseln und sie darauf hinweisen, wer was sagt. Daher also: Das Buch ist zur Hauptsache in »meiner Stimme« geschrieben. »Wir« bezieht sich auf Greg und mich, »Ich« hingegen nur auf mich (Barbara).

Da wir gerade beim Thema Schreibstil sind: Es ist uns bewusst, dass es manchmal lästig sein kann, geschlechtsneutral zu schreiben. Manchmal benutzen wir das Pronomen »er« und manchmal »sie«. Da sowohl Jungen wie Mädchen unter Schüchternheit und Sozialangst leiden können, gehen wir auf eine Vielzahl von Beispielen ein, die dies spiegeln. Alle Namen wurden geändert, um die Privatsphäre unserer Klienten zu schützen. Außerdem sind manche der Fallbeispiele aus Geschichten mehrerer Kinder zusammengesetzt, mit denen wir zusammengearbeitet haben.

Eine letzte Bemerkung: In diesem Buch erscheinen die Begriffe »Schüchternheit« und »Sozialangst« manchmal austauschbar. Wir gehen auf die Definitionen und Unterscheidungen im nächsten Kapitel ein, doch manche der Unterscheidungen sind wirklich nur semantische Spielerei. Dieses Buch möchte Ihnen zeigen, wie Sie Ihrem Kind helfen können, ob es nun einfach nur in manchen Situationen schüchtern ist oder ob es in fast allen sozialen Situationen Angst empfindet. Die Prinzipien, mit denen wir uns der Furcht stellen und Angstzustände meistern, sind die gleichen. Natürlich ist es Ihr Wunsch als Lehrer oder Eltern, Ihrem Kind so zu helfen, dass es seine vollen Fähigkeiten ausschöpfen kann – oder, wie es in einer Werbung heißt, ihm zu helfen, alles das zu sein, was es sein kann. Unser Wunsch und unsere Überzeugung ist es, dass dieses Buch für Sie eine große Hilfe in diesem Prozess sein wird.

Kapitel 1

Wie schüchtern ist zu schüchtern?

Das Erkennen von krankhafter Schüchternheit und Sozialangst bei Kindern

Als ich Austin zum ersten Mal traf, musste ich ihn unter dem Tisch im Wartezimmer begrüßen. Dort hockte er mit seinen Sommersprossen und seinem rotlockigen Haar, die Arme um die Knie verschränkt, die Augen auf den Boden geheftet. Während seine Eltern versuchten, ihn unter dem Tisch hervorzulocken, wurde mir klar, wie groß die Angst des Jungen sein musste. »Hallo, Austin. Ich habe ein paar Spielsachen in meinem Sprechzimmer. Du kannst damit spielen, während ich mich mit deinen Eltern unterhalte«, sagte ich. Seine blauen Augen sahen mich kurz an, als ich ihm erklärte, dass er kein Wort zu sagen brauche, wenn er nicht wolle. Seine Eltern atmeten erleichtert auf, als Austin unter dem Tisch hervorkam und uns ins Sprechzimmer folgte.

Im Gespräch mit seinen Eltern erkundigte ich mich nach Austins Interessen. Ich erfuhr, dass er Baseball mochte. Er und sein Vater schauten sich die wichtigsten Spiele der ersten Liga gemeinsam im Fernsehen an, und sie übten fast jeden Abend im Garten mit dem kleinen Ball. In diesem Jahr war Austin endlich so weit, dass er mit einem regelrechten »Wurftraining« beginnen konnte. Am Tag der ersten Trainingsstunde ging es Austin schlecht. Er hielt sich seinen Bauch vor Magenschmerzen und bat seine Eltern, nicht hingehen zu müssen. »Ich wusste, dass er nichts hatte, weil er bis zu dem Moment vollkommen normal war, als ich sagte, dass wir aufbrechen müssen«, erklärte seine Mutter.

Die ganze Spielsaison lief schlecht, und alle Beteiligten waren frustriert. Austin weinte vor jedem Training und hatte einen heftigen Gefühlsausbruch vor jedem Spiel. Manche der Ausbrüche waren so wild, dass seine Eltern ihn strampelnd und schreiend vom Boden heben und ins Auto tragen mussten. Er sprach mit keinem der anderen Jungen in seiner Mannschaft, und dem Trainer konnte er kaum in die Augen sehen. Auch wenn Austin offensichtlich eine gewisse sportliche Begabung zeigte, nachdem er mit seinem Vater so viel im Garten geübt hatte, versteinerte er auf dem Spielfeld und war zu keiner Bewegung imstande.

Die Probleme, die sie in jenem Sommer mit Austin und dem Baseball hatten, waren ihnen allerdings schon vertraut, berichteten seine Eltern. Den Herbst davor sagte Austin, er wolle zu den Pfadfindern. Sie meldeten ihn an, doch als es zum ersten Treffen kommen sollte, hatte Austin einen seiner Anfälle, er weinte und weigerte sich hinzugehen. Seine Eltern, die selbst nicht sonderlich begeistert von der Pfadfinderidee waren, meldeten ihn nach ein paar traumatischen Versuchen, ihn zur Gruppe zu bringen, ab.

Sie erklärten, dass Austin zu Hause eine ganz schöne Quasselstrippe sein konnte und mit seinem Bruder und seiner Schwester sehr gut auskam. Doch in der Schule zeigte sich ein anderes Bild. In den Elternsprechstunden äußerte die Lehrerin das ganze Jahr hindurch ihre Besorgnis darüber, dass Austin »so still« war und sich an keiner Diskussion in der Klasse beteiligte. Sie berichtete auch, dass er in den Pausen für sich allein spielte. Er schien nicht zu wissen, wie er sich anderen Kindern anschließen konnte. Außerdem klagte Austin in der Schule häufig über Bauchschmerzen und wollte ins Sanitätszimmer geschickt werden.

Zwar sagten ihnen ihre Freunde und Verwandten, Austin sei »nur schüchtern«, doch überzeugte dies seine Eltern nicht. Ich war froh, dass sie Austin zu mir brachten. Von meiner langjährigen Arbeit mit Kindern wie Austin wusste ich, dass er nicht »nur schüchtern« war. Er war *krankhaft schüchtern.* Seine Schüchternheit behinderte sein Leben. Sie hielt ihn von Dingen ab, die Spaß machten, wie Baseball oder Pfadfinderei, und sie verhinderte, dass er sich in der Schule wohl fühlte. Schließlich konnte seine schwere Schüchternheit, wenn sie nicht behandelt wurde, zu weiteren Problemen führen: zu schlechten Leistungen in der Schule, geringem Selbstwertgefühl und Depressionen.

Der Fachbegriff für den Zustand, in dem sich Austin befindet, heißt *Soziale Angststörung* oder auch *Sozialphobie*. In dem Rest dieses Kapitels wollen wir definieren, was Sozialangst ist, an welchem Punkt sie zu einer Störung wird und welches die üblichen Symptome bei Kindern sind, die darunter leiden. Sie haben dann Gelegenheit, einen Fragebogen auszufüllen, um selbst feststellen zu können, ob Ihr Kind möglicherweise an einer Sozialen Angststörung leidet und wo seine spezifischen Probleme liegen. Die wichtigste Information, die Sie diesem Kapitel entnehmen können, ist vielleicht die, dass Sie nicht alleine sind. Wie es bei Austin der Fall war, kann es für Eltern eine große Erleichterung bedeuten, wenn sie erfahren, dass die Probleme ihres Kindes einen Namen haben und erfolgreich behandelt werden können.

Was ist Sozialangst?

Sozialangst ist ein universelles Phänomen – sie ist für das Überleben notwendig. Vielleicht ließ sich ihr Überlebenswert in früheren Zeiten leichter erkennen, als die Menschen sich in Gruppen zusammenrotten mussten, um Nahrung zu beschaffen, Wohnraum zu bauen und sich vor Feinden zu schützen. Sozialangst hatte die Funktion, die Menschen eng an ihre Gruppe zu binden. Sich von der Gruppe zu entfernen war mit einem tödlichen Risiko verbunden.

Bis zum heutigen Tag hält unsere Entwicklung als Gruppenwesen an. Wir wollen akzeptiert werden. Wir wollen zu den anderen gehören. In dieser Hinsicht ist eine gewisse Sozialangst etwas durchaus Normales und sogar Nützliches. Schließlich sind Menschen, die sich *nie* darum scheren, was andere denken, meist kein angenehmer Umgang und haben daher eine andere Art von Problemen.

Aber was ist Sozialangst nun genau? Sie ist ein Gefühl der Erwartung oder der Besorgnis, von anderen auf irgendeine Weise beurteilt oder missbilligt zu werden, ob dies nun tatsächlich der Fall ist oder nicht.

Vielleicht empfiehlt es sich hier, die Sozialangst anhand von ein paar alltäglichen Beispielen zu erklären:

- Scham, wenn man ein Glas umgestoßen hat;
- »Lampenfieber« vor einem größeren Auftritt;
- Verlegenheit beim Gespräch mit jemandem, den man nicht so gut kennt;
- Aufgeregtheit bei einem Vorstellungsgespräch;
- starke Nervosität vor einer Rede.

Dies sind verbreitete Gefühle, die so gut wie jeder einmal hatte. Kinder kennen aus ihrem Alltagsleben natürlich ebenfalls solche Ängste. Da die meisten von ihnen zur Schule gehen, gehören viele Situationen, die Sozialangst auslösen, der Schulwelt an:

- vom Lehrer aufgerufen werden;
- ein Referat vor der Klasse halten;
- laut vorlesen;
- essen unter Fremden;
- an die Tafel schreiben;
- auf die Schultoilette gehen.

Da die Sozialangst so universell ist, wie soll man da wissen, wo die Reaktionen unseres Kindes angesiedelt sind? Innerhalb des normalen Bereichs? Oder stellt die Sozialangst – wie im Fall von Austin – ein größeres Problem dar? Mit anderen Worten: Woher wissen wir, wann Sozialangst zur Sozialen Angststörung, also zu einer klinischen Diagnose wird?

Die Diagnose der Sozialen Angststörung

Psychologen und Therapeuten greifen meist zu *The Diagnostic and Statistical Manual of Mental Disorders – Fourth Edition (DSM-IV)* (deutsche Ausgabe: Diagnostisches und Statisches Manual Psychischer Störungen DSM-IV), um eine Diagnose vorzunehmen. Zwar ist das System nicht vollkommen, doch sind Diagnosen aus einer Reihe von Gründen unverzichtbar. Ohne eine begriffliche Einordnung gibt es weder die Forschung, die zum Erkennen eines Problems notwendig ist, noch die Entwicklung effektiver Behandlungsmethoden. Praktisch gesprochen: Wenn Sie psychologische Hilfe für ein Problem haben wollen, das sich nicht diagnostizieren lässt, wird die Krankenkasse kaum für die Kosten aufkommen wollen.

Betrachten wir die spezifischen Kriterien, die für eine klinische Diagnose der Sozialen Angststörung erfüllt sein müssen. Das *DSM-IV* stellt fest, dass ein Mensch mit Sozialer Angststörung

- starke und nicht nachlassende Angst vor sozialen Situationen hat, die zu Verlegenheit oder Ablehnung führen können;
- unmittelbare körperliche Angstreaktionen vor drohenden sozialen Situationen zeigt;
- erkennt, dass seine Ängste stark übertrieben sind, aber ihnen hilflos ausgeliefert ist;
- die drohende soziale Situation meist um jeden Preis vermeidet.

Wenn jemand nur vor einer oder wenigen spezifischen sozialen Situationen Angst hat – öffentliches Reden ist ein häufiges Beispiel –, so sprechen wir von einer *Spezifischen* oder *Diskreten Sozialphobie*. Dagegen handelt es sich um eine *Allgemeine Sozialphobie*, wenn eine Person vor vielen oder den meisten sozialen Situationen Angst hat und diese vermeidet.

Wenn diese grundlegenden Kriterien für eine Diagnose der Sozialen Angststörung erfüllt sind, können die individuellen Symptome zwar schwanken, aber in der Regel fallen sie in drei

Kategorien: die kognitiven oder mentalen Symptome (was wir denken), die körperlichen Reaktionen (wie sich unser Körper anfühlt) und das Vermeidungsverhalten (wie wir handeln). Wir wollen uns diese drei Bereiche genauer ansehen.

Die mentale Angst

Menschen mit Sozialer Angststörung leiden unter Selbstzweifeln und denken negativ über sich:

- Sehe ich anständig aus?
- Wird mir etwas einfallen, über das ich reden kann?
- Erscheine ich dumm oder langweilig?
- Was, wenn die anderen mich nicht mögen?

Sozialphobiker sind von der Angst vor einer möglichen Zurückweisung oder Ablehnung beherrscht, und sie achten ständig auf Anzeichen, die ihre negativen Erwartungen bestätigen.

Die kognitiven Symptome der Sozialen Angststörung sind bei Kindern, insbesondere bei kleinen Kindern, oft nicht leicht zu erkennen. Sie reagieren mit intensiver Angst, können aber nicht sagen, was sie so bedroht. Das war zum Beispiel bei Claire der Fall. Immer, wenn es Zeit war, irgendwohin zu gehen, etwa in eine Spielgruppe oder zu einer befreundeten Familie, wehrte sie sich dagegen. Gewöhnlich begann sie mit den Worten: »Ich will da nicht hin.« Wenn ihre Eltern sie fragten, warum nicht, antwortete sie: »Ich weiß nicht. Es wird langweilig.« Das hörten ihre Eltern oft: »Es wird langweilig.« Bei weiterem Fragen wurde Claire schriller und lauter. Sie bat und flehte, nicht gehen zu müssen, konnte ihren Eltern aber nie einen plausiblen Grund nennen, der ihre Weigerung gerechtfertigt hätte.

Die körperliche Qual

Viele Menschen wissen nicht, dass Sozialangst nicht selten von massivem körperlichem Leiden begleitet wird. Zum Beispiel kann eine soziale Situation, in der jemand akute und schwere

Angstzustände erlebt, eine Panikattacke auslösen, die wiederum mit einigen der folgenden Symptome verbunden ist: Kurzatmigkeit, Engegefühl oder Schmerzen im Brustkorb, Herzrasen, Kribbeln oder Taubheit in den Gliedern, Übelkeit, Durchfall, Schwindelgefühl, Zittern und Schweißausbrüche. Panikattacken kommen gewöhnlich schnell, erreichen in fünf bis zwanzig Minuten ihren Höhepunkt und klingen dann wieder ab. Man hört nicht selten von Leuten, dass ihre Panikattacken sehr viel länger angedauert hätten; doch rechnen sie wahrscheinlich die Nachwirkungen der Attacke ein, wie Restangst und eine verstärkte Wahrnehmung körperlicher Empfindungen, die im Grunde nicht mehr zur Attacke selbst gehören.

Adoleszente erleben eher Panikattacken als jüngere Kinder. Bei kleinen Kindern sind sie sogar ungewöhnlich. Kleinere Kinder mit Sozialangst klagen typischerweise über Kopf- und Bauchschmerzen, auch wenn sie möglicherweise noch andere körperliche Symptome haben.

Doch unabhängig davon, unter welchen spezifischen körperlichen Symptomen Ihr Kind leidet, ist Angst immer qualvoll. Wenn der Körper ständig in Alarmbereitschaft ist, fordert dies seinen Preis und kann zu Energiearmut, Verspannungen, Reizbarkeit und Schlafstörungen führen.

Der Preis der Vermeidung

Es liegt in der menschlichen Natur, Schmerz und Leid zu vermeiden. Von der Perspektive der Evolution her betrachtet, sind wir darauf »geeicht«, uns entweder einem Kampf zu stellen oder vor einer gefährlichen Situation zu fliehen. Es ist daher nicht überraschend, wenn Kinder und Jugendliche (nicht anders als Erwachsene) mit Sozialer Angststörung dazu neigen, Situationen zu vermeiden, die sie für potenziell demütigend erachten. Das kann bedeuten, dass sie nie auf eine Party gehen. Es kann bedeuten, dass sie nur wenige oder gar keine Freunde haben. Es kann sogar bedeuten, dass sie die Schule verlassen. Die Folgen des Vermeidens variieren natürlich je nach Person und Schwere ihrer Angststörung. In allen Fällen jedoch verringern Sozialphobiker aus Angst ihre Wahlmöglichkeiten. Die Entscheidungen in ihrem Leben richten sich also eher danach, womit sie sich wohl fühlen, als nach dem, was sie eigentlich tun wollen.

Weil Kinder nicht so sehr in der Lage sind, Angstsituationen zu vermeiden (sie *müssen* in die Schule gehen), werden Eltern bei diesen sozialphobischen Kindern wahrscheinlich Verhaltenssymptome sehen, wie zum Beispiel:

- Weinen;
- Wutausbrüche;
- Erstarren;
- Anklammern;
- sich eng an ein Familienmitglied halten.

Leider werden diese Kinder oft für »widerspenstig« und »trotzig« gehalten. Doch das trifft selten zu. Wenn wir uns die Tatsache vergegenwärtigen, dass Kinder nicht die gleiche Freiheit haben, Situationen, vor denen sie sich fürchten, zu vermeiden, leuchtet ihr Verhalten eher ein. Wenn ein angstvolles Kind merkt, dass es mit dem Rücken an der Wand steht und zu etwas gezwungen wird, vor dem es sich fürchtet, erscheint ein solches »Ausagieren« mit Tränen oder Wutanfällen als einzige Option.

James, dreizehn Jahr alt, ist sehr intelligent, aber er war nie sonderlich sportlich. Außerdem, was die Sache verschlimmert, leidet er unter sportinduzierten Asthmaanfällen. Er hatte im Sportunterricht immer Probleme. Er wird häufig von anderen Kindern aufgezogen, und im letzten Jahr hatte ihn sein Sportlehrer vor der ganzen Klasse bloßgestellt, weil er keine 1.500 Meter laufen konnte. Zu Beginn des nächsten Schuljahres zog er sich vor dem Sportunterricht seine Turnsachen an, tat, was man ihm sagte, und gab sein Bestes. Er war ansonsten immer ein Schüler mit gutem Betragen, der sich bemühte, mit den anderen gut auszukommen. Doch eines Tages nannte ihn ein anderer Junge »Fettkloß«, und bei James riss der Faden. Er warf den Jungen zu Boden und hieb auf ihn ein, und beide bekamen Schularrest. Von diesem Tag hatte James genug. Er weigerte sich, sich für den Sportunterricht umzukleiden, und sagte dem Vertrauenslehrer, dass es ihm egal sei, wenn er eine »6« bekäme. Jemand, der die Situation nur von außen betrachtet hätte, wäre wohl zu dem Schluss gekommen, James sei ein Unruhestifter. Doch das traf keineswegs zu.

Lassen Sie uns einen Blick auf die beiden Extrembeispiele des Vermeidungsverhaltens im Zusammenhang mit der Sozialangst werfen – den *selektiven Mutismus* und die *Schulverweigerung*. Kinder mit selektivem Mutismus sprechen nicht in der Schule und an Orten, wo andere sie hören könnten, oder sie sprechen nur in einem kaum hörbaren Wispern. Diese Kinder sprechen frei und problemlos, wenn sie zu Hause in ihrer Familie sind. Dieser Zustand wurde früher »elektiver Mutismus« genannt, worin sich die Ansicht spiegelte, dass diese Kinder aus eigenem Willen nicht sprachen, sei es aus Trotz oder um Aufmerksamkeit zu erregen. Heutige Theorien gehen davon aus, dass die Störung *nicht* elektiv, also gewählt ist. Vielmehr ist es so, als ob die Stimmapparate dieser Kinder vor Angst erstarrten, sodass sie sich sprachlich nicht mehr mitteilen können.

Schulverweigerung zeigen die Kinder, die den Schulbesuch zu vermeiden versuchen oder tatsächlich verweigern. Zwar können Kinder aus einer Vielzahl von Gründen den Schulbesuch ablehnen, doch in vielen Fällen ist Sozialangst die Grundursache. Wir werden uns in den Kapiteln 9 und 10 eingehender mit dem selektiven Mutismus und der Schulverweigerung befassen.

Häufig gestellte Fragen bezüglich der Sozialen Angststörung bei Kindern und Adoleszenten

Aufgrund verschiedener Entwicklungsfaktoren und der nicht seltenen Kombination mehrerer Angststörungen kann die Diagnose einer Sozialen Angststörung bei Kindern und Adoleszenten selbst für einen erfahrenen Psychologen schwierig sein. Zusätzlich hier noch einige weitere Fragen, wie sie von Eltern häufig gestellt werden:

Mein Sohn war sozial immer schon unbeholfen. Seine Sprachentwicklung blieb zurück und er hat bis heute zu den gleichaltrigen Kindern nicht aufgeschlossen. Hat er vielleicht eine Soziale Angststörung?
Sehr wahrscheinlich nicht. Die Soziale Angststörung trifft als Diagnose nur auf Kinder zu, die ihrem Alter entsprechende Sprachfähigkeiten entwickelt haben und im Grunde sozial kommunizieren können. Ein Kind mit Sozialangst kann zum Beispiel innerhalb der engsten Familie durchaus offen und lustig sein, während es unter ihm unbekannten Kindern und Erwachsenen extrem gehemmt ist. Kinder mit Entwicklungsstörungen wie Autismus oder Asperger-Syndrom werden im Normalfall nicht mit einer Sozialen Angststörung diagnostiziert.

Wird mein Kind da nicht herauswachsen?
Um mit einer Sozialen Angststörung diagnostiziert zu werden, müssen die Probleme der Kinder über einen Zeitraum von sechs Monaten anhalten. Damit lässt sich ausschließen, dass Ihr Kind nur eine schwierige Phase durchlebt. Wenn die Probleme Ihres Kindes aber mindestens sechs Monate anhalten und ernst genug sind, um eine Diagnose auf Soziale Angststörung zu rechtfertigen, sollten Sie sich nicht zurücklehnen und abwarten. Sehr wahrscheinlich sind an diesem Punkt die schädlichen Verhaltensmuster des Rückzugs und der Vermeidung schon so zur Gewohnheit geworden, dass es einer konzertierten Anstrengung bedarf, um eine Veränderung zu erreichen.

Mein Kind verhält sich problemlos unter Gleichaltrigen, ist aber extrem schüchtern unter Erwachsenen. Es versteckt sich hinter meinem Bein und spricht kein Wort. Ist das normal?
Da Erwachsene Autorität repräsentieren und Macht haben, ist es nicht ungewöhnlich, wenn Kinder sich unter ihnen unwohl fühlen und schweigsam sind. Daher müssen Kinder Angstmuster sowohl bei Erwachsenen wie bei Gleichaltrigen zeigen, bevor die Diagnose einer Sozialen Angststörung auf sie zutrifft.

Mein sieben Jahre alter Sohn versteht nicht, dass seine Ängste völlig unbegründet sind. Hat das etwas zu sagen?
Die Richtlinien für die Diagnose der Sozialen Angststörung im *DSM-IV* besagen, dass die betreffende Person erkennen muss, dass ihre Ängste weit übertrieben sind. Doch dieses Kriterium gilt nicht unbedingt auch für Kinder. Angesichts ihrer geringeren Reife in der kognitiven Entwicklung können wir von ihnen keine Einsicht in die Unbegründetheit ihrer Ängste und Reaktionen erwarten.

Mein Kind hat extreme Prüfungsangst. Kann dies Teil einer Sozialen Angststörung sein?
Ja. *Prüfungsangst* kann Teil des sozialen Angstspektrums sein. Sam Turner und Deborah Beidel, zwei führende Forscher auf dem Gebiet der Sozialangst, fanden heraus, dass 24 Prozent der Kinder mit Prüfungsangst auch die Kriterien der Sozialen Angststörung erfüllen. Wenn ein Kind nur Prüfungsangst hat, so wird dies als eine *spezifische Form der Sozialangst* angesehen. Wenn die Prüfungsangst mit anderen Sozialängsten einhergeht, so ist sie Teil der *Allgemeinen Sozialen Angststörung*. Prüfungsangst kann aber auch unabhängig von Sozialangst auftreten. Wenn ein Kind beispielsweise eine Lernbehinderung in Mathematik hat, wird man natürlich eine gewisse Furcht vor einem Mathematik-Test erwarten. Viele der Behandlungsstrategien, die wir in diesem Buch vorstellen, sind auch geeignet, Kindern bei der Überwindung von Prüfungsängsten zu helfen.

Schüchternheit und Sozialangst bei Kindern und Adoleszenten: Ein weit verbreitetes Problem

Schüchternheit bei Kindern und Adoleszenten ist alles andere als ungewöhnlich. Laut Jerome Kagan, Professor für Psychologie in Harvard, sind 10 bis 15 Prozent der Kinder in der Entwicklungsphase zwischen Kindergarten und der 8. Schulklasse sehr schüchtern, 25 Prozent sind sozial aufgeschlossen, und der Rest befindet sich irgendwo dazwischen. Bernard Carducci, ein Experte für Schüchternheit an der Indiana University, stellt in einer weiteren Studie fest, dass der prozentuale Anteil von schüchternen Teenagern ebenso hoch liegt wie der von schüchternen Erwachsenen – bei 40 Prozent.

Nach Jerilyn Ross, Präsidentin der Anxiety Disorders Association of America, leiden bis zu 13 Prozent der Jugendlichen zwischen neun und siebzehn Jahren an Angststörungen, womit diese Altersgruppe die häufigste mentale Störung bei Jugendlichen aufweist. Aufgrund der Auswertung vorliegender Forschungsarbeiten haben zwischen fünf und sechs Prozent der Kinder und Adoleszenten eine Allgemeine Soziale Angststörung. Überdies treten bei Kindern mit der Primärdiagnose einer Sozialen Angststörung weitere Probleme ähnlich häufig auf wie bei Erwachsenen. In einer Untersuchung von Beidel und Turner stellte sich bei Kindern mit Sozialer Angststörung heraus:

- 20 Prozent hatten andere spezifische Probleme;
- 16 Prozent hatten eine Allgemeine Angststörung;
- 8 Prozent litten an Depressionen;
- 16 Prozent litten am Aufmerksamkeitsdefizit- und Hyperaktivitätssyndrom;
- 16 Prozent waren lernbehindert.

Diese Zahlen belegen die Tatsache, dass Kinder mit Sozialer Angststörung oft mehrere Probleme und komplexe Symptome aufweisen. In der Tat gesteht ein weiterer angesehener Forscher, Dr. Murray Stein, dass es schwierig ist, eine Soziale Angststörung bei Kindern zu diagnostizieren und ein zutreffendes Bild darüber zu gewinnen, wie viele junge Menschen tatsächlich betroffen sind. Dies liegt an den vielen miteinander verwobenen Ängsten, die manche Kinder haben. Stein gebraucht den Begriff »Angsttriade«, um zu beschreiben, wie sich die Störung mit Trennungsangst, die Allgemeine Angststörung und die Soziale Angststörung bei Kindern oft überlagern. Wir kommen auf die Überschneidung dieser Störungen mit der Sozialangst im ganzen Buch zu sprechen und erörtern sie spezifisch in Kapitel 11.

Das Schüchternheitsspektrum und die Soziale Angststörung

Wie schon erwähnt ist die Diagnose einer Sozialen Angststörung bei Kindern und Adoleszenten nicht immer einfach. Teilweise liegt die Schwierigkeit daran, dass Schüchternheit und Soziale Angststörung sich auf einem Kontinuum befinden. Betrachten wir eine Reihe von kurzen Beispielen.

Schüchtern, aber im Grunde selbstsicher und erfolgreich

Vanessa, die in die sechste Schulklasse geht, gehört zu denen, die schüchtern, aber zugleich eigentlich selbstsicher und erfolgreich sind. Sie war immer schon eher still. Ihre Lehrer in der Grundschule beschrieben sie als »zurückhaltend«. Sie steht ungern vor der Klasse oder hält nur ungern mündliche Referate, aber sie meistert solche Aufgaben, wenn es denn sein muss. Sie hat ein paar gute Freundinnen, wenn auch keinen großen Freundeskreis. Sie geht zu Partys von Kindern, die sie gut kennt, Einladungen zu Übernachtungspartys schlägt sie hingegen meist aus.

Ihre Eltern akzeptieren ihr schüchternes Temperament und haben daraus nie eine große Sache gemacht. Sie sind beide ebenfalls eher stille Menschen und scheinen davon auszugehen, dass es sich mit Vanessa einfach genauso verhält. Sie ermutigen sie, aus ihrer Sicherheitszone herauszutreten und sich auf neue Dinge einzulassen, aber sie bedrängen sie nicht. Sie ist anfangs meist widerstrebend, doch mit einer gewissen Hilfe hat sie sich nun dazu durchgerungen, an außerschulischen Aktivitäten, wie den Pfadfinderinnen, teilzunehmen.

Vanessas Eltern machten sich Sorgen, ob nicht der Übergang von der Grundschule in eine weiterführende Schule eine große Belastung für sie darstellen werde. Tatsächlich war Vanessa im ersten Monat in der neuen Schule ziemlich »gestresst«. Sie klagte darüber, dass die Flure und Gänge zu überfüllt seien und dass sie es nicht mochte, für jedes Fach den Klassenraum zu wechseln. Doch nach etwa einem Monat hatte sie sich eingewöhnt, und jetzt scheint sie ihre Sache recht gut zu machen.

Schüchtern und mit Problemen

Wie Vanessa ist auch Sydney in neuen Situationen sehr zurückhaltend. Sie muss sich vorher über alle Dinge vergewissern, bevor sie sich auf etwas Neues einlässt. Sie steht immer am Rand des Spielplatzes und beobachtet von dort die anderen Kinder. Manchmal, wenn sie die Kinder und das Spiel kennt, das gerade gespielt wird, schließt sie sich ihnen an. Zu Hause spielt Sydney stundenlang für sich selbst. Kreativ und fantasievoll, wie sie ist, sitzt sie gerne und malt oder spielt Rollenspiele mit ihren Puppen.

Doch anders als Vanessas Eltern sind Sydneys Eltern extravertiert und lieben Kommunikation. Sie laden oft andere Familien zum Abendessen ein, worunter Sydney leidet. Ihre Mutter regt sich auf, wenn Sydney nicht aus ihrem Zimmer kommt, um mit den Gästen zu reden. Manchmal glaubt sie, Sydney tue das, um sie zu ärgern. Sie hat Sydney wegen ihrer »Unhöflichkeit« bestraft.

Ich sah Sydney zum ersten Mal, als sie noch in der dritten Klasse war. Ihre Eltern waren davon überzeugt, es müsse eine tiefer liegende Ursache dafür geben, dass ihre Tochter sozial nicht aufgeschlossener war. Zudem hatte Sydney kein gutes Selbstwertgefühl. Sie spürte, dass sie hinter den Erwartungen ihrer Eltern zurückblieb. Sie wünschte, sie hätte extravertierter sein können, aber sie fühlte sich mit den Freunden ihrer Eltern einfach nicht wohl. Sie wusste nicht, was sie sagen oder wie sie sich verhalten sollte.

Ihre Eltern machten sich wirklich Sorgen darüber, was sie als Mangel an sozialem Interesse bei ihrer Tochter wahrnahmen. Sie verstanden nicht, dass dies Teil ihres Temperaments war – und nicht etwas, das sie mit Absicht tat. Ich half ihren Eltern zu verstehen, Sydneys stille Persönlichkeit zu akzeptieren und keinen Druck auf sie auszuüben, nur weil sie anders war. Dies trug ein gutes Stück dazu bei, dass Sydney ein besseres Selbstwertgefühl entwickeln konnte. Ich arbeitete zugleich mit Sydney an der Entwicklung ihrer sozialen Fähigkeiten und ihres mangelnden Selbstbewusstseins.

Spezifische Soziale Angststörung

Rob ist in der achten Klasse und ein bisschen schüchtern. Er hatte immer eine Menge Freunde und war in der Schule gut. Er liebt Musik und spielte jahrelang im Schulorchester mit. Er hat sich zu einem recht begabten Violinisten entwickelt, und der Orchesterleiter wählte ihn für das Frühlingskonzert als Solisten aus. Dies machte aus Rob ein Nervenbündel. Das Konzert soll erst in Monaten stattfinden, und doch kann Rob schon jetzt nicht mehr ruhig schlafen, hat keinen Appetit und überlegt, das Orchester zu verlassen.

Robs Reaktion klingt vielleicht extrem, aber wir haben mit Menschen aller Altersstufen gearbeitet, die sich in einer solchen Situation befanden. Die Angst vor einem kommenden Ereignis (was wir *antizipatorische Angst* nennen) ist so groß, dass es der betreffenden Person nicht lohnend erscheint, das ganze psychische Elend dafür in Kauf zu nehmen. Statt das Unbehagen auszuhalten, weicht sie vor dem Ereignis aus. Wir haben auch mit Menschen gearbeitet, die während einer Auftrittssituation eine Panikattacke erlitten und schworen, sich nie wieder einer solchen Situation auszusetzen, obgleich sie damit etwas aufgaben, was sie eigentlich gut konnten und ihnen auch Spaß machte.

Leichte bis mittlere Allgemeine Soziale Angststörung

Megan ist jetzt in der High School und war ihr ganzes Leben hindurch schüchtern. Ihre Eltern versuchten immer, sie zu stärken und zu unterstützen, doch Megan war aus verschiedenen Gründen vorbelastet. In ihrer Familie gab es eine lange Vorgeschichte von Angst und Depressionen auf beiden Elternseiten.

Und erschwerend kam hinzu, dass Megans Vater beim Militär war und sie alle paar Jahre umziehen mussten, was es für sie schwierig machte, Freundinnen zu gewinnen.

Megan bekommt schlechtere Noten in der Schule, als sie sich wünscht. Obwohl sie mindestens durchschnittlich begabt ist, verpasst sie manchmal wichtige Erklärungen des Lehrers, weil sie immer ganz hinten in der Klasse sitzt und sich keine Fragen zu stellen traut. Wegen ihrer mangelnden aktiven Teilnahme am Unterricht hat sie auch einen Sonderbonus für ihre Noten verloren.

Außerdem leidet Megan stark an körperlichen Angstsymptomen. Im Unterricht zum Beispiel, wenn der Reihe nach Schüler zur Beantwortung von Fragen aufgerufen werden, fühlt sie sich einer Panikattacke nahe. Ihr Herz schlägt wild, ihr Gesicht ist gerötet, und sie kann sich kaum konzentrieren. Sie ist sich sicher, dass sie nicht klar und zusammenhängend sprechen kann, wenn sie an der Reihe ist. Manchmal wird ihr auch schwindlig, und sie fühlt sich wie vor einer Ohnmacht. Natürlich wäre ein Ohnmachtsanfall in der Klasse für Megan besonders peinlich, und nur schon der Gedanke daran verschlimmert die Sache noch.

Schwere Allgemeine Soziale Angststörung

Die Unterscheidungen zwischen den Kategorien sind ein wenig willkürlich. Wenn Megans Symptome fortschreiten, könnte sie leicht zur Kategorie der schweren Allgemeinen Sozialen Angststörung gehören. Hierzu zählen wir Kinder mit selektivem Mutismus oder Schulverweigerung. Ebenfalls zählen wir Kinder und Jugendliche dazu, die aufgrund ihrer Sozialangst depressiv werden. Natürlich können Kinder wie Megan in Isolation und Einsamkeit geraten und alle Hoffnung verlieren. Kinder, die mehrere körperliche Symptome oder Panikattacken erleiden, und Kinder, die den meisten sozialen Situationen ausweichen, gehören ebenfalls in diese Kategorie.

Wie schon gesagt, die Kategorien selbst sind nicht wichtig. Wichtig ist, die Bandbreite der Probleme zu erkennen, um die besondere Situation Ihres Kindes besser verstehen zu können. Außerdem möchten wir Ihnen versichern – gleichgültig, wo sich Ihr Kind auf dem Kontinuum der Schüchternheit und Sozialangst befindet –, dass die Strategien in diesem Buch Ihnen helfen werden, Ihrem Kind zu helfen.

Wenn Sie ein Kind haben, das schüchtern, im Grunde aber selbstsicher ist, so wird dieses Buch Sie darin bestärken, was Sie bereits wissen und mit Ihrem Kind schon richtig machen. Es steht Ihnen natürlich frei, zu Kapitel 8 vorzublättern, wo Vorschläge stehen, wie man Freundschaften entwickeln, wie man sich in großen Gruppen wohl fühlen kann. Wenn Ihr Kind sich in der Mitte des Kontinuums befindet, können Sie lernen, ein verständnisvoller Ratgeber zu werden, der Ihrem Kind hilft, sein volles Potenzial auszuschöpfen. Und wenn Ihr Kind am Ende der Sozialen Angststörung steht, gibt es eine Menge, was Sie tun können, um ihm zu helfen. Doch denken Sie auch daran, dass Sie vielleicht einen Psychologen brauchen, der auf Angststörungen bei Kindern spezialisiert ist und Sie in dem Prozess fachkundig begleiten kann.

Betrachten Sie das unten stehende Diagramm. Wo, glauben Sie, sind die Probleme Ihres Kindes angesiedelt?

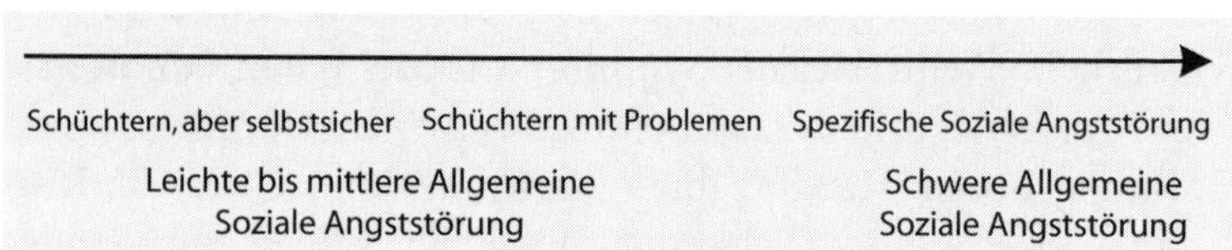

Die gute Nachricht ist bei alledem, dass Sie nicht alleine sind. Viele Eltern von schüchternen oder sozial ängstlichen Kindern haben Fähigkeiten gelernt, die ihren Kindern helfen, sozial selbstbewusste und kompetente Erwachsene zu werden. Im nächsten Schritt geht es um spezifischere Informationen über die Natur und das Ausmaß der sozialen Probleme Ihres Kindes.

Hat mein Kind eine Soziale Angststörung?

Anschließend folgt ein informeller Fragebogen, in dem viele Situationen aufgelistet sind, die gewöhnlich von Kindern mit Sozialer Angststörung gefürchtet werden, sowie einige typische Muster von Symptomen. Wenn Sie die einzelnen Punkte beantworten, erhalten Sie eine Momentaufnahme Ihres Kindes und seiner Probleme. Sie können auf der Basis Ihres Wissens die Fragen selbst beantworten. Oder, je nach dem Alter Ihres Kindes, können Sie auch die Betreuungsperson Ihres Kindes zu Rate ziehen. Überlegen Sie auch, ob Sie die Lehrerin/den Lehrer Ihres Kindes um Auskunft bitten. Lehrer wissen aus unmittelbarer Erfahrung, wie sich Ihr Kind in der Schule verhält – diese Informationen sind Ihnen sonst nicht so leicht zugänglich.

Dies sind die Situationen, über die mein Kind klagt oder die es zu vermeiden versucht

- ❒ In der Klasse Fragen beantworten.
- ❒ Sich in der Klasse melden.
- ❒ An die Tafel schreiben.
- ❒ Teilnahme an musikalischen Darbietungen oder am Schultheater.
- ❒ Sportunterricht (großer sozialer Druck und Leistungsdruck).
- ❒ Referat vortragen.
- ❒ Mit anderen (in der Schulkantine) essen.
- ❒ Dem Lehrer eine Frage stellen.
- ❒ Alles, wozu man seinen Platz in der Klasse verlassen muss und Aufmerksamkeit erregt (wie zum Beispiel aufstehen und den Bleistift spitzen).
- ❒ Mannschaftssport.
- ❒ Partys.
- ❒ Zwanglose Gespräche, zwangloses Zusammensein mit anderen Kindern.
- ❒ Mit dem Schulbus fahren.
- ❒ Einen Freund/eine Freundin besuchen.
- ❒ Einen Freund/eine Freundin zu sich nach Hause einladen.
- ❒ Telefonieren.
- ❒ Bei einem Freund/einer Freundin übernachten.

- ❒ In einem Restaurant etwas bestellen.
- ❒ Mit Nachbarn oder anderen Erwachsenen sprechen.
- ❒ Sich anderen Kindern in der Pause anschließen.
- ❒ Dinge tun, bei denen es beobachtet wird.
- ❒ Prüfungen.
- ❒ Verabredungen treffen oder tanzen gehen.
- ❒ Sonstiges: ____
- ❒ Sonstiges: ____

Dies sind die Dinge, die ich von meinem Kind vor, während oder nach einer sozialen Situation höre

(Kleine Kinder wissen oft nicht, was sie denken, weshalb Ihnen die Beantwortung in diesem Abschnitt möglicherweise schwerfallen wird.)

- ❒ Ich passe nicht dazu.
- ❒ Niemand mag mich.
- ❒ Ich habe keine Freunde.
- ❒ Ich bin dumm.
- ❒ Ich bin hässlich.
- ❒ Ich kann es nicht.
- ❒ Ich bin langweilig.
- ❒ Es wird schrecklich werden.
- ❒ Ich werde nicht wissen, was ich sagen soll.
- ❒ Die anderen werden sehen, dass ich nervös bin.
- ❒ Sonstiges: ____
- ❒ Sonstiges: ____

Dies sind die körperlichen Symptome, die mein Kind zeigt, wenn es Angst hat

(Viele dieser Symptome können innerlich und für andere unsichtbar sein. Ihr Kind kann äußerlich vollkommen normal erscheinen und dennoch Angst haben. Außerdem empfinden Kinder Scham über ihre körperlichen Symptome und strengen sich an, sie zu verbergen. Manche Symptome, wie Erröten, lassen sich nicht verbergen. Diese Art von Symptomen – die sich nicht verbergen lassen – bereiten den Kindern oft die größten Sorgen.)

- ❒ Kopfschmerzen.
- ❒ Bauchschmerzen.
- ❒ Diarrhö.
- ❒ Übelkeit.
- ❒ Brechreiz.
- ❒ Erröten.
- ❒ Schwitzen.

- ❐ Zittern.
- ❐ Hitzewellen/Kälteschauer.
- ❐ Verspannung.
- ❐ Starkes Herzklopfen oder Herzrasen.
- ❐ Engegefühl in der Brust.
- ❐ Kurzatmigkeit.
- ❐ Schwächegefühle (zum Beispiel weiche Knie).
- ❐ Schwindelgefühle/Benommenheit.
- ❐ Würgegefühle, Frosch im Hals, trockener Mund.
- ❐ Unwirklichkeitsgefühle (wie im Nebel).
- ❐ Sonstiges: ____

Mein Kind hat in sozialen Situationen oder diese antizipierend Panikattacken
(Eine Panikattacke ist ein plötzlicher Ausbruch intensivster Angst, gewöhnlich begleitet von einigen oder vielen der oben genannten körperlichen Symptome. Sie erreicht gewöhnlich in fünf bis zwanzig Minuten ihren Höhepunkt und klingt dann ab.)

❐ Ja ❐ Nein

Mein Kind hat Panikattacken besonders in diesen Situationen:

____

Mein Kind hat etwa ________ Mal pro Woche eine Panikattacke.

Dies sind die Verhaltensreaktionen, die ich bei meinem Kind sehe, wenn es mit einer gefürchteten sozialen Situation konfrontiert wird

- ❐ Wutanfall.
- ❐ Weinkrampf.
- ❐ Weigerung, hinzugehen oder teilzunehmen.
- ❐ Anklammern, sich eng an ein Familienmitglied halten.
- ❐ Erstarren – buchstäblich wie erstarrt vor Angst, ohne Bewegung oder Lautgebung.
- ❐ Vermeidung von Blickkontakt.
- ❐ Übertriebenes Bedürfnis nach wiederholter Rückversicherung.
- ❐ Unruhiges oder reizbares Verhalten; Drängen, bald nach Hause zu gehen.

Andere wichtige Fragen über die Reaktionen Ihres Kindes auf gefürchtete soziale Situationen

- ❒ Beeinträchtigen die Probleme Ihres Kindes seine schulischen Leistungen?
- ❒ Hindert die Angst Ihr Kind daran, Freundschaften zu schließen und aufrechtzuerhalten?
- ❒ Nimmt Ihr Kind an Aktivitäten nicht teil, die anderen Kindern im gleichen Alter Spaß machen?
- ❒ Äußern sich andere über die exzessive Schüchternheit Ihres Kindes?
- ❒ Machen Sie sich hin und wieder Sorgen wegen der Schüchternheit Ihres Kindes?
- ❒ Hat die Schüchternheit oder Sozialangst Einfluss darauf, wie Sie Ihrem Kind gegenüber fühlen oder wie es sich selbst fühlt?
- ❒ Wird Ihr Familienleben durch die Angst Ihres Kindes beeinflusst? Fassen Sie Ihr Kind mit »Glacéhandschuhen« an, um es nicht zu beunruhigen?

Nun betrachten Sie Ihre Antworten. Ziehen Sie dabei die Seiten 22 ff. zu Rate, wo wir die Kriterien und Kategorien der Sozialen Angststörung beschreiben. Denken Sie auch an die Unterschiede bei der Diagnose von Kindern und Erwachsenen (zum Beispiel müssen Kinder nicht erkennen, dass ihre Ängste unrealistisch und übertrieben sind). Zwar ist dies kein Ersatz für eine klinische Beurteilung durch einen Psychologen, doch können Sie danach wahrscheinlich erkennen, ob die Angstprobleme Ihres Kindes in diese diagnostische Kategorie fallen. Wenn Sie glauben, dass Ihr Kind mehr Probleme hat, als in diesem Fragebogen angesprochen werden, lesen Sie Kapitel 11, wo weitere Störungen behandelt werden, die oft mit der Sozialen Angststörung verbunden sind.

Was tue ich nun?

Wenn Sie sich an diesem Punkt überfordert fühlen, so ist das nur natürlich. Sie haben einen weiten Weg zurückgelegt, und es kann sehr belastend sein, wenn man bei seinem Kind eine »Störung« vermutet. In den folgenden Kapitel befassen wir uns mit jedem der Bereiche, die im Fragebogen angesprochen sind, und zeigen Ihnen bewährte Techniken, mit denen Sie Ihrem Kind helfen können, die mentalen, körperlichen und verhaltensbezogenen Symptome der Sozialen Angststörung zu überwinden.

Viele von Ihnen werden durch die Lektüre dieses Buches und durch das Anwenden der dargestellten Techniken gute Fortschritte machen. Es gibt jedoch Situationen, in denen Eltern wegen der Probleme ihres Kindes einen Therapeuten aufsuchen sollten. Im Anhang finden Sie unter »Therapeutische Hilfe« ausführliche Hinweise, wie Sie solche Situationen erkennen können.

Für manche Eltern ist es durchaus schmerzhaft, sich eingestehen zu müssen, dass sie für ihr Kind Hilfe benötigen oder dass ihr Kind unter einer Störung leidet. Doch besteht nicht der geringste Anlass zur Beschämung. Beginnen Sie daher damit, alle Scham- und Schuldgefühle abzulegen – Sie haben bei Ihrem Kind nichts falsch gemacht. Konzentrieren Sie Ihre Energien darauf, die Hilfe zu suchen, die Ihr Kind braucht. Erkennen Sie, dass jetzt mehr denn je die Chance besteht, die schädlichen Wirkungen einer unkontrollierten Sozialangst zu vermindern. Gemeinsam werden wir Ihrem Kind die Fähigkeiten vermitteln, die es braucht, um seine Sozialangst zu meistern und das reiche Leben zu führen, für das es geboren ist.

Kapitel 2

Ist es meine Schuld?

Was verursacht Sozialängste? Ein Modell

Wenn Ihnen die Frage »Was hat die Angst meines Kindes verursacht?« auf den Nägeln brennt, stehen Sie damit nicht allein. Denn dies ist in der Regel die erste Frage, die sich Eltern stellen, bei deren Kind eine Soziale Angststörung festgestellt wurde. Es ist eine ganz natürliche Reaktion. Wenn man die Ursache eines Problems kennt, hat man das Gefühl, das Problem ein Stück weit zu beherrschen. Und was ebenso wichtig ist: Man erkennt, in welche Richtung man gehen muss, um die Dinge zu verändern.

Leider neigen viele Eltern dazu, sich selbst Vorwürfe zu machen. Dafür gibt es keinen Anlass. Zwar können Erziehungsstile mitunter zur Entwicklung der Sozialen Angststörung beitragen, aber sie sind fast immer nur ein Teilchen im Puzzle. Die meisten Experten sprechen nicht mehr von Ursachen, sondern von »prädisponierenden Faktoren«. Mit anderen Worten schauen sie, welche Aspekte im Lebens eines Menschen – seien es die Gene oder negative Erfahrungen – möglicherweise dazu beitragen, dass sich Sozialangst entwickelt hat.

Gleichwohl ist das Erkennen der Ursachen nur ein erster Schritt. Sowie Sozialangst von einem Kind Besitz ergriffen hat, können verschiedene Faktoren zu einer Verfestigung der Störung führen. Denkmuster und Verhaltensweisen – wie zu große Besorgnis und das Vermeiden von Situationen – erklären, warum krankhaft schüchterne Kinder ohne Therapie in der Regel krankhaft schüchtern bleiben. Leider sind es oft die Maßnahmen, die Kinder ergreifen, um mit der Angst fertig zu werden – zum Beispiel sich in der Klasse ganz nach hinten setzen, sodass der Lehrer sie nicht aufruft –, die die Angst langfristig verstärken. Später in diesem Kapitel werden wir zeigen, wie diese und andere kontraproduktive Versuche, die Nerven zu beruhigen, die Sache nur noch schlimmer machen. Doch zunächst wollen wir uns ansehen, warum Sozialangst überhaupt entsteht.

Was verursacht Sozialangst?

Zwei Hauptfaktoren – Biologie und Umwelt – können dazu beitragen, dass ein Kind Sozialangst entwickelt. Weil es dabei um eine Fülle von Material geht, wollen wir diese Faktoren jeweils für sich diskutieren. Aber vergessen Sie nicht, dass die biologische Veranlagung und die Lebenserfahrungen Ihres Kindes miteinander zusammenhängen und sich gegenseitig beeinflussen, sodass es schwierig, wenn nicht unmöglich ist, diese beiden Kräfte auseinanderzuhalten.

Hirnstrukturen: Die Rolle der Biologie bei der Sozialangst

An Hope Longwell erinnere ich mich besonders gut, weil ihr Therapieerfolg von der Einsicht in ihre biologische Veranlagung abhing. Hope war acht Jahre alt, als ihre Eltern einen ersten Termin mit mir verabredeten. Ihr Fall war insofern etwas ungewöhnlich, weil bei ihr schon eine Soziale Angststörung diagnostiziert und daraufhin eine kognitive Verhaltenstherapie, die psychologische Behandlung der Wahl, versucht worden war.

Bei unserem ersten Treffen erklärten mir Mr und Mrs Longwell Hopes Situation. »Wir haben alles getan, was der Therapeut uns gesagt hat. Wir haben ihr bei den Entspannungsübungen geholfen. Wir haben schwierige Situationen überwacht und ließen sie ihre Angstintensität bewerten. Wir ermutigten sie, Dinge zu tun, vor denen sie Angst hatte – in kleinen Schritten«, sagte ihre Mutter. Doch trotz all der guten Bemühungen machte Hope nur geringe Fortschritte und litt immer noch unter extremer Angst in sozialen Situationen. Mr Longwell fragte mich: »Wir haben die Therapie fast ein ganzes Jahr lang gewissenhaft mitgemacht. Warum hat sie nicht funktioniert?«

Ich brauchte mehr Informationen, bevor ich diese Frage beantworten konnte. Ich hatte allerdings schon so etwas wie einen Anfangsverdacht, dass Hopes biologische Veranlagung einen der Hauptstolpersteine darstellen könnte.

In der nächsten Stunde erfuhr ich eine Menge über Hope und ihre weitere Familie. Mrs Longwell berichtete, dass ihre Mutter eine nervöse Person sei. Sie machte sich wegen allem Sorgen und litt unter »Schwindelanfällen«, wie sie es nannte. Sie stürzte oft nach Atem ringend zur Tür, weil sie nach Luft schnappte. Je mehr mir Mrs Longwell von ihrer Mutter erzählte, umso mehr klang es für mich danach, dass sie unter einer Panikstörung litt, einer weiteren weit verbreiteten Angststörung. Sie erzählte mir auch, dass ihr Onkel, der Bruder ihrer Mutter, extrem schüchtern war und nie geheiratet hatte. Ich fragte mich, ob dieser Onkel nicht Sozialphobiker war.

Ich stellte ihr weitere Fragen. Wie war Hope als Baby gewesen? In welchem Alter hatte sie mit Laufen und Sprechen begonnen? Wie waren ihre ersten Erfahrungen mit der Schule gewesen? Mrs Longwell beschrieb Hope als ein »schwieriges« Baby. Sie hatte viel geschrien und war nicht einfach zu besänftigen gewesen. Sie ließ sich auch an keine regelmäßigen Essens- und Schlafenszeiten gewöhnen. Vieles störte sie: laute Geräusche, unbekannte Menschen und neue Situationen.

Hope besuchte keinen Kindergarten, und nur selten überließ man sie einem Babysitter. So war der Besuch der Grundschule das erste Mal, dass sie von ihren Eltern getrennt wurde. Mrs Longwell erzählte mehrere Geschichten, wie anstrengend es für sie war, Hope zur Schule zu bringen. Mehrere Blusen gingen in Stücke, so sehr klammerte sie sich an ihre Mutter, wenn diese den Klassenraum verlassen wollte. Jeden Morgen der gleiche Kampf, und das ging so über Monate.

Die Longwells beschrieben auch Hopes Therapie. Von dem, was sie mir sagten, und von dem, was ich der Klientenakte entnahm, hatte sie eine exzellente Behandlung bekommen. Außerdem konnte ich auch in dem Verhalten der Familie keinerlei Fehler entdecken. Genau wie sie es mir erklärten, zeigten die

Unterlagen, dass sie regelmäßig die Therapiesitzungen besucht und alle Auflagen gewissenhaft erfüllt hatten.

Und dennoch war Hope unverändert ein »Nervenbündel«. Zwar räumte sie ein, dass sie gewisse Fortschritte gemacht habe – sie konnte nun ein paar elementare soziale Aufgaben ausführen, wenn sie wirklich dazu gezwungen wurde. Doch von Zeit zu Zeit reagierte ihr Körper, als ob sie kurz davor sei, in einen Abgrund zu stürzen. Die intensive körperliche Reaktion änderte sich wenig, trotz der besten und in jeder Hinsicht richtigen psychologischen Behandlung.

An diesem Punkt gab ich meinen eigenen allgemeinen Eindruck von der Situation wieder. Ich vermutete, dass Hope durch ihre angeborene biologische Veranlagung in der Lage sei, sehr schnell und leicht Gefahr zu erkennen, auch wenn es in Wirklichkeit nichts zu befürchten gab.

»Für Hope ist Angst fast so natürlich wie Atmen«, erklärte ich. »Sie ist wie eine Grammophonnadel, die durch einen Kratzer auf der Platte festhängt – das Hirn bleibt in einer angstbesetzten Rille hängen und kommt nicht mehr heraus. Selbst mit all ihren Bemühungen in der Therapie ließ sich Hopes Gehirn nicht anders orientieren, und so hatte auch ihr Körper keine Möglichkeit, mit sozialen Situationen vertraut zu werden. Vielmehr blieb sie immer in der äußersten Habachtstellung, wie kurz vor einem Angriff.«

Ich erklärte den Longwells auch, dass Angst in Familien oft über Generationen weitergegeben wird – vielleicht hatte sie ihre Angstneigung geerbt. Ihre Reizbarkeit als Baby und ihre Trennungsängste als kleines Kind wiesen auf eine biologische Komponente ihrer Angst hin. Ich betonte, dass Hope keine Schuld daran habe. Und ebenso war es nicht die Schuld ihrer Eltern. Es war niemandes Schuld. Ich empfahl die Überweisung an einen Arzt, der die richtigen Medikamente verschreiben konnte, und versicherte Hope und ihren Eltern, die Chancen stünden sehr gut, dass die Medizin helfen würde.

Mr und Mrs Longwell zögerten zunächst. Sie waren sich nicht sicher, ob sie einer Medikation ihres Kindes zustimmen sollten. Sie brauchten verständlicherweise mehr Informationen und wollten die wissenschaftlichen Grundlagen dessen erfahren, was ich ihnen sagte.

Um die Vorteile einer Medikation zu erklären, teilte ich ihnen einige der neuesten wissenschaftlichen Erkenntnisse über die Rolle mit, welche die Biologie bei der Verursachung von Sozialangst spielt. Die nächsten Seiten geben einen Überblick über diese Forschung. Die meisten wissenschaftlichen Untersuchungen haben sich mit drei Hauptgebieten beschäftigt: Genetik, Neurobiologie und Temperament. Wenn sie über diese physischen Faktoren lesen, nehmen Sie Hopes Geschichte als Illustration. Und denken Sie auch an Ihre eigene Situation und daran, wie die Sozialangst Ihres Kindes entstanden sein könnte. Später haben Sie dann die Möglichkeit, einige Fragen zu beantworten, um dieses Thema weitergehend für sich zu klären.

Genetik. Einer der aussagekräftigsten Wege, um die genetische Basis einer Störung zu prüfen, ist das Studium von Zwillingen. Eineiige (oder monozygote) Zwillinge haben exakt dieselben Gene. Im Gegensatz dazu sind zweieiige (oder dizygote) Zwillinge genetisch ebenso verschieden wie andere Geschwister. Wenn nun eine bestimmte Eigenschaft bei eineiigen Zwillingen häufiger gleichzeitig auftritt als bei zweieiigen Zwillingen, so weist diese größere Häufigkeit auf eine genetische Komponente hin. Leider sind solche Untersuchungen an Zwillingen schwer zu arrangieren, und nur wenige haben sich speziell mit der Sozialen Angststörung befasst.

1992 ging eine umfangreiche Zwillings-Untersuchung den genetischen Grundlagen von Angststörungen nach. Der Psychiater Kenneth Kendler, ein Spezialist für Genetik am Medical College of Virginia, fand mit seinen Kollegen heraus, dass Sozialphobien in der Tat bei eineiigen Zwillingen öfter zugleich auftreten. Bei eineiigen Zwillingen litt der Geschwisterzwilling in 24,4 Prozent der Fälle an der gleichen Störung. Im Gegensatz dazu teilten von den zweieiigen Zwillingen nur 15 Prozent die gleiche Sozialphobie. Dieses Ergebnis deutet darauf hin, dass die Soziale

Angststörung zumindest in einigen Fällen genetische Faktoren hat. Doch aller Wahrscheinlichkeit nach gibt es kein einzelnes Gen, das spezifisch für Sozialangst zuständig wäre. Eher wird vermutlich nur die Bereitschaft zur Entwicklung von Sozialangst vererbt; andere Faktoren müssen hinzutreten, bevor Sozialangst entsteht.

Neben Zwillingsstudien sind »Familienstudien« ein weiterer Weg, um die genetische Grundlage einer Störung zu erforschen. Hierbei wird untersucht, wie sich bestimmte Störungen bei Mitgliedern einer Familie häufen. Manchmal werden die Klienten einfach gefragt, ob sie von anderen Familienangehörigen mit psychischen Problemen wissen. Dann wieder befragen Forscher die Familienmitglieder direkt, um das Vorhandensein einer spezifischen Störung festzustellen. Manche Untersuchungen beschränken sich auf erwachsene Angehörige, andere beziehen auch Kinder ein.

Eine interessante Studie, die 1997 von Professor Cathy Mancini und ihren Mitarbeitern an der McMaster University in Kanada durchgeführt wurde, untersuchte Angststörungen bei Kindern, deren Eltern unter Sozialangst litten. Sie fand heraus, dass 49 Prozent der Kinder mindestens unter einer Angststörung litten, 30 Prozent waren überängstlich, 23 Prozent litten unter Sozialphobie und 19 Prozent hatten Trennungsängste. Auch wenn diese Forschungsrichtung noch mit allerhand Problemen konfrontiert ist, so stützen die Ergebnisse der meisten dieser Studien doch die Ansicht, dass Angst auch »familienbedingt« sein kann. Die Genetik spielt wahrscheinlich eine Rolle dabei.

Neurobiologie. Haben Sie sich schon gefragt, ob Ihr Kind einen unausgeglichenen Stoffwechselhaushalt hat? Zwar ist der Begriff »Gleichgewicht des Stoffwechselhaushalts« nicht ganz wissenschaftlich und ungenau, doch viele Menschen können sich darunter etwas vorstellen. Das ist verständlich: Wenn die Angst zuschlägt, fühlt sich der Körper an, als sei er vollständig aus dem Gleichgewicht, und es hat den Anschein, dass physisch etwas nicht stimmt.

Tatsächlich nehmen täglich die Hinweise aus Forschungszentren in der ganzen Welt zu, dass es sich bei der Sozialangst um einen komplexen neurobiologischen Vorgang handelt. Was heißt das?

Wissenschaftler nehmen an, dass sich tief in unserem Gehirn eine komplexe, angeborene »Angst-Vernetzung« befindet. Mit diesem neuronalen Angst-Schaltkreis sichert die Natur unser Überleben. Aus der Perspektive der Evolution sind wir programmiert, Angst zu empfinden – und daraufhin zu handeln. Tatsächlich gehören die Angst-Schaltkreise in unserem Körper zu den höchstentwickelten. Das Hauptinteresse der Natur ist Sicherheit und Überleben, und dabei spielt unser Wohlgefühl eine untergeordnete Rolle.

Die Angst-Vernetzung bietet den Botenstoffen im Gehirn – den Neurotransmittern – verschiedene Bahnen zur Fortbewegung an. Für die Sozialängstlichen, die laut Studien möglicherweise Fehlfunktionen in ihren Transmittersystemen haben, bedeutet dies eine angelegte Nervenbahn zur Erzeugung von Angstreaktionen. Manche Untersuchungen wollen sogar anatomische Unterschiede in den Hirnen von Personen mit Sozialer Angststörung festgestellt haben. Diese Forschungen sind noch recht neuen Datums, doch mit weiteren technologischen Fortschritten dürfte es nicht mehr lange dauern, bis definitive Ergebnisse vorliegen.

Temperament. Ein weiterer Forschungsbereich, der eng mit der Sozialangst verknüpft ist, ist das Temperament. »*Temperament*« wird definiert als die angeborene charakteristische Art und Weise, wie jemand die Umwelt erfährt und auf sie reagiert. Man kann es sich einfach als den Stil vorstellen, wie man mit seiner Umwelt umgeht. Zum Beispiel wird man bei einem Kleinkind mit aktivem Temperament erwarten, dass es eine Menge Energie hat, ständig in Bewegung ist, vielleicht weniger Schlaf braucht und so weiter.

Der Aspekt des Temperaments, mit dem wir es bei unserem Thema zu tun haben, wird »*Verhaltenshemmung*« genannt. Dies bezieht sich auf die Neigung, insbesondere unter unvertrauten

Bedingungen, wachsam und auf der Hut zu sein. Sie funktioniert wie ein Kontrollsystem. Wenn wir mit einer Situation konfrontiert werden, halten wir inne und überprüfen, ob alles so ist, wie wir es erwartet haben. Wenn etwas abweichend oder verkehrt erscheint, werden wir der Situation wahrscheinlich ausweichen wollen. Zum Beispiel: Ein Kind mit starker Verhaltenshemmung beginnt sich unwohl zu fühlen, wenn es in der Schulklasse einen unbekannten Aushilfslehrer vorfindet. Es wird vielleicht wie erstarrt stehen bleiben und nicht wissen, was es tun soll.

Jerome Kagan, Psychologe in Harvard, hat viel zum Verständnis verhaltensgehemmter Kinder beigetragen. Er untersuchte die Entwicklung von zweiundzwanzig verhaltensgehemmten Kindern sowie neunzehn Kindern ohne Verhaltenshemmung und fand zahlreiche Unterschiede zwischen diesen beiden Gruppen. Wenn verhaltensgehemmte Kinder mit Stresssituationen konfrontiert werden, dann

- nimmt ihre Herzfrequenz zu;
- zeigen sie eine erhöhte Muskelspannung;
- spüren sie eine Anspannung der Stimmbänder;
- steigt ihr Adrenalinspiegel, der das Gehirn in Alarmbereitschaft setzt;
- haben sie erhöhte Cortisolwerte, die einen Zustand konstanter Angstbereitschaft anzeigen.

Manche der Kinder, die Kagan begleitete, sind heute Adoleszente. Er fand heraus, dass diejenigen, die als kleine Kinder verhaltensgehemmt waren, in der frühen Jugend zu Sozialen Angststörungen neigten. Auch wenn es wahrscheinlich ist, dass das Temperament eine Prädisposition für Sozialangst darstellen kann, so löst es doch – ähnlich wie die anderen Faktoren, die wir besprochen haben – die Probleme nicht allein aus.

Es gibt ein weiteres mit Verhaltenshemmung verbundenes körperliches Merkmal – blaue Augen. Unter kaukasischen Kindern ist ein »schüchternes« Temperament unter Kindern mit blauen Augen weiter verbreitet. Zwar sind die genauen Mechanismen noch nicht geklärt, doch die Iris-Pigmentierung ist mit der Konzentration bestimmter Neurotransmitter verbunden, und das mag den Zusammenhang begründen.

Vergessen Sie nicht, dass eine Verhaltenshemmung keineswegs nur nachteilig ist. Wir brauchen auch Menschen in der Welt, die sich nicht sofort und unvermittelt auf jede sich bietende Situation stürzen. Tatsächlich findet die Psychologin Elaine Aronson den Begriff der Verhaltenshemmung zu negativ. Sie zieht den Begriff »hochsensibel« vor, um Menschen zu beschreiben, die bedacht, vorsichtig und zurückhaltend sind.

Zurück zu Hope. Als ich Mr und Mrs Longwell von diesen Forschungen berichtete, merkte ich, wie sie sich entspannten. Sie hörten intensiv zu und stellten interessierte Fragen. Irgendetwas schien bei ihnen »Klick« zu machen. Dass es möglicherweise einen physischen Grund für Hopes Angst gab, befreite sie von dem Gedanken, dass sie als Eltern versagt hätten. Es gab ihnen die Hoffnung auf etwas, das sie noch nicht ausprobiert hatten und das vielleicht eine Chance bot, aus Hope ein glücklicheres Kind zu machen.

Hope sprach gut auf die Medikamente an, die der Arzt ihr verschrieb. Die Medizin, zusammen mit der therapeutischen Ergänzung, brachte sie auf den Weg zu einem Leben frei von lähmender Angst.

Lebenserfahrung: Was ist bei der Sozialangst erlernt?

Sie haben vielleicht schon den Satz gehört: »Biologie ist kein Schicksal.« Das bedeutet, dass bei allem Einfluss, den die biologische Konstitution auf unsere Entwicklung hat, sie doch nicht alles ausmacht. Unsere Umwelt formt uns ebenfalls zu den Menschen, die wir werden. In diesem Abschnitt wollen wir drei wichtige Aspekte betrachten, in denen die Lebenserfahrung Anteil am Entstehen von Sozialangst hat: demütigende Erfahrungen, Erziehungsmethoden und indirektes Lernen.

Demütigende Erfahrungen. Viele Menschen, die an Sozialangst leiden, erinnern sich an ein spezifisches traumatisches Erlebnis, das mit dem Beginn ihrer Probleme zusammenhängt. Eine Studie, die 1985 von Professor Lars-Gøran Øst an der Stockholmer Universität durchgeführt wurde, kam zu dem Ergebnis, dass 59 Prozent aller Menschen mit Sozialphobie ihre Störung dem auslösenden Moment einer traumatischen Erfahrung zuschreiben. Weitere Untersuchungen haben dieses Ergebnis bestätigt.

Dominik passt ebenfalls in dieses Schema: Dominik führte seine Ängste auf ein Erlebnis in der fünften Klasse zurück. Einmal, als er im Unterricht nicht aufgepasst hatte, forderte die Lehrerin ihn auf, im Vorlesen fortzufahren. Er wusste nicht, wo sie gerade im Text waren, also las er aufs Geratewohl. Das Gelächter der Klasse zeigte ihm, dass er falsch lag. Vom Tisch hinter ihm flüsterte ihm ein Mädchen zu, wo er zu lesen beginnen sollte, aber in diesem Moment war er schon so verlegen, dass er seine Fassung komplett verloren hatte. Er versuchte zu lesen, aber sein Hals war wie zugeschnürt, und er konnte nur ein paar Worte hervorstammeln.

Am nächsten Tag passte er besser auf. Doch als er aufgerufen wurde, schnürte sich ihm wieder die Kehle zu und sein Mund war wie mit Watte verstopft. Er entschuldigte sich und bat, hinausgehen und etwas Wasser trinken zu dürfen. Draußen auf dem Gang hörte er Gelächter. Sicher machten sich die anderen Kinder über ihn lustig. Von diesem Moment an hatte Dominik Angst, laut vorzulesen. Er fürchtete sich so, die Stelle im Buch zu verlieren, dass er sich überhaupt nicht mehr konzentrieren konnte. Immer wieder hatte er einen Frosch im Hals und räusperte sich, aber es half nicht. Bald wurde seine Angst vor dem Vorlesen so groß, dass er Angst bekam, überhaupt vor der Klasse sprechen zu müssen. Ein paar Wochen später ging es Dominik vor einem Referat so schlecht, dass er sich übergeben musste.

Eine weitere traumatische Erfahrung ist das *Mobbing*. Laura war in ihrer Erinnerung in der Grundschule zwar schüchtern, aber nicht unglücklich gewesen. Sie hatte mehrere Freundinnen und war gut in der Schule. Doch in der fünften Klasse sollte sich das ändern. Ein paar »Rabauken«, die aus anderen Grundschulen kamen, begannen sie aufzuziehen und zu verspotten. Sie sagten Dinge wie: »Warum bist du denn so schüchtern?«, und: »Kannst du nicht reden, Kleine?«

Laura wusste sich nicht zu wehren. Trotz ihrer inneren Wut brachte sie kein Wort heraus. Sie hatte gehört, dass diese Art Kinder einen grundlos verprügelten, wenn man sie nur falsch ansah. Laura versuchte sich so gut wie unsichtbar zu machen, damit die anderen sie nicht mehr wahrnehmen und auf ihr herumhacken konnten. Doch je mehr sie versuchte, ihren Tyrannen auszuweichen, desto gnadenloser waren die hinter ihr her. Laura sagte später, dass die anderen ihre Verwundbarkeit gespürt haben mussten – sie war einfach eine leichte Beute für sie. Sie glaubte, dass ihre Schüchternheit vielleicht nicht zu einer Angststörung geworden wäre, wenn sie in jenem Jahr nicht so negative Erfahrungen gemacht hätte.

Für Dominik und Laura ragen ein paar spezifische Erlebnisse oder eine bestimmte Lebensphase als besonders bedeutsam heraus. Bei anderen Menschen wiederum kann eine Reihe kleinerer Erlebnisse sich addieren, bis das Fass zu einem späteren Zeitpunkt überläuft und Sozialangst entsteht.

Wir dürfen nicht vergessen, dass zwischen unseren Lebenserfahrungen und unserer biologischen Konstitution eine stete Kommunikation, eine interaktive Wechselwirkung stattfindet. Die Forschung zeigt, dass traumatische Erfahrungen das Gehirn verändern können. Zum Beispiel können die demütigenden Erfahrungen, die Dominik und Laura erduldeten, zu Unterbrechungen in ihrem Neurotransmittersystem beigetragen haben. Dies trifft umso eher zu, wenn sie auf andere Weise für Sozialangst prädisponiert, etwa schon ihrem Temperament nach schüchtern und gehemmt waren.

Erziehungsstile. Die Art und Weise, wie Kinder aufwachsen und erzogen werden, spielt bei der Entstehung von Sozialängsten eine wichtige Rolle. Dabei geht es nicht um Schuldzuweisungen. Die meisten Eltern tun ihr Bestes, und so genannte »Erziehungsfehler« geschehen nicht mit Absicht. Gleichwohl ist dies ein Bereich, mit dem wir uns beschäftigen müssen.

Elena führt einen großen Teil ihrer Sozialangst darauf zurück, dass ihre Eltern sie daran hinderten, außerhalb der Familie Kontakte zu knüpfen. Ihre mexikanischstämmigen Eltern arbeiteten schwer, um Elena und ihren drei Brüdern ein bescheidenes Leben zu ermöglichen. Ihre Mutter arbeitete als Zimmermädchen in einem Hotel am Ort; ihr Vater arbeitete in einer Fabrik. Sie wohnten in einer ruhigen Gegend mit kleinen, aber gepflegten Häusern. Weiter unten in der Straße befanden sich größere und stattlichere Häuser. Die Schule, die Elena und ihre Brüder besuchten, lag gleich um die Ecke.

Elena erinnert sich genau an den Moment, als sie den Gedanken an eigene Freundschaften aufgab. Es war ein schöner, frischer Herbsttag mit einem Geruch von Laubfeuern in der Luft. Elena saß auf den Stufen vor ihrem Haus, der Wind blies ihr die langen Ponyfransen aus der Stirn. Sie wartete darauf, dass ihre Mutter von der Arbeit nach Hause kam. Sie hatte ihr etwas Aufregendes zu erzählen: Jennifer, ein Mädchen, das unten in der Straße wohnte, hatte sie eingeladen, am Wochenende bei ihr zu übernachten. Jennifer war immer nett gewesen, seit Elena und ihre Familie hergezogen waren, aber dies war das erste Mal, dass sie sie einlud, außerhalb der Schule mit ihr etwas zu unternehmen.

Als ihre Mutter an der Ecke aus dem Bus stieg, rannte Elena ihr entgegen. Bevor sie mit der Nachricht am Ende war, unterbrach die Mutter sie mit einer Litanei von Bedenken: »Die Familie von Jennifer passt nicht zu uns. Sie halten sich für etwas Besseres, so wie sie ihren nagelneuen Kombi fahren und immer in Designerklamotten herumlaufen. Ich verstehe nicht, wieso sie dich überhaupt zu ihrer blöden Party eingeladen hat. Natürlich willst du da nicht hingehen, oder?«

Elenas Geschichte beleuchtet ein paar ins Auge springende Punkte, wie Erziehung das Entstehen von Sozialängsten beeinflussen kann. Elenas Mutter neigte selbst zu Schüchternheit und Angst, was sich aber hinter einem Schleier aus Gereiztheit und Negativität verbarg. Sie konnte Elena die Teilnahme an der Party nicht erlauben, denn sonst wäre sie mit ihrer eigenen Unsicherheit konfrontiert worden.

Die Forschung zeigt, dass Eltern, die selbst unter Sozialangst leiden, dazu tendieren, den Kontakt ihrer Kinder mit anderen zu behindern. Zwar steckt dahinter wahrscheinlich keine bewusste Entscheidung – die meisten Eltern wollen für ihre Kinder ja das Beste –, doch der Grund ist leicht einzusehen. Besonders solange die Kinder noch klein sind, trifft oft die Mutter die Verabredungen zum gemeinsamen Spielen. Das heißt aber, dass sie mit der anderen Mutter ein bisschen Smalltalk treiben, vielleicht sogar eine Weile mit ihr zusammenbleiben muss. Kurzum: Seinem Kind den Kontakt zu anderen zu erleichtern oder das Zusammensein mit anderen zu fördern bedeutet, dass man selbst Kontakt aufnehmen muss.

Auch wenn es verführerisch ist, Schwierigkeiten gar nicht erst entstehen zu lassen, indem man ihnen ausweicht, sind die Konsequenzen doch erheblich. Soziale Fähigkeiten lernt man wie jede andere Fähigkeit nur durch Übung. Wenn Kinder und Jugendliche nicht die verschiedensten Gelegenheiten zu Sozialkontakten haben, ist dies ihrem Selbstvertrauen abträglich. Selbst Erwachsene müssen ihre sozialen Fähigkeiten in Übung halten, wenn sie sich unter anderen Menschen wohl und ungezwungen fühlen wollen.

Weitere Formen des Lernens. Es gibt noch andere Möglichkeiten, wie Lernen die Entwicklung kindlicher Sozialangst beeinflussen kann. Durch *Beobachtungslernen* erwirbt man die Angst nicht durch unmittelbare Erfahrung, sondern vermittelt durch die Beobachtung anderer. In zahlreichen Tierversuchen wurde dieser Prozess nachgewiesen. Zum Beispiel entwickeln Affen, die beobachten, dass andere Affen Angst vor Schlangen haben, schnell die gleiche Angst. Eine Untersuchung von Lars-Gøran Øst, den wir schon erwähnt haben, kam zu dem Ergebnis, dass

13 Prozent der Menschen mit Sozialphobie das Beobachtungslernen als einen wichtigen Faktor für das Ausbrechen ihrer Störung erachten.

Wir sprachen bereits davon, dass Angst »familienbedingt« sein kann. Mag ein Teil auch genetisch mitbestimmt sein, so lässt sich doch leicht erkennen, auf welche Weise das Lernen dazu beiträgt. Wenn man schon eine Prädisposition für Angst hat und dann Zeuge wird, wie ein Familienmitglied sich ängstlich verhält und soziale Situationen meidet, beginnt man sich natürlich zu fragen, ob es da wirklich etwas Bedrohliches gibt. Vielleicht fängt man auch an, das Verhalten des Familienmitglieds zu übernehmen.

Beobachtungslernen ist allerdings nicht auf Familien beschränkt. Wenn man Zeuge wird, wie eine andere Person eine demütigende Situation erlebt, kann dies durchaus die Furcht zur Folge haben, das Gleiche könnte einem selbst passieren.

Als Alexandra in der dritten Klasse war, übergab sich ihre Tischnachbarin, sodass der Tisch und der Boden ringsum besudelt waren. Natürlich riefen viele der Mitschüler etwas wie »Igitt«, »Bääh« oder dergleichen. Obwohl die Lehrerin mit der Situation gut umging, hinterließ der Vorfall bei Alexandra dennoch eine große Wirkung. Sie dachte, sie würde nie darüber hinwegkommen, wenn ihr selbst so etwas in der Öffentlichkeit passieren würde.

Von diesem Moment an wurde Alexandra extrem sensibel für jede Art von Übelkeitsempfinden. Das war vor allem ein Problem nach der Mittagspause, und so begann sie in der Schule immer weniger zu essen. Nachmittags war sie dann hungrig und konnte sich kaum mehr auf den Lernstoff konzentrieren, aber sie wollte keinesfalls etwas essen, wovon ihr möglicherweise schlecht werden könnte. Wie es oft der Fall ist, multiplizierten sich Alexandras Ängste. Aus der Angst davor, sich öffentlich übergeben zu müssen, entwickelte sie eine Angst vor jeder Situation, in der sie im Zentrum der Aufmerksamkeit stehen könnte.

Bestandsaufnahme: Welche Faktoren spielten bei der Entstehung der Sozialangst Ihres Kindes eine Rolle?

Im Folgenden haben wir eine Bestandsaufnahme für Sie vorbereitet. Die erste Gruppe der Feststellungen bezieht sich auf mögliche biologische Anteile der Sozialangst Ihres Kindes. Die zweite Gruppe beschäftigt sich mit Umweltfaktoren. Wenn Sie die Aussagen beantworten, erhalten Sie vielleicht nur eine Bestätigung für das, was Sie ohnehin schon wissen, vielleicht gewinnen Sie aber auch neue Einsichten. Sie brauchen nur mit Ja oder Nein zu antworten, können aber gern auch persönliche Bemerkungen hinzufügen.

Bestandsaufnahme

In meiner Familie gibt es eine (oder mehrere) Person(en), die schüchtern ist (sind).

❐ Ja ❐ Nein

In meiner Familie gibt es eine (oder mehrere) Person(en), die zum »nervösen Typ« gehört (gehören).

❐ Ja ❐ Nein

Lehrer und andere bezeichnen mein Kind als schüchtern und still, und/oder ich selbst beobachte, dass mein Kind schüchtern und still ist.

❐ Ja ❐ Nein

Mein Kind ist gewöhnlich vorsichtig und zurückhaltend, wenn es einer neuen Situation gegenübersteht.

❐ Ja ❐ Nein

Mein Kind war immer schon sehr reizbar und reaktiv. Zum Beispiel war es als Baby schnell überreizt, und/oder es ist emotionaler als meine anderen Kinder oder andere Kinder, die ich kenne.

❐ Ja ❐ Nein

Mein Kind hat blaue Augen.

❐ Ja ❐ Nein

Je mehr von den Fragen Sie mit Ja beantwortet haben, desto größer ist die Wahrscheinlichkeit, dass die Soziale Angststörung Ihres Kindes eine biologische Grundlage hat.

Ich erinnere mich an eine oder mehrere Situationen, in denen mein Kind in extreme Verlegenheit gebracht oder gedemütigt wurde.
❒ Ja ❒ Nein

Mein Kind wurde Zeuge, wie jemand anderes in Verlegenheit gebracht oder gedemütigt wurde, und es hat eine tiefe Wirkung in ihm hinterlassen.
❒ Ja ❒ Nein

Mein Kind hat nur wenig soziale Kontakte.
❒ Ja ❒ Nein

Ich und mein Ehepartner neigen unserem Kind gegenüber zu einem überbehütenden Verhalten.
❒ Ja ❒ Nein

Je mehr von den Fragen Sie mit Ja beantwortet haben, desto größer ist die Wahrscheinlichkeit, dass die Soziale Angststörung Ihres Kindes eine Grundlage in der Umwelt hat.

Nun nehmen Sie sich etwas Zeit und betrachten Ihre Antworten noch einmal. Fällt Ihnen ein Muster auf? Gehören Ihre Ja-Antworten vor allem zur »biologischen« Gruppe? Oder haben Sie mehr Fragen mit Bezug zur Umwelt bejaht? Es ist unwahrscheinlich, dass nur ein Faktor die Sozialangst Ihres Kindes verursacht hat. Dennoch lässt sich vielleicht ein gewisses Muster von bedeutenden Faktoren erkennen. Zum Beispiel hätten Hopes Eltern alle Fragen des biologischen Teils, außer derjenigen mit den blauen Augen, mit Ja beantwortet.

Wesentlich ist: Sie müssen nicht wissen, was *genau* die Soziale Angststörung Ihres Kindes ausgelöst hat, um sie lösen zu können. Aber gewiss schadet es nicht, ein paar allgemeine Vorstellungen davon zu haben, wie sie entstanden ist, und das trifft für Sie jetzt zu. Aber es ist nicht unbedingt notwendig.

Warum jetzt? Der Stressfaktor

Hier berühren wir das Problem des Zeitpunkts. Warum entsteht Sozialangst in einem bestimmten Moment? Warum nimmt sie in ihrer Schwere ab und zu? Dabei scheint Stress eine große Rolle zu spielen.

In manchen Fällen sind Personen für Angststörungen prädisponiert, entwickeln jedoch keine voll ausgereifte Störung, bis eine Stresssituation sie überwältigt. Arne war ein stilles Kind, das in der Schule gut mitkam und mehrere enge Freunde hatte. Er hatte ein gutes Verhältnis zu seinen Eltern und war Mitglied in einer kirchlichen Jugendgruppe. Seine Welt geriet jedoch aus den Fugen, als die Firma seines Vaters umsiedelte und die Familie in eine andere Stadt ziehen musste. Mitten im 11. Schuljahr musste Arne ganz von vorn anfangen und neue Freunde finden.

Seine Eltern glaubten, dass er sich recht gut einlebte, aber sie waren so mit dem Umzug beschäftigt, dass sie nicht merkten, wie er sich immer mehr in sich zurückzog. Er wurde niedergeschlagen und reizbar. Er machte sich ständig Gedanken darüber, was die anderen Schüler von ihm dachten. Seine neue Schule war so groß, dass sich niemand um ihn kümmerte, und es fiel ihm schwer, selbst Kontakt aufzunehmen.

Viele Kinder in Arnes Situation würden sich mit der Zeit einfügen. Doch weil Arne mit einer Reihe von prädisponierenden Faktoren belastet war – Angststörungen in der Familie und ein stilles, schüchternes Temperament –, gelang ihm die Anpassung an die neue Situation nicht. Vielmehr geriet seine Angst außer Kontrolle. Erst als er in seinem ersten Collegesemester durchfiel, erkannten seine Eltern das Ausmaß seiner Probleme.

Stress kann auch die Erklärung dafür sein, warum jemand, der von seiner Sozialen Angststörung genesen ist, plötzlich einen Rückfall erleidet. Beatrice hatte ein Jahr Medikamente gegen ihre Sozialangst eingenommen und eine Psychotherapie besucht. Sie machte große Fortschritte im Umgang mit ihrer Angst. Sie nahm an freiwilligen Arbeitsgruppen in der Schule teil und begann sogar, sich mit Jungen zu verabreden. Doch diese Dinge veränderten sich dramatisch, als ihre Mutter eine Krebsdiagnose erhielt. Die Stressbelastung war so groß, dass Beatrice in ihr altes Verhaltensmuster zurückfiel und so gut wie jeden Sozialkontakt mied. Sie isolierte sich in einer Zeit, als sie die Unterstützung anderer am dringendsten gebraucht hätte.

Blicken Sie zurück auf das Leben Ihres Kindes. Welche Rolle hat Stress bei seiner Sozialangst gespielt?

Was hält die Sozialangst aufrecht?

Bisher haben wir mögliche Ursachen und prädisponierende Faktoren der Sozialangst betrachtet, und wir haben gezeigt, wie Stress Sozialangst auslösen kann. Nun wollen wir uns ansehen, was die Sozialangst aufrechterhält. Warum »wächst Ihr Kind nicht einfach heraus«? Immerhin erholt sich ein gewisser Prozentsatz von Menschen, die an Depressionen leiden, ohne Behandlung wieder. Im Gegensatz dazu kommen bei Sozialen Angststörungen solche spontanen Besserungen nur selten vor. Warum ist die Angst vor sozialer Ablehnung so chronisch und anhaltend?

Vermeidung ist keine Lösung

Vermeidungsverhalten spielt bei jeder Art von Phobie eine entscheidende Rolle. Menschen, die Höhenangst haben, vermeiden die oberen Stockwerke von Gebäuden. Menschen mit Flugangst steigen in kein Flugzeug ein. Menschen, die sich vor Autobahnen fürchten, weichen auf Land- und Nebenstraßen aus. Vermeidung ist die automatische Reaktion auf Angst. Das unmittelbare Nachlassen der Angst ist natürlich ein großer Gewinn. Aber es ist auf Dauer keinesfalls die beste Lösung des Problems.

Vermeidung erhält nicht nur die Angst aufrecht, sie verschlimmert sie aus verschiedenen Gründen sogar. Erstens verhindert Vermeidung einen Prozess, den man Habituation oder Gewöhnung nennt. Durch die Gewöhnung wird unser Körper mit einer bestimmten Situation vertraut – er lernt, nicht so stark zu reagieren. Gewöhnung findet statt, wenn wir uns wiederholt einer bedrohlichen Situation aussetzen oder in Kontakt mit ihr treten. Wenn wir also die Situation vermeiden, hat unser Körper keine Chance, ruhiger zu werden und auf physischer Ebene zu lernen, dass er sich nicht in Gefahr befindet. Zweitens verhindert Vermeidung, dass sich unsere Denkmuster ändern. Wenn wir etwas vermeiden, vor dem wir Angst haben, lernen wir nicht, dass wir die Situation überleben und vielleicht sogar daran wachsen. Schließlich mindert Vermeidung unser Selbstwertgefühl. Wenn wir bestimmten Situationen immerzu ausweichen, verlieren wir mit der Zeit unser Selbstvertrauen und fühlen uns als Versager.

In Kapitel 7 werden wir Sie Schritt für Schritt durch einen Prozess führen, mit dem Sie Ihrem Kind helfen können, sein Vermeidungsverhalten zu überwinden.

Falsche Denkmuster erzeugen zusätzliche Probleme

Falsche Denkmuster können ebenfalls dafür sorgen, dass Menschen in der Angstspirale gefangen bleiben. Menschen mit Sozialer Angststörung nehmen soziale Situationen oder Situationen, in denen sie vor anderen auftreten müssen, in zweierlei Hinsicht verzerrt wahr. Zum einen gehört dazu eine Überbewertung der Möglichkeit, dass etwas schief geht, und zum anderen, dass die anderen einen negativ beurteilen. Hier zwei Beispiele:

- Sicher wird jeder sehen, wie mein Gesicht rot anläuft, wenn ich mich am ersten Tag vor der neuen Schulklasse vorstellen muss. Sie werden mich komisch finden.
- Die anderen Schüler werden sehen, wie nervös ich bin, wenn ich vor der Klasse ein Referat halte, und sie werden denken, dass ich nicht weiß, wovon ich rede.

Solche Gedanken kommen automatisch, wenn Kinder Angst haben, und sie kommen ihnen vollkommen logisch vor. Zwar ist es möglich, dass andere Schüler sie kritisch beäugen oder sie aufziehen, aber es ist nicht so wahrscheinlich, wie Ihr Kind glaubt. Die anderen Kinder sind ja selbst mit einer Menge von Dingen innerlich beschäftigt und merken vielleicht noch nicht einmal, dass Ihr Kind errötet oder nervös ist. Wer weiß? Vielleicht machen sie sich über ihren eigenen Redebeitrag Sorgen. Dennoch bleiben nagende Zweifel. Was, wenn sie es doch merken? Was, wenn sie mich für »komisch« halten?

Die großen »Was-wenn«-Fragen führen zu der Überschätzung einer kritischen Beurteilung oder Ablehnung, als würden diese geradewegs eine Katastrophe bedeuten. Dazu folgende Beispiele:

- Wenn Leute mich erröten sehen, halten sie mich für dumm. Niemand wird mit mir etwas zu tun haben wollen. Ich werde nie Freunde finden.
- Wenn meine Mitschüler sehen, wie nervös ich bin, werden sie mich auslachen. Ich halte es nicht aus, wenn sich andere über mich lustig machen. Ich fange an zu weinen, und jeder sieht, was für ein Schwächling ich bin.

Wir alle wünschen uns, dass die Menschen uns mögen, und es ist nur natürlich, dass Kinder von anderen Kindern gemocht werden wollen. Doch selbst wenn uns jemand einmal abschätzig beurteilt, sind die Folgen gewöhnlich nicht so schrecklich, wie wir denken. In Kapitel 6 werden wir uns eingehend damit beschäftigen, wie Sie Ihrem Kind helfen können, diese destruktiven Denkmuster zu verändern.

Befürchtungen machen es nur schlimmer

Befürchtungen sind eines der Hauptprobleme für Kinder mit Sozialangst und eine der größeren Herausforderungen, die wir in den Griff bekommen müssen. Sie sind ein weiterer wichtiger Aspekt, der die Sozialangst am Leben erhält.

Befürchtungen sind eigentlich Projektionen der Angst in die Zukunft. Es ist die Flut von »Was-wenn«-Fragen, die wir schon erwähnt haben, und die damit verbundene Vorwegnahme von etwas Bedrohlichem, das sich in der Zukunft abzeichnet. Menschen mit Sozialangst quälen sich wegen sozialer Ereignisse Wochen, ja manchmal Monate, bevor sie stattfinden. Während diese erhöhte Angst von Vorteil wäre, wenn sie zu einer nützlichen Vorbereitung führen würde (zum Beispiel: Üben vor einem Konzert), ist sie doch meist unproduktiv. Gewöhnlich führt die ganze Befürchtung eher zu einer Art Lähmung – und zu weiteren Befürchtungen.

Befürchtungen halten auch unseren Körper in einem steten Spannungszustand. Vielleicht spürt man es im Nacken. Oder man hat mehr Kopfschmerzen als sonst. Oder vielleicht schläft man schlechter. Die erhöhte Spannung, die aus den Befürchtungen resultiert, macht es wahrscheinlich, dass man akute körperliche Angstsymptome hat, wenn das Ereignis stattfindet. Weil man bereits wie ein überdehntes Gummiband ist, braucht es nicht mehr viel, um einen zum Zerreißen zu bringen. Außerdem lenkt der konstante Zustand der Spannung die Gedanken in negative Bahnen, und umso leichter wird man Opfer jener Missinterpretation und verzerrten Wahrnehmung einer sozialen Situation, von denen wir oben sprachen.

Warum sind diese Befürchtungen so schwer zu überwinden? Zum Teil wegen ihrer abergläubischen Qualitäten. In gewisser Weise glaubt man, dass die schrecklichen Dinge schon nicht wirklich eintreten werden, wenn man sich im Vorhinein nur auf genug Befürchtungen einlässt. Und wenn nichts Schreckliches eintritt, verstärkt dies das Gefühl, dass die Befürchtungen geholfen haben. Oder man denkt: »Ich habe nur Glück gehabt. Das nächste Mal erwischt es mich bestimmt.« Kinder neigen von Natur aus zu abergläubischem Denken, sodass sie von diesem Problem besonders betroffen sind.

Die Konzentration auf das Falsche kann nach hinten losgehen

Ein weiteres wichtiges Element beim Anwachsen der Sozialangst ist die *Richtung unserer Aufmerksamkeit.* Hierbei handelt es sich um ein relativ neues Gebiet, das von dem Psychologen Ronald Rapee in seinem Buch *Social Phobia: Clinical Applications of Evidence-Based Psychotherapy* (Sozialphobie: Klinische Anwendungen evidenzgestützter Psychotherapie) beschrieben wurde.

Laut Rapee wandert die Aufmerksamkeit von Personen mit Sozialangst, wenn sie in eine Situation geraten, die sie als potenziell bedrohlich erleben, in zwei Richtungen.

- Zunächst konzentrieren sie sich auf ein Bild in ihrem Bewusstsein, wie sie ihrer Ansicht nach erscheinen. Dieses Bild ist gewöhnlich falsch und verzerrt.
- Gleichzeitig überprüfen Menschen mit Sozialangst das »Publikum«, die Leute um sich herum, nach Zeichen der Missbilligung.

Da sie nach negativem Feedback Ausschau halten, werden sie wahrscheinlich auch fündig. Oder sie erkennen eine Missbilligung, wo in Wahrheit gar keine besteht. Dieses negative Feedback verstärkt unmittelbar den verzerrten inneren Schnappschuss und vergrößert ihn ins Unangemessene. Wir wollen uns diesen Prozess einmal konkret vor Augen führen.

Lambert war ein außergewöhnlich intelligenter Schüler, der vor allem in Mathematik und in den naturwissenschaftlichen Fächern exzellierte. Er besuchte anspruchsvolle Kurse für Fortgeschrittene, um eine Zulassung für eines der Elite-Colleges zu erwerben. Er meldete sich für einen wissenschaftlichen Wettbewerb an. Er dachte, es würde ihm Spaß machen, und außerdem würde es für seine Collegebewerbung vorteilhaft sein. Doch hatte er sich keine Vorstellung davon gemacht, wie angsteinflößend es sein würde, seine Ergebnisse den Preisrichtern vorzustellen.

Am Tag des Wettbewerbs war Lambert so aufgeregt, dass er Magenschmerzen hatte. Die Sache stellte sich als sehr viel größer heraus, als er gedacht hatte. Er musste seine Ergebnisse nicht nur den Richtern, sondern auch allen anderen Teilnehmern präsentieren, die ihn genau beobachten würden. Der Raum war groß, es war ein Podium mit Mikrofon installiert.

Seine Stimme kam ihm komisch vor, als er sie über Lautsprecher hörte. Ihm war alles entfallen, also musste er aus seinen Unterlagen vorlesen. Wenn er umzublättern versuchte, zitterten seine Hände, als ob sie ein Eigenleben führen würden. Nachdem die ersten Minuten vergingen (die ihm wie Stunden vorkamen), entwarf er im Bewusstsein ein Bild davon, wie er den anderen erscheinen musste. Er stellte sich seine Hände groß und plump, geradezu grotesk vor, während der Rest seines Körpers steif und leblos aussah. Als er sich in dieses Bild hineinsteigerte, war er sich sicher, dass die Richter und die anderen Schüler sahen, wie sehr er zitterte.

Lamberts Angst hielt ihn davon ab, sich auf seine eigentliche Aufgabe zu konzentrieren. Er war unfähig, seine Ergebnisse für das Wissenschaftsprojekt vorzustellen, obgleich er sie in- und auswendig kannte. Er war zu stark mit seinen Händen beschäftigt und damit, was die Preisrichter und die anderen Schüler von ihm dachten.

Depressive Stimmungen verschlimmern die Situation

Die *innere Stimmung* ist der letzte Faktor im sozialen Angstzyklus. Wenn sich Ihr Kind in guter Stimmung befindet, meistert es soziale Herausforderungen besser und leichter als sonst. Seine gute Stimmung kann schlicht von einem sonnigen Tag oder dem nahen Wochenende herrühren. Welcher Grund auch immer: An Tagen, an denen die Dinge gut laufen, werden Sie Ihr Kind im Allgemeinen aufgeschlossener erleben.

Ebenso kann das Umgekehrte zutreffen. Wenn Ihr Kind sich bedrückt und niedergeschlagen fühlt, wird es sich wahrscheinlich eher zu Hause verkriechen wollen, statt nach draußen zu gehen und mit seinen Freunden zu spielen.

Klienten berichten uns häufig, dass sie »gute« und »schlechte« Tage haben. Während dies natürlich in einem gewissen Maß für jeden von uns zutrifft, sind die Auswirkungen für Menschen, die Ängste zu überwinden haben, ungleich größer. Wenn Menschen glauben, dass sie sich sozial nur dann angemessen verhalten können, wenn alle Bedingungen »stimmen«, schränken sie ihre Möglichkeiten weiter ein.

Viele Techniken in diesem Buch können Ihrem Kind bei seinen Stimmungsschwankungen und bei seiner Angst helfen. Doch wenn Ihr Kind mehrere Wochen lang fast jeden Tag in düsterer Stimmung ist, kann es an einer klinischen Depression leiden. Wenn dies zutrifft, sollten Sie sofort mit Ihrem Arzt sprechen.

Zusammenfassung

Dieses Modell der Entwicklung und Aufrechterhaltung von Sozialangst enthält ziemlich viel Informationen auf einmal. Einen kurzen Überblick bietet unser »Modell der Sozialangst« auf Seite 56. In den beiden oberen Feldern sehen Sie die Faktoren, die Anfälligkeit für Sozialangst erhöhen – biologische Einflüsse und Umwelteinflüsse. Die Pfeile, die zwischen diesen Faktoren hin- und herweisen, zeigen an, dass sie miteinander verwoben sind und sich gegenseitig beeinflussen. Als Beispiel hatten wir traumatische Erfahrungen genannt, die zu biochemischen Veränderungen im Hirn führen können.

In der Mitte der Abbildung sehen Sie den »Stressfaktor«. Wenn Sie eine Disposition für Sozialangst haben, können starke Stressbelastungen Sie in die Angstspirale treiben. Wir haben Arne beschrieben, der unter Stressbelastung nach dem Schulwechsel Sozialangst entwickelte. Stress kann Angstsymptome reaktivieren. Erinnern wir uns an Beatrice, die nach der Krebsdiagnose ihrer Mutter einen schweren Rückfall in die Sozialangst erlebte.

Im unteren Teil des Diagramms finden Sie die Faktoren, die die Angst aufrechterhalten: Vermeidung, falsche Denkmuster, Befürchtungen, Konzentration auf das Falsche sowie Stimmungen. Diese Faktoren überlappen sich teilweise und teilweise verstärken sie sich gegenseitig. Wenn die Stimmung Ihres Kindes zum Beispiel niedergedrückt ist, wird es eher Befürchtungen hegen und Situationen vermeiden. Und je mehr es sich auf die Befürchtungen einlässt und Situationen vermeidet, desto tiefer sinkt seine Stimmung.

Aufgrund der nach unten führenden Spiralwirkung bedarf die Überwindung der Angst einer nicht geringen gemeinsamen Anstrengung. Doch die neuesten Methoden, die zu dieser Über-

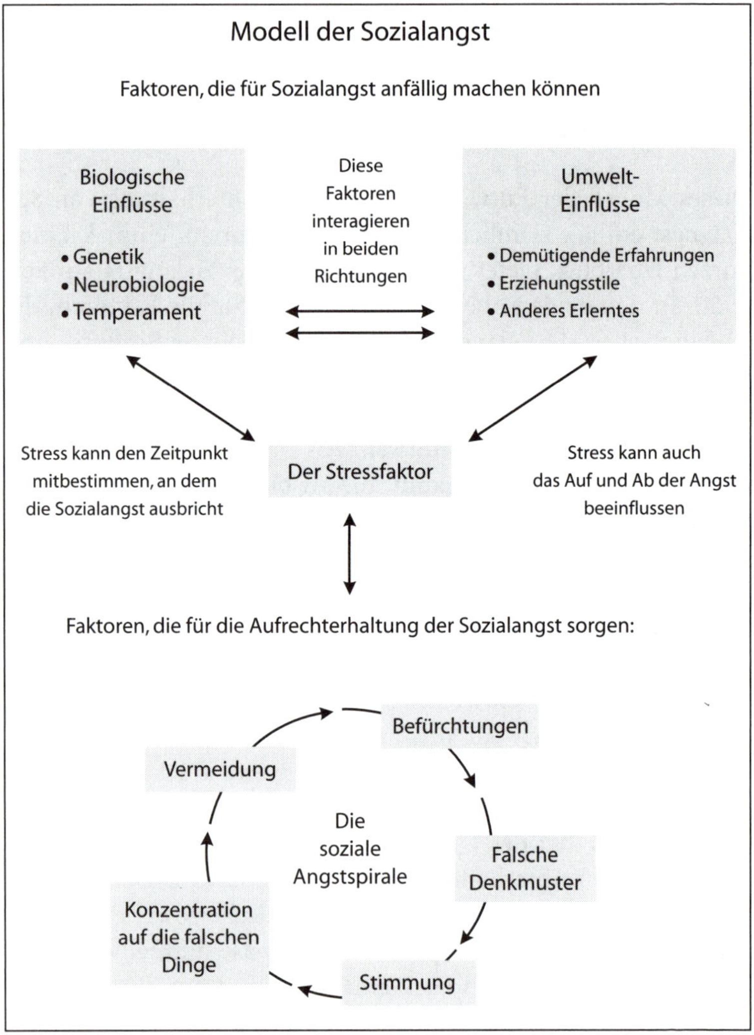

windung entwickelt wurden, können für Ihr Kind außerordentlich hilfreich sein – das ist der Inhalt der nächsten Kapitel. Sie werden sehen, dass Ihr Kind keineswegs dazu verurteilt ist, für immer krankhaft schüchtern zu bleiben. Wir werden Ihnen Schritt für Schritt zeigen, wie Ihr Kind seine Angst überwinden kann. Kurzum, Sie werden zum wichtigsten »Coach« Ihres Kindes – nicht nur, indem Sie es unterstützen, sein Potenzial voll zu entfalten, sondern auch, indem Sie ihm Mut machen, mit einem positiven Selbstgefühl die Schritte zur Überwindung seiner Angst anzugehen.

Kapitel 3
Grundlegung des Fundaments
Sieben Bausteine zum Erfolg

Jetzt wissen Sie, was eine Soziale Angststörung ist, wie sie bei Kindern aussieht und welche Faktoren zu ihrem Entstehen und zu ihrem Fortbestehen beitragen.

Im Folgenden stellen wir sieben wichtige Prinzipien oder Bausteine vor, die ein starkes Fundament für die weitere Arbeit legen. Betrachten Sie diese Prinzipien als einen Bezugsrahmen, von dem aus Sie beginnen – ein Set von Ideen, die Sie begleiten sollen, wenn Sie und Ihr Kind die Schritte in diesem Buch zurücklegen. Manche dieser Ideen mögen zunächst ein wenig abgehoben klingen, aber lassen Sie sich dadurch nicht abschrecken. Wir wollen Ihnen den praktischen Nutzen dieser Prinzipien in diesem Kapitel erläutern.

Baustein 1: Beginnen Sie auf einer Basis der Akzeptanz

Akzeptanz lässt sich nur schwer definieren, aber wenn Menschen einmal erfahren haben, was sie bewirkt, verstehen sie, warum sie ein notwendiger und wichtiger Schritt ist, um Probleme zu meistern. Für uns ist Akzeptanz so wichtig, dass wir in jedem unserer bisherigen Bücher über sie geschrieben haben. Die berühmte Psychologin Marsha Linehan hat umfassend über Akzeptanz geforscht und eindringlich darauf hingewiesen, wie wichtig es ist, jede Art von »Änderungsprogramm« mit ihr zu beginnen. Wir schätzen ihren Satz: »*Akzeptanz ist der einzige Weg aus der Hölle.*« Wir glauben, wenn Sie dieses Kapitel gelesen haben, werden Sie uns zustimmen. Zunächst wollen wir uns ansehen, was zur Akzeptanz gehört.

Akzeptanz ist eine Haltung

Akzeptanz ist eine bestimmte Art, auf uns und die Welt um uns herum zuzugehen. Sie beinhaltet die Bereitschaft und Offenheit, Dinge so wahrzunehmen, wie sie sind, ohne gleich ein Werturteil zu fällen. Zum Beispiel, wie wir in »Frei von Angst und Schüchternheit« schrieben, wenn Sie Angst haben, dann haben Sie Angst. Nicht mehr und nicht weniger. Es bedeutet nicht, dass dies entsetzlich oder katastrophal ist.

Es heißt nicht, dass die Angst für immer andauert. Es heißt nicht, dass Sie damit nicht umgehen können. Es heißt schlicht nichts anderes, als dass Sie in einem bestimmten Moment Angst empfinden.

Wir sind oft so damit beschäftigt, Dinge wertend in Schubladen zu stecken – »das ist gut« oder »das ist schlecht« –, dass wir die tatsächliche Erfahrung des gegenwärtigen Moments verpassen. Natürlich gelingt es nicht von selbst, unsere Urteile abzuschalten, Unsicherheit zu ertragen und die stetigen Kommentare abzustellen, die in unserem Bewusstsein herumspuken. Doch genau das ist notwendig, denn wir alle können nur das wirklich wissen, was hier und jetzt geschieht.

Akzeptanz ist nicht das Gleiche wie blinde Zustimmung

Viele glauben, Akzeptanz sei das Gleiche wie blinde Zustimmung, und diese Verwechslung bringt sie dann dazu, die ganze Idee zu verwerfen. Doch so, wie wir die Begriffe hier verwenden, sind sie nicht gleichbedeutend. Wenn wir zum Beispiel die Tatsache akzeptieren, dass es Armut in der Welt gibt, dann heißt das keineswegs, dass wir sie gutheißen.

Akzeptanz heißt ebenfalls nicht, dass wir aufgeben. Wenn wir die Krebsdiagnose unseres Arztes akzeptieren, dann heißt das nicht, dass wir eine Therapie ablehnen, uns von der Welt abwenden und uns zum Sterben niederlegen. Außerdem schließt Akzeptanz auch nicht aus, dass man angemessene Maßnahmen ergreift. Wenn wir zur Kenntnis nehmen, dass unser Kind eine

Soziale Angststörung hat, werden wir es nicht dabei bewenden lassen und uns sagen, dass wir nichts tun können.

> Akzeptanz bedeutet schlicht, aufmerksam die Dinge wahrzunehmen, wie sie sind, um dann den nächsten richtigen Schritt zu tun.

Akzeptanz lindert Leiden

Der vielleicht größte Nutzen, der aus dem Erlernen der Akzeptanz erwächst, ist, dass sie unnötiges Leiden lindert. Wir behaupten nicht, dass Sie gar kein Leid mehr empfinden werden, denn das werden Sie mit Sicherheit. Doch die Art der Akzeptanz, die wir hier meinen, kann Sie dahin führen, dass Sie im Schmerz dennoch Frieden empfinden, Stille inmitten des Chaos, gelassene Zuversicht trotz des Leidens. Klingt das zu schön, um wahr zu sein?

Hier ist ein Beispiel aus unserem eigenen Leben, wie Akzeptanz uns half, einen Leidensprozess zu überwinden. Die Geschichte handelt zwar nicht von Sozialangst, aber sie illustriert sehr gut, was Akzeptanz in der wirklichen Welt ausrichten kann.

In den ersten drei Lebensjahren hatte unser Sohne Jesse eine Vielzahl von gesundheitlichen Problemen. Am meisten Sorge bereitete uns sein chronisches Erbrechen. Als er noch ein Säugling war, beruhigte uns der Kinderarzt, dass sein »Spucken« normal sei. Da Jesse unser erstes Kind war, hatten wir keine Vergleichsmöglichkeit, wie viel oder wie oft »normal« war. Als andere Leute dies miterlebten und entsetzt reagierten, beschlich uns das dunkle Gefühl, dass etwas nicht stimmte. Wir hofften, dass das Erbrechen mit der Verabreichung fester Nahrung aufhören würde. Leider wurde es aber immer schlimmer. Jesse nahm mit neun Monaten nicht mehr zu und begann etwa ab seinem ersten Geburtstag, Gewicht zu verlieren.

Nach einem besonders schlimmen Wochenende waren wir vollkommen verzweifelt und entschlossen, den Kinderarzt zu wechseln (vielleicht hatten wir schon viel zu lange gewartet). Unser neuer Kinderarzt nahm die Sache sehr ernst, führte zahlreiche Untersuchungen durch und kam zu der Diagnose *gastroösophagealer Reflux*. Jesse bekam nun regelmäßig ein Medikament gegen Reflux, und wir dachten, wir hätten das Gröbste überstanden. Doch zu unserer Bestürzung schlug das Medikament nicht an. Wir versuchten noch viele andere Medikamente, aber keines wirkte. Jesse erbrach sich weiterhin täglich – oft mehrmals am Tag.

So hatten wir uns das Leben mit unserem ersten Kind nicht vorgestellt. Zusätzlich zu unserer Sorge um seine Gesundheit wurde unsere Lebensqualität durch das ständige Erbrechen unseres Sohnes drastisch eingeschränkt. Es stellte bereits eine ziemliche Herausforderung dar, morgens fertig zu werden. Oft gingen wir schon durch die Tür, wenn Jesse sich selbst und mindestens einen von uns vollspuckte und wir wieder zurück zur Badewanne mussten. Mehr als einmal wurde auch unser Hund in Mitleidenschaft gezogen. Wir gingen kaum mehr aus dem Haus – es ist schwer, einen Babysitter zu finden, der mit einer solchen Situation umgehen kann. Wir konnten nachts nicht schlafen, weil wir auf die üblichen Geräusche warteten (häufig passierte es, wenn er im Bett lag). Wir brachten Stunden und Stunden damit zu, uns den Kopf darüber zu zerbrechen, was unserem Jungen fehlen könnte. Wir besuchten medizinische Fachbibliotheken und lasen alles, was irgendwie auf ihn zutreffen konnte.

Während einer Sprechstunde nahm sich der Arzt viel Zeit für uns und redete uns ins Gewissen. Er erklärte, wir müssten Jesses Brechanfälle akzeptieren – wir sollten nicht mehr dagegen ankämpfen. Sie seien bisher nicht lebensbedrohlich, sagte er; Jesses Gewicht hatte sich stabilisiert. Das Einzige, was wir tun könnten, sei warten, bis sich das Problem von selbst gelöst habe. Das war ganz und gar nicht das, was wir hören wollten. Wir wollten, dass das Problem erkannt, gelöst, aus der Welt geschafft würde. Wie sollten wir uns damit abfinden, dass sich unser Kind täglich erbrach? Doch die Mahnung des Arztes, unsere Situation zu akzeptieren, tat ihre Wirkung. Wir erkannten, dass wir weder mit uns noch mit Jesse gut umgingen. Wir hatten unser Leben zu sehr eingeengt. Der Arzt hatte Recht. Wir mussten zu leben beginnen, trotz der Brechanfälle.

Was hatte die Akzeptanz zur Folge? Zunächst bedeutete sie für uns Schmerz. Wir weinten. Wir ließen unsere Trauer zu. So sehr wir auch versucht hatten, das Problem unter Kontrolle zu bekommen, es blieb unserer Kontrolle entzogen. Als Nächstes hörten wir auf, das Erbrechen verhindern zu wollen. Wenn er spucken musste, dann war es eben so. Wir fingen an, öfter aus dem Haus zu gehen, nahmen eine Schüssel und Kleidung zum Wechseln mit, wohin wir auch gingen. Wir lobten uns gegenseitig, wenn wir eine schwierige Situation gut überstanden hatten. Zum Beispiel ist uns ein verregneter Halloween-Abend in lebhafter Erinnerung, als wir im Einkaufszentrum unterwegs waren. Jesse sammelte seine Gaben ein, als er sich plötzlich erbrechen musste, und wir ließen alle Süßigkeiten, die er schon gesammelt hatte, fallen, um die kürbisförmige Schüssel zur Stelle zu haben. Wir konnten unsere Situation schon mit etwas mehr Humor nehmen. Wir beeindruckten uns mit unserer Fähigkeit, in der einen Minute den Boden von Erbrochenem zu säubern und in der nächsten essen zu gehen. Wir halfen uns gegenseitig und nahmen, wann immer es nötig war, von unseren Freunden und unserer Familie Hilfe an.

Indem wir die Situation akzeptierten, wurde unser Leid Stück für Stück gemindert. Wir konnten die Dinge besser meistern, wir freuten uns mehr an Jesse, wir waren entspannter. Diese Haltung der Akzeptanz hatte aber auch noch andere Vorteile: Unser Denken gewann an Klarheit, und wir trauten uns mehr zu. Wir wussten, dass es für niemanden, schon gar nicht für ein Kind, gesund war, so viel zu erbrechen. Nach weiteren anderthalb Jahren hatte er seine Anfälle immer noch nicht überwunden. Als wir den Kinderarzt um einen Termin baten, versicherte er uns erneut, dass es wahrscheinlich keine ernste Sache sei, und er äußerte sogar die Vermutung, dass wir Jesse vielleicht zum Erbrechen »konditioniert« hätten. Gleichwohl überwies er uns an einen Gastroenterologen für Kinder, um dessen Meinung einzuholen. Nach einer weiteren Runde mit noch eingreifenderen Untersuchungen fand der Facharzt jedoch nichts Erhellendes. Danach gingen wir zu einer Psychologin, die sich auf die Arbeit mit Kindern und ihren Eltern spezialisiert hatte. War es denn möglich, wie der Arzt gemeint hatte, dass wir selbst unbewusst unseren Sohn zum Erbrechen animiert hatten? Die Psychologin glaubte das nicht, und sie ermutigte uns, weiter nach medizinischen Antworten zu suchen.

Zwei Wochen nach seinem dritten Geburtstag war Jesse die ganze Nacht hindurch wach und musste husten und sich erbrechen. Als wir ihn am nächsten Morgen zum Arzt brachten, befand sich dort eine Vertreterin unseres Kinderarztes. Sie stellte fest, dass Jesse Atemprobleme hatte und überwies ihn ins Krankenhaus. Am Morgen darauf besuchte uns die gleiche Ärztin in seinem Krankenzimmer. Sie sagte: »Ich habe mir Jesses Krankenbericht von vorn bis hinten durchgesehen, und ich glaube, ich weiß, was ihm fehlt. Er hat Asthma und wahrscheinlich schwere Allergien.« Wenn wir heute zurückblicken, staunen wir immer noch, dass zuvor niemand diese Möglichkeit erwogen hatte. Tatsächlich hatten wir selbst in einer unserer Grübeleien schon einmal an eine Allergie gedacht, doch Jesses erster Kinderarzt hatte nichts davon gehalten. Jesse wurde im Krankenhaus intensiv gegen sein Asthma behandelt, und er bekam auch in den nächsten Jahren tägliche Atembehandlungen. Es geht ihm jetzt viel besser, er erbricht sich nur noch selten bei einem asthmatischen oder allergischen Anfall.

Wie Sie sehen, entsteht Akzeptanz nicht schnell oder mühelos. Es ist ein Prozess, ganz ähnlich, wie das Trauern um einen Toten ein Prozess ist. Erst wenn wir durch den Schock, das Verdrängen, die Wut und Verzweiflung hindurchgegangen sind, können wir mit Geduld und Zuversicht vorwärtsgehen. Die Kunst der Akzeptanz lehrte uns, nach Antworten zu suchen, während wir gleichzeitig den unsicheren Zustand hinnahmen. Was in Jesses Körper vor sich ging, entzog sich unserer Kontrolle. Wir konnten die Ärzte nicht zwingen, uns ernst zu nehmen.

Wir konnten nichts, was geschah, ändern oder kontrollieren. Wir konnten nur so gut wie möglich unsere Reaktionen auf die Ereignisse beherrschen.

Was heißt dies praktisch?

Sie denken jetzt vielleicht: »Schön, ich verstehe im Großen und Ganzen, was Sie meinen, aber was hat das mit meiner Situation zu tun?«

Mittlerweile haben Sie wahrscheinlich eine klare Vorstellung davon, welchen Problemen Sie und Ihr Kind gegenüberstehen. Ohne Zweifel haben Sie ähnliche Gefühle empfunden wie die von uns beschriebenen. Manche Eltern sind erleichtert, wenn sie erfahren, dass ihr Kind unter etwas leidet, das einen richtigen Namen hat – eine Störung, die von Psychologen und Therapeuten anerkannt ist und behandelt werden kann. Andere Eltern wiederum sind verstört. Sie wollen nicht wahrhaben, dass ihr Kind in irgendeiner Hinsicht nicht »normal« sein könnte, geschweige denn an einer echten psychischen Störung leidet. Manche Eltern machen sich Sorgen. Was bedeutet das für mein Kind? Wird es ein erfülltes und glückliches Leben führen? Die meisten Eltern erleben eine Mischung all dieser Gefühle, und sicher wandeln sich diese Gefühle von Zeit zu Zeit. Sie können sicher sein, dass Ihre Gefühle vollkommen normal sind – also machen Sie sich nicht zusätzlich verrückt, wenn es Ihnen schlecht geht.

Akzeptanz heißt in diesem Zusammenhang Verschiedenes:

- Die eigenen Gefühle als normal und angemessen akzeptieren.
- Die ganze Bandbreite der Gefühle zulassen.
- Akzeptieren, dass Ihr Kind Probleme mit Schüchternheit und/oder Sozialangst hat, doch zugleich erkennen, dass dies nur ein Aspekt Ihres Kindes ist und nichts von seinen besonderen Stärken oder von seinem Wert nimmt.
- Ihr Kind so akzeptieren, wie es ist. Sie werden es wahrscheinlich nicht in ein Wunder an Kontaktfreudigkeit verwandeln

können – und wir würden das auch keineswegs für wünschenswert halten. Mit der Schüchternheit verbinden sich manche verborgene Stärken.
- Ihrem Kind die Sicherheit geben, dass Sie es so lieben, wie es ist. Gleichzeitig die schwierige Balance finden, ihm zu vermitteln, dass Sie jederzeit da sind, um ihm bei einer »Erweiterung« helfen zu können – neue Dinge auszuprobieren und jedes Ziel zu erreichen, das es sich vornimmt.

Im Folgenden stellen wir Ihnen fünf Fragen. Lassen Sie sich Zeit und bedenken Sie, dass es keine richtigen oder falschen Antworten gibt. Wenn Sie über die Fragen nachdenken, machen Sie bereits einen wichtigen Schritt in Richtung Akzeptanz. Es mag wie ein Widerspruch in sich selbst klingen, aber nur von einer Position der Akzeptanz aus können Sie Ihrem Kind helfen, zu wachsen, sich zu entwickeln und sich zu verändern.

Bedenkenswerte Fragen

1. Hatten Sie vor der Geburt Ihres Kindes eine Vorstellung davon, welche Art Persönlichkeit es sein würde? Was erhofften Sie sich?
2. In welcher Hinsicht entspricht Ihr Kind dem, was Sie sich vorgestellt hatten, oder entspricht dem nicht?
3. Haben Sie über irgendwelche Enttäuschungen, die Sie empfanden, Trauer zugelassen?
4. In welcher Hinsicht waren Charaktereigenschaften Ihres Kindes vorteilhaft? (Zum Beispiel: Schüchterne Kinder haben in der Schule seltener Probleme.)
5. Wie zeigen Sie, dass Sie Ihr Kind akzeptieren?

Baustein 2: Übertragen Sie Ihre eigenen Probleme nicht auf Ihr Kind

Es ist außerordentlich wichtig, wenn auch nicht immer einfach, Ihre eigenen Probleme von denen Ihres Kindes zu trennen. Wie wir in Kapitel 2 erörtert haben, kann sich Angst in Familien fortsetzen. Viele Eltern sagen, dass das Einzige, was sie noch mehr als die eigene Sozialangst belastet, die Sozialangst ihrer Kinder ist.

Genau dieses Problem hatte Rachel. Sie war als Kind selbst krankhaft schüchtern gewesen und hatte im College eine regelrechte Angststörung entwickelt. Obgleich sie aufgrund ihrer Leistungen ein Stipendium erhalten hatte, versagte sie im Unterricht. Sie hatte entsetzliche Angst, vor Gruppen zu sprechen, und zu ihrer Bestürzung gehörte zu all ihren Klassen irgendeine Art des öffentlichen Vortrags. Ihre Angst steigerte sich, bis sie begann, den Unterricht zu schwänzen. Noch vor Ende des ersten Semesters verließ Rachel die Schule und kehrte nach Hause zurück. Sie bekam einen Job als Empfangsdame in einem Anwaltsbüro, eine Stelle, die mit Sicherheit weit unter ihren Möglichkeiten lag. Schließlich heiratete sie und bekam zwei Kinder, Dana und Sam. Als ich Rachel kennen lernte, war ihre Tochter in der ersten Klasse und ihr Sohn achtzehn Monate alt.

Rachel beschrieb ihre Tochter als schüchtern und übermäßig auf Vorsicht bedacht. Dana fiel es schwer, eine Freundin zu finden, und manchmal kam sie heim und sagte: »Niemand mag mich.« Ähnlich versteckte sich Rachels Sohn hinter ihr, wenn sie fremden Leuten begegneten, und er weinte jedes Mal, wenn sie ihn mit einer Babysitterin allein ließ, selbst wenn er diese gut kannte.

»Ich habe Angst, dass sich meine Geschichte wiederholt«, sagte Rachel. »Ich leide jeden Tag Höllenqualen, wenn ich mir vorstelle, dass meine Kinder eines Tages genauso schlimm dran sind wie ich.«

Ich verstand Rachels Sorge. Ihre Sozialangst hatte in ihrem Leben viel Einsamkeit und Verzweiflung verursacht, und natürlich wollte sie nicht, dass ihre Kinder das gleiche Leid erfuhren.

Rachels Sorgen waren zwar gut gemeint, aber zugleich kontraproduktiv. Sie achtete bei ihren Kindern auf jedes Anzeichen einer möglichen Störung. Während viele Kleinkinder fremdeln und unglücklich sind, wenn sie von ihren Müttern getrennt werden, war Rachel davon überzeugt, bei ihrem kleinen Sam bedeute dies, dass er zu einem Leben mit Sozialangst verurteilt sei. Ebenso machte sie sich Gedanken über das »Sozialleben« ihrer Tochter. Jeden Tag nach der Schule fragte sie Dana, wie die Pausen gewesen seien, mit wem sie gespielt, mit welchen Mädchen sie geredet, mit wem sie gegessen habe und so fort. Wie man sich leicht vorstellen kann, fühlte sich Dana manchmal von ihrer Mutter regelrecht verhört, und sie empfing die klare, eindeutige Botschaft, dass ihre Mutter sich sozialen Erfolg für sie wünschte.

Vielleicht haben Sie keine Sozialangst, sondern eine andere Art von Angststörung, oder vielleicht haben Sie mit Depressionen zu kämpfen gehabt. Was auch immer der Fall sein mag, jeder von uns geht durch schwere Zeiten im Leben, und es ist verführerisch, zu glauben, dass wir wissen, was unser Kind fühlt, weil wir selbst schon einmal etwas Ähnliches durchgemacht haben. Doch dieser Glaube kann zutreffen oder auch nicht.

Jeremy, der selbst immer dick gewesen und von den Mitschülern gehänselt worden war, beobachtete, wie sein Sohn auf dem Spielplatz alleine übte, einen Ball in den Basketballkorb zu werfen. Jeremys Herz wurde schwer. »Armer Bursche. Ich weiß genau, wie er sich fühlt. Es ist scheußlich, von den anderen Kindern ausgeschlossen zu sein«, dachte er bei sich.

Am Abend befragte er seinen Sohn deswegen. Doch im Gegensatz zu seinen Vermutungen war sein Sohn fröhlich gewesen und hatte genau das getan, wozu er Lust hatte. »Ich habe erst mit den anderen Ball gespielt, aber dann wollte ich lieber Korbwürfe üben«, erklärte sein Sohn. »Es war toll, dass niemand Basketball spielte und ich den Korb für mich allein hatte.«

Natürlich werden Eltern, die ihr Kind gut kennen, die Gefühlslage ihres Kindes häufig richtig einschätzen. Aber seien Sie behutsam und glauben Sie nicht, dass Sie immer richtig liegen. Gehen Sie der Sache auf den Grund und stellen Sie fest, ob Ihre Reaktionen nicht aus Ihrem eigenen Erfahrungsfundus stammen.

Vielleicht sollten wir uns auch klarmachen, dass das Verständnis von Therapeuten und ihre Fähigkeit, Soziale Angststörungen und ihre potenziellen Komplikationen zu behandeln, heute sehr viel weiter gediehen sind als zu der Zeit, als wir selbst Kinder und Jugendliche waren. Das heißt, dass Ihr Kind nicht im gleichen Erfahrungsraster befangen bleiben muss wie Sie selbst.

Nachfolgend stellen wir ein paar zusätzliche Fragen, über die wir Sie nachzudenken bitten. Es gibt auch hier keine richtigen oder falschen Antworten.

Fragen

1. Fällt Ihnen eine Situation ein, in der Sie Ihre Probleme mit denen Ihres Kindes vermengt haben?
2. Wie haben Sie reagiert?
3. Wie hat Ihr Kind auf Ihre Reaktion reagiert?
4. Was hätten Sie anders machen können?

Baustein 3: Unterstützen Sie Ihr Kind durch Zuhören

Wenn wir mit Ehepaaren sprechen, betonen wir immer die Wichtigkeit der Kommunikation – insbesondere die Fähigkeit, zuzuhören. Es liegt zwar auf der Hand, dass Kommunikation (oder der Mangel daran) zum Gelingen oder Scheitern einer Ehe beitragen kann, aber es hat sich noch nicht so weit herumgesprochen, dass es ebenso wichtig ist, wie Eltern mit ihren Kindern sprechen. Wenn wir unseren Kindern wirklich zuhören, fühlen sie sich verstanden und in ihrem Wert geachtet. Sie werden dann wahrscheinlich ein gesünderes Selbstwertgefühl haben und eher mit uns zusammenarbeiten, wenn wir sie ermuntern, ihre Sozialangst zu überwinden.

Früher war Zuhören ein geschätzter und integraler Bestandteil des Lebens. Nachbarn saßen beisammen und sprachen miteinander, und gewöhnlich waren Angehörige der Großfamilie in der Nähe, die einem bei Bedarf zuhören konnten. Fernsehen und Videospiele existierten damals nicht, und die Menschen verbrachten einfach mehr Zeit zusammen und tauschten Geschichten aus. Bei unserer heutigen hektischen Lebensweise findet diese soziale Qualität nicht mehr ohne besondere Bemühung statt.

Woher wissen wir, dass Zuhören so wichtig ist? Warum sollten wir uns dafür Zeit nehmen? – Die Forschung aus verschiedensten Wissenschaftsbereichen hat gezeigt, dass Zuhören ein entscheidender, ja sogar heilsamer Prozess ist. Die Forschung, die sich mit den Heilerfolgen der Psychotherapie befasst, überprüft die Effektivität verschiedener psychotherapeutischer Methoden. Die Ergebnisse zahlreicher Experimente belegen, dass der wichtigste Anteil für einen positiven Wandel von der Qualität der Beziehung zwischen Klient und Therapeut abhängt. Mit anderen Worten, der Schlüsselfaktor dafür, dass die Therapie funktioniert, ist, ob der Therapeut wirklich zuhört. Ähnlich hat die medizinische Forschung herausgefunden, dass die Heilungsrate bei Krebspatienten besser ist, wenn sie ihre Onkologen als warmherzige und verständnisvolle Menschen erleben – als gute Zuhörer.

Die Art des Zuhörens, von der wir hier sprechen, wird *empathisches* oder *aktives* Zuhören genannt. Das bedeutet, dass man seine eigenen Themen zurückstellt und sich stattdessen mit dem identifiziert und das versteht, was das Kind sagt.

Hier einige Tipps:

- Versuchen Sie sich während des Zuhörens in die Lage Ihres Kindes zu versetzen. Konzentrieren Sie sich darauf, was es fühlt, nicht nur, was es sagt.
- Akzeptieren Sie das Recht Ihres Kindes auf eigene Gedanken und Gefühle.
- Zeigen Sie Ihre Akzeptanz durch Ihre Körperhaltung, Ihre Tonlage und Mimik.
- Versuchen Sie beim Zuhören auf Fragen zu verzichten, lassen Sie Ihre eigene Meinung außen vor, formulieren Sie keine Lösungen oder Urteile.
- Nachdem Ihr Kind zu Ende gesprochen hat, fassen Sie das Gesagte zusammen und wiederholen Sie die wichtigsten Gedanken und Gefühle, die es geäußert hat.

Diese Art des Zuhörens mag sich am Anfang etwas merkwürdig anfühlen. Doch lassen Sie sich davon nicht beunruhigen. Mit ein wenig Übung wird sie Ihnen vertraut, und wenn Ihr altkluges Kind sich darüber lustig macht oder sie fragt, was Sie da tun, können Sie immer sagen: »Mir ist klar geworden, dass ich vielleicht nicht immer richtig zuhöre, und ich versuche, das jetzt besser zu machen.«

Wenn Rachel ihrer Tochter zuhörte, wie sie von der Schule erzählte, fiel es ihr vor allem schwer, ihre eigenen emotionalen Reaktionen im Zaum zu halten. Sie erzählte mir, wie Dana zum ersten Mal nach der Schule heimkam und über die Pause klagte. »Es war ein Albtraum für mich, als sie sagte, niemand habe mit ihr gespielt – sie sei auf die andere Seite des Pausenhofs gegangen und habe für sich allein gespielt. Ich dachte, ich breche zusammen und fange sofort an zu weinen.«

Rachels Aufgabe war in der Tat nicht einfach. Um ihre Tochter unterstützen zu können, musste sie ihre eigenen Probleme hintansetzen. Wenn sie Dana wirklich zuhören wollte, dann durfte sie sich dabei nicht von ihren eigenen Gedanken und Gefühlen fortreißen lassen, etwa wie: »Mein Gott, was habe ich diesem Kind aufgeladen!«

Was kann Rachel in solchen Situationen tun? Erstens muss sie Dana ermuntern, öfter darüber zu sprechen. Sie kann zum Beispiel sagen: »Ich bin froh, dass du mit mir darüber redest. Ich möchte mehr davon hören.« Dann kann Rachel still zuhören, ohne schon irgendeinen Rat oder ein Urteil von sich zu geben. Je nachdem, was Dana sagt, kann sie herauszufinden suchen, was Dana empfindet. Sie kann sagen: »Es klingt, als ob du einsam und traurig gewesen wärest, so allein für dich zu spielen.« Oder: »Vielleicht hast du nicht so recht gewusst, wie du mit den anderen Kindern in Kontakt kommen sollst.«

Indem Sie zuhören und Ihrem Kind helfen, über seine Gefühle zu sprechen, nehmen Sie der Sache etwas die Spitze und bereiten den Boden für zukünftige Problemlösungen.

Wir halten das aktive Zuhören in der Tat für so wichtig, dass wir empfehlen, es täglich mindestens fünfzehn Minuten lang (länger wäre wunderbar) durchzuführen. Sie konzentrieren sich in dieser Zeit ausschließlich auf Ihr Kind und kümmern sich nicht um den Abwasch oder um die Rechnungen, die noch bezahlt werden müssen. In ihrem wundervollen Buch *Worried No More* (Nicht mehr geplagt) nennt Aureen Pinto Wagner dies die *YAMA*-Zeit oder die *You and Me Alone*-Zeit. Es ist eine Zeit, in der man entspannt zusammensitzt und plaudert oder, wie Wagner schreibt, über nichts jammert oder klagt, was mit dem Kind zusammenhängt. Versuchen Sie, das Gespräch nicht zu dirigieren oder zu kontrollieren. Lassen Sie Ihr Kind das Gespräch bestimmen.

Kleinere Kinder lieben solche Zeiten mit ihren Eltern. Selbst größere Kinder, die zunächst zurückhaltend reagieren, werden diese Zeit unter vier Augen schätzen lernen. Finden Sie eine regelmäßige Zeit, die mit Ihrem Alltagsleben und dem Ihres Kindes vereinbar ist, und halten Sie diese konsequent ein. Sie und Ihr Kind werden reich belohnt werden.

Nehmen Sie sich Zeit, um folgende Fragen zu bedenken.

Bedenkenswerte Fragen

1. Nehme ich mir Zeit, um meinem Kind zuzuhören?
2. Höre ich einfach nur zu, ohne meine Meinung dazu zu sagen?
3. Helfe ich meinem Kind, seine Gefühle zu erkennen?
4. Was geschieht, wenn ich zu schnell Ratschläge äußere?

Baustein 4: Richten Sie Ihren Blick auf das Positive

Ebenso wichtig wie aktives Zuhören ist die Konzentration auf das Positive. Wir vergessen zu häufig, dass der beste Weg, unser Kind zu motivieren, der ist, wenn wir es loben und manchmal sogar belohnen. Allerdings geraten wir nur zu leicht in eine Haltung der Kritik und des Nörgelns.

Stephanies zehnjähriger Tochter Daniela fiel es schwer, sich mit anderen Mädchen nach der Schule zu verabreden. Sie kam jeden Tag von der Schule nach Hause, erledigte ihre Hausaufgaben und sah dann fern. Zugleich klagte sie darüber, dass sie einsam sei und sich ziemlich langweile. Stephanie musste gestehen, dass Danielas miesepetriges Gesicht und ihr Jammern sie manchmal so auf die Palme brachten, dass sie selbst zu meckern anfing. Sie schimpfte etwa: »Jetzt geh doch endlich raus und spiel mit den Nachbarkindern«, oder: »Du machst mich noch wahnsinnig!«

Manchmal können Eltern aus Frustration ihr Kind auch mit verletzenden Kommentaren beschämen: »Warum kannst du nicht so kontaktfreudig sein wie dein Bruder?«, oder: »Du wirst nie Freunde haben, wenn du den ganzen Tag nur herumhockst und Nintendo spielst.« Doch Scham wird die Schüchternheit Ihres Kindes nicht reduzieren, im Gegenteil.

Statt negative Bemerkungen abzugeben, sollten Sie vielmehr erwünschtes Verhalten immer wahrnehmen und so oft wie möglich loben. Dies ist der beste Weg, um eine Verhaltensänderung zu fördern. Und denken Sie daran: Fangen Sie klein an und hängen Sie die Erwartungen nicht zu hoch. Warten Sie nicht, bis die Schule Ihr Kind für die Talentshow auswählt, bevor Sie Ihren Stolz zeigen. Für ein Kind, das selten mit Erwachsenen spricht, kann schon ein Blickkontakt mit dem Postboten ein ziemlicher Schritt nach vorne sein.

Welche Art der Ermutigung funktioniert am besten? Oft reicht schon verbales Lob. Das Lob sollte aber so konkret wie möglich sein, um wirklich etwas auszulösen. Zum Beispiel ist es nicht damit getan, Ihrem Kind zu sagen: »Gut gemacht.« Viel wirkungsvoller ist zum Beispiel: »Ich habe gesehen, dass du der Nachbarin gewunken und ihr zugelächelt hast. Ich wette, das hat sie sehr gefreut.«

Viele kleine Kinder lieben Sticker, auch damit lässt sich das Verhalten positiv beeinflussen. Zum Beispiel bekommt Ihr Kind einen Sticker pro Tag, wenn es zwei Leute begrüßt hat. Wenn das Verhalten dann zur Gewohnheit geworden ist, können Sie die »Stickerphase« langsam abbauen.

Allzu häufig erhalten Kinder mit Sozialangst sehr viel Aufmerksamkeit, wenn sie die Fassung verlieren oder andere Verhaltensmerkmale ihrer Störung zeigen. Dies ist eine natürliche Reaktion. Wenn Ihr Kind beispielsweise einen Wutanfall hat, bevor es zu einem Familienfest geht, müssen Sie damit fertig werden. Doch leider wird die Erwartung eines schönen Ereignisses durch die Angstreaktion getrübt.

Wolfram sollte in seiner Grundschule im Chor zu Weihnachten mitsingen. Seine Eltern hatten sich frei genommen, und beide Großelternpaare wollten ebenfalls an der Veranstaltung teilnehmen. Am Morgen des mit Spannung erwarteten Tages weigerte sich Wolfram, sich anzuziehen und zur Schule zu gehen. Er zeterte und schrie, dass er nicht im Chor mitsingen werde. Dies zog eine Folge unerfreulicher Absagen nach sich, die – unnötig zu erwähnen – die Festtagsstimmung nicht gerade erhöhten.

Um den negativen Ausbrüchen Ihres Kindes wegen seiner Sozialangst zu begegnen, müssen Sie versuchen, einen Fundus positiver Erinnerungen anzulegen, von dem Ihr Kind zehren kann. Ängstliche Kinder haben oft Probleme mit Situationen, die nicht vorhersagbar sind oder deren Ablauf nicht geregelt ist. Das heißt, dass die üblichen Zeiten, in denen sich ein Fotoalbum schöner Erinnerungen zusammenstellen lässt – wie Feiertage, Ferien, Feste und Besuche bei Verwandten und Freunden –, von innerer Spannung und potenziellem Stress belastet sind. Versuchen Sie daher, andere Zeiten und Situationen in Ihrem Familienleben herzustellen, in denen sich Ihr Kind besonders wahrgenommen und als Teil des Ganzen fühlt.

Daneben sollten Sie eine Liste der Stärken Ihres Kindes aufstellen und sich vornehmen, auf diese besonders zu achten. Denn trotz der Tatsache, dass Ihr Kind Schwierigkeiten in sozialen Situationen hat, gibt es viele andere positive Aspekte seiner Persönlichkeit. Hat Ihr Kind zum Beispiel Sinn für Humor? Ist es kreativ?

Zudem hat sogar die Schüchternheit Ihres Kindes in mancher Hinsicht vorteilhafte Seiten. Zum Beispiel sind viele schüchterne Kinder nachdenklich, selbst-kontrolliert, gewissenhaft, sensibel für die Bedürfnisse und Gefühle anderer, freundlich, fürsorglich und liebevoll.

Bedenkenswerte Fragen

1. Was sind die Stärken meines Kindes?
2. Wie kann ich diese Stärken noch fördern?
3. Lobe ich mein Kind häufig und konkret?
4. Vermeide ich es, mein Kind mit seinen Geschwistern oder anderen Kindern zu vergleichen?
5. Vermeide ich beschämende Kommentare?

Baustein 5: Achten Sie auf Etikettierungen

»Schüchternheit« ist eigentlich kein negativ besetzter Begriff, aber zugleich gilt sie in unserer westlichen Kultur nicht unbedingt als wünschenswerte Eigenschaft. Bernardo Carducci, ein anerkannter Forscher über Schüchternheit, äußert sich häufig zu dem Vorurteil, das unsere Gesellschaft gegenüber Schüchternheit hegt. Er sagt, dass unsere Gesellschaft ein forsches und extravertiertes Auftreten vorzieht und dabei die Stärken derjenigen übersieht, die nachdenklich und zurückhaltend sind. Darüber sollten wir nachdenken. Wann hat Ihnen zum letzten Mal jemand gesagt: »Ach, wie sympathisch, dass Ihr Kind schüchtern ist!«

In Ihrem Buch *The Highly Sensitive Person* (Der hochsensible Mensch) beschreibt Elaine Aronson eine überaus bedeutende Forschungsarbeit, die sich mit diesem kulturellen Thema befasst. Die Untersuchung – die von Xinyin Chen und Kenneth Rubin von der University of Waterloo in Ontario, Kanada, und Yuerong Sun von der Shanghai Teachers University durchgeführt wurde – verglich Kinder beider Städte, um herauszufinden, welche Eigenschaften bei Kindern zu Beliebtheit führen. In der Gruppe von 480 Schülern und Schülerinnen in Shanghai waren schüchterne und sensible Kinder als Freunde beziehungsweise Freundinnen am begehrtesten. Im Gegensatz dazu waren für die 296 kanadischen Schüler schüchterne und sensible Kinder die am wenigsten beliebten. Wir sehen also, dass die Tatsache, ob wir von anderen akzeptiert werden, oft nichts mit uns selbst zu tun hat, sondern mit den vorherrschenden kulturellen Normen.

Weil unsere Kultur eine so einseitige Haltung zur Schüchternheit einnimmt, ist es von Vorteil, Ihren Kindern andere Begriffe von sich selbst zu geben.

Anstatt zu sagen:	**Versuchen Sie es so:**
»Du bist schüchtern.«	»Bei Menschen, die du kennst, bis du richtig gesprächig.«
»Habe keine Angst.«	»Du brauchst eine gewisse Zeit, bis du dich bei fremden Menschen wohl fühlst.«
»Du bist ängstlich.«	»Du bist vorsichtig. Du möchtest erst wissen, was hinter der Sache steckt, bevor du dich darauf einlässt.«

Vielleicht denken Sie jetzt: »Das ist alles schön und gut, aber was ist, wenn jemand anderes mein Kind vor anderen schüchtern nennt? Dagegen kann ich nichts tun.«

Dies erlebten Anne und Michael mit ihrer Tochter Emily, die drei Jahre alt und von Natur aus vor Fremden scheu war. Sie entwickelten daraufhin eine eigene Methode, mit solchen Etikettierungen umzugehen. Bei Kirchenbesuchen kam es vor, dass sich jemand an Emily wendete und sie etwas fragte, aber sie gab keine Antwort. Wenn die Person dann sagte: »Ach, sie ist wohl schüchtern?«, antworteten Anne und Michael: »Warten Sie nur, bis Sie Emily erst richtig kennen lernen. Dann redet sie wie ein Wasserfall.«

Folgende Fragen beleuchten noch einmal, was Sie selbst über Schüchternheit empfinden.

Bedenkenswerte Fragen

1. Was kommt mir in den Sinn, wenn ich über das Wort »schüchtern« nachdenke?
2. Versuche ich es zu vermeiden, mein Kind zu etikettieren?
3. Widerspreche ich, wenn andere mein Kind etikettieren?
4. Rege ich mein Kind an, den Begriff »schüchtern« mit positiven Vorstellungen zu besetzen?

Baustein 6: Haben Sie Geduld

Ein schüchternes Kind zu ermutigen und zu stärken braucht viel Zeit und Geduld.

Paola schien instinktiv zu wissen, dass sie ihren vierjährigen Sohn Arnold nicht zu schnell mit neuen Situationen konfrontieren durfte. Arnold wollte immer schon Turnstunden nehmen. Doch am Nachmittag, als der Unterricht beginnen sollte, überlegte er es sich anders. Es war schwierig, ihn nur schon zum Turnverein zu bringen, und dann wollte er nicht mitmachen. Er weinte, als die Turnlehrerin ihn überreden wollte, sich den anderen Kindern anzuschließen; stattdessen floh er in den Schoß seiner Mutter und klammerte sich so fest an sie, dass sie fast keine Luft mehr bekam.

Wie reagierte Paola auf diese Situation? Was tat sie? Was sie nicht tat, ist wahrscheinlich ebenso wichtig wie das, was sie tat. Was Paola *nicht* tat:

- Sie sagte nicht, er solle aufhören zu weinen.
- Sie sagte nicht: »Du brauchst keine Angst zu haben.«
- Sie sagte nicht: »Sei nicht so schüchtern.«
- Sie reagierte nicht verärgert und sagte nicht: »Du warst es, der zur Turnstunde wollte.«

Zwar wären all diese Reaktionen verständlich, aber sie würden in diesem Moment nicht weiterhelfen und wären auf längere Sicht für das Selbstbewusstsein des Kindes schädlich.

Stattdessen zeigen wir hier ein paar der hilfreichen Sätze, die Paola zu ihrem Sohn sagte:

- »Du kannst ruhig erst einmal zuschauen, das ist vollkommen okay.«
- »Du willst erst wissen, was eigentlich passiert, bevor du mitmachst.«
- »Neues ist immer schwierig.«
- »Ich habe mich auch immer etwas gefürchtet, wenn ich etwas Neues ausprobiert habe.«

Mit diesen Äußerungen nahm sie seine Sorgen ernst. Sie ließ ihn wissen, dass seine Gefühle normal waren und er sich ihrer nicht schämen musste.

In ähnlichen Situationen ist es auch nützlich, im Vorhinein mit dem Kind zu Hause darüber zu sprechen, was es erwartet. Wenn Sie schon im Turnverein waren, etwa bei der Anmeldung, können Sie Ihrem Kind die Räumlichkeiten beschreiben, wo die Turnstunde abgehalten wird und ob Kinder aus der Nachbarschaft ebenfalls teilnehmen. Versuchen Sie etwas früher anzukommen, sodass sich Ihr Kind schon etwas eingewöhnen kann, bevor der Unterricht beginnt – vielleicht sprechen Sie mit der Lehrerin und lassen sich zeigen, wo Sie sitzen werden.

Arnold sah in den ersten Stunden hauptsächlich zu. Weil seine Mutter ihm versichert hatte, dass das vollkommen in Ordnung sei und er sich deswegen keine Gedanken machen müsse, entspannte er sich und fand Spaß an der Sache, wenn auch zunächst nur als Beobachter. Gegen Ende der Stunde ging Paola mit ihm zur Gruppe, und sie setzten sich beide auf den Boden, während die Lehrerin eine Übung vormachte. Da Arnold sich der neuen Situation in seinem eigenen Tempo nähern durfte, wurde aus einem potenziell unangenehmen ein erfreuliches Erlebnis – vor allem eines, das er gern wiederholen wollte.

Hier folgen wieder ein paar Fragen für Sie. Wenn Sie sich nicht bei jeder Frage einer Antwort sicher sind, ist das in Ordnung. Dies sind keine Fragen, die Sie sofort beantworten müssen. Manche brauchen einfach eine längere Zeit des Überlegens.

Bedenkenswerte Fragen

1. Wenn ich mein Kind zu sehr unter Druck setze, zu welchem Ergebnis wird das führen?
2. Wie kann ich lernen, mit meinem Kind geduldiger zu sein? Mit mir selbst geduldiger zu sein?
3. Ist es mir peinlich, wenn mein Kind nicht bei den anderen mitmacht?
4. Wie kann ich mir selbst versichern, dass Unterschiede okay sind und dass nicht jedes Kind aktiver Teil der Gruppe sein muss?

Baustein 7: Machen Sie sich klar: Sie können Ihr Kind nicht vor jedem Schmerz bewahren

Es ist nur natürlich, wenn wir unsere Kinder vor Missgeschicken im Leben bewahren wollen, doch zugleich müssen Kinder lernen – allmählich und in kleinen Schritten –, mit der Wirklichkeit umzugehen.

Wenn Sie selbst ein sensibler Mensch sind, der unter seiner krankhaften Schüchternheit gelitten hat, dann ist dies wahrscheinlich die schwerste Lektion. Schließlich erinnern Sie sich ja noch an das mulmige Gefühl im Magen, wenn Sie sich vor einer Gruppe darstellen mussten. Sie wissen, wie Ihr Herz hämmerte, wenn Sie aufgerufen wurden und vor der Klasse eine Antwort geben mussten. Sie kennen die Schmach und Ungerechtigkeit, nicht zu den Geburtstagspartys der beliebten Kinder eingeladen zu werden. Natürlich wollen Sie dies alles Ihrem Kind ersparen. Sie sollten aber trotzdem erkennen, dass es bis zu einem gewissen Grade »normale Traumata« gibt, die Kinder durchleben müssen. Wenn Sie sie vor allem schützen, nehmen Sie ihnen die Chance zu Wachstum und Reife.

Es ist noch gar nicht so lange her, da kam unser Sohn Jesse auf die Hauptschule. Wir waren ein bisschen besorgt, wie der Übergang von einer kleinen Schule in der Nachbarschaft, wo fast jeder jeden kannte, in eine größere und unpersönlichere

Schule am anderen Ende der Stadt funktionieren würde. Eines Tages am Anfang des Schuljahrs kam Jesse mit einem Bluterguss am Knie heim. Als ich ihn deswegen befragte, sagte er, ein anderer Junge habe ihn gegen einen der Tische im Klassenraum gestoßen. Ich war entsetzt und fing an, jede Menge Fragen über den Vorfall zu stellen. Doch Jesse ließ sich nicht darauf ein. Er sagte: »Mama, ich hab's nicht persönlich genommen. Dieser Junge treibt es mit jedem so.« Obwohl ich gewalttätiges Verhalten keineswegs entschuldige, wurde mir klar, dass ich diesen Vorfall entweder an die große Glocke hängen konnte – oder ich konnte Jesse die Wahrheit lernen lassen, dass es nicht nur nette Menschen in der Welt gibt.

Auch Eltern, die selbst nicht zu Ängstlichkeit neigen, können ihre Kinder überbeschützen. Solche Eltern haben gewöhnlich die besten Absichten und wollen ihren Kindern unnötige Beschwernisse oder Verlegenheiten ersparen. Wenn ihr Kind beispielsweise nach einem Wort sucht, um eine Frage zu beantworten, springen sie ihm bei und antworten an seiner Stelle. Oder wenn ein Kind sich vor etwas Neuem fürchtet und bittet, nicht hingehen zu müssen, glauben sie vielleicht, sie tun ihm etwas Gutes und lassen es zu Hause.

Manchmal ist es aber nicht nur der Versuch, Kinder vor etwas Unerfreulichem zu schützen; häufiger geht es darum, dass es für uns einfacher ist, nachzugeben und es an ihrer Stelle zu tun, auch wenn wir wissen, dass wir sie ermutigen sollten, es selbst zu tun. Es kostet viel Mühe, mit einem ängstlichen Kind umzugehen, insbesondere wenn man mit den Strategien nicht vertraut ist, die wir in diesem Buch darstellen. Doch wie die schwedische Pädagogin Ellen Key uns in ihrem Buch *Words in Women – Quotations for Success* erinnert, tun wir unseren Kindern keinerlei Gefallen, wenn wir überbeschützend mit ihnen umgehen. Sie schreibt geradezu poetisch: »Auf jeder Entwicklungsstufe sollte das Kind die Möglichkeit haben, wirkliche Lebenserfahrungen zu sammeln; die Dornen sollten nie von den Rosen an seinem Weg entfernt werden.«

Hier folgt die letzte Gruppe von Fragen für Sie.

Bedenkenswerte Fragen

1. Auf welche Weise beschütze ich mein Kind zu sehr?
2. Welche Erfahrungen oder Erkenntnisse entgehen meinem Kind vielleicht dadurch?
3. Wie komme ich mit meinen eigenen Gefühlen besser zu Rande, sodass ich nicht so überbeschützend sein muss?
4. Welche kleinen Schritte kann ich auf diesem Gebiet tun?

Sie müssen nicht perfekt sein

Diese Bausteine oder Grundsätze sind gewiss Ideale, nach denen es sich zu streben lohnt, aber Eltern sind nicht perfekt, und sie müssen es auch nicht sein. Tun Sie einfach Ihr Bestes, um die Ideen aus diesem Kapitel sich zu eigen zu machen, sowohl in Ihrem Bewusstsein wie in Ihrem Alltag. Akzeptieren Sie Ihr Kind. Versuchen Sie nicht, es in eine Person umzumodeln, die es nicht ist. Schaffen Sie sich Zeit, um Ihrem Kind zuzuhören, und lassen Sie es spüren, dass Sie seine Stärken schätzen. Achten Sie auf Ihre Reaktionen und darauf, dass Sie nicht Ihre eigenen Probleme mit denen Ihres Kindes vermischen. Akzeptieren Sie, dass die Welt sowohl schön wie hart sein kann und dass Sie Ihr Kind nicht vor allem beschützen können. Wir sind davon überzeugt, dass Sie, die dieses Buch lesen, bereits engagierte und Ihrem Kind zugewandte Eltern sind. Mit ein wenig Anleitung durch uns werden Sie Ihrem schüchternen Kind zum Strahlen verhelfen.

Kapitel 4

Eine Strategie entwerfen

Sich mit dem Kind Ziele setzen

Im vorangegangenen Kapitel haben Sie einige wichtige und grundlegende Prinzipien für die Erziehung Ihres schüchternen, sozial ängstlichen Kindes kennen gelernt. Mit dieser Grundlage können wir nun in die Einzelheiten gehen. In diesem Kapitel zeigen wir, wie Sie einen »Schlachtplan« entwerfen können, um das Verhalten Ihres Kindes zu verändern.

Wenn wir mit sozialphobischen Erwachsenen arbeiten, fragen wir sie nach ihren Zielen. Wir helfen ihnen dabei, in Worte zu fassen, wozu sie fähig sein wollen und auf welche Weise sie sich in sozialen Situationen »anders« fühlen wollen. Damit helfen wir ihnen zugleich, sich vorzustellen, wir ihr Leben besser sein könnte.

Ängstlichen Kindern zu helfen, ist häufig sehr viel kniffliger. Sie können nicht so gut artikulieren, was sie ändern wollen. Möglicherweise fällt es ihnen sogar schwer, überhaupt anzuerkennen, dass sie Angst haben. Trotzdem wissen die meisten Kinder, dass sie sich besser fühlen wollen – sie wissen nur nicht, wie sie es anstellen sollen. Das ist der Punkt, an dem Sie ins Spiel kommen.

Als Eltern müssen Sie wie ein guter Jugendtrainer sein. Natürlich wollen Sie Spiele gewinnen, aber Ihr vorrangiges Ziel ist, den Kindern in der Mannschaft zu einer guten Erfahrung zu verhelfen und ihre Fähigkeiten zu entwickeln. Sie wollen, dass Ihre Schützlinge ihr Bestes geben. Wenn sie sich anstrengen und alles geben, ist dies ein voller Erfolg, auch wenn sich das nicht immer an den Ergebnissen ablesen lässt.

In ähnlicher Weise möchten wir, dass schüchterne Kinder sich Angst auslösenden Situationen stellen und lernen, dass sie nicht nur überleben, sondern sogar Fortschritte machen können. Wir wollen, dass sie Selbstvertrauen entwickeln. Wir wollen, dass sie in der bloßen Tatsache, dass sie sich ihrer Angst stellen, einen echten Erfolg sehen. – Wie aber können wir das erreichen?

Bilden Sie ein Team

Als ersten Schritt bilden Sie mit Ihrem Kind zusammen ein Team. Sie wollen, dass Ihr Kind mit Ihnen darin übereinstimmt, dass die Überwindung der Angst ein lohnendes Ziel ist. Da Sie aber offenkundig nicht die Arbeit Ihres Kindes tun können, müssen Sie seine Mitarbeit gewinnen. Während Sie weiterlesen, denken Sie bitte auch an das, was wir in Kapitel 3 über die Kraft der Akzeptanz gesagt haben. Wenn Sie versuchen, mit Ihrem Kind einen »Teamgeist« zu entwickeln, müssen Sie auf der einen Seite Akzeptanz vermitteln (»Du bist okay so, wie du bist«) und auf der anderen Seite den Wunsch nach Änderung ermutigen (»Du kannst neue Dinge ausprobieren«).

Wie Sie Motivation schaffen

Wie wir schon festgestellt haben, wissen Kinder nicht immer, dass sie Angst haben. Sie wissen nur, dass sie, koste es, was es wolle, die Situationen vermeiden wollen, die Angst in ihnen auslösen. Sie erkennen vielleicht nie, was sie in diesem Prozess versäumen oder aufgeben. Ihre Aufgabe als guter Trainer ist es, Ihrem Kind verstehen zu helfen, was es gewinnt, wenn es seine Angst meistert.

Sprechen Sie mit Ihrem Kind darüber, welchen Gewinn es hat: mehr Freunde, ein besseres Selbstempfinden in bestimmten Situationen, vielleicht geringere körperliche Beschwerden und ein stärkeres Selbstvertrauen. Es kann hilfreich sein, diese Dinge auf einer Liste schriftlich festzuhalten

Vorteile durch die Überwindung der Sozialangst

Je mehr gute Gründe und Vorteile Sie mit Ihrem Kind finden, desto besser. Sich der Sozialangst zu stellen und sie zu meistern ist eine große Herausforderung, und Sie wollen Ihrem Kind vermitteln, dass sich die Mühe lohnt.

Am Anfang werden Sie vielleicht auf Widerstand stoßen. Ängstliche Kinder lassen sich ungern auf Neues ein. Ihr Kind könnte sagen: »Ich habe schon Freunde«, oder: »Mir geht es gut.« Ihr sensibles Kind wird gleichwohl spüren, wohin das Gespräch zielt. Es mag sich davor fürchten, dass Sie es zu etwas auffordern, das es nach seinem Gefühl nicht vollbringen kann. Es schämt sich vielleicht, über seine Angst zu sprechen, oder es hat Angst, Sie zu enttäuschen. Lassen Sie sich durch den Widerstand nicht von Ihrem Kurs abbringen. Gehen Sie behutsam vor. Sie wollen sicher, dass das Gespräch einen optimistischen, beschwingten Grundton hat. Es kann hilfreich sein, mehrere kürzere Gespräche zu führen statt eines langen, sodass sich Ihr Kind besser auf die Ideen einstellen kann, die Sie vorschlagen.

Vergessen Sie während alledem nicht, das zugewandte aktive Zuhören zu praktizieren, das wir im Kapitel zuvor beschrieben haben. Dozieren Sie nicht. Lassen Sie sich auf keine Streitgespräche über die Vorteile mit Ihrem Kind ein. Setzen Sie Ihre besten Kommunikationsfähigkeiten ein, um die Probleme Ihres Kindes zu verstehen, und lassen Sie keinesfalls das Gefühl aufkommen, die Situation sei hoffnungslos oder es ließe sich nichts ändern.

Minderung der Sozialangst: Wie ein körperliches Fitnesstraining

Es ist vielleicht nützlich, eine Analogie herzustellen zwischen der Überwindung der Sozialangst und einem körperlichen Fitnessprogramm. Jeder braucht körperliche Bewegung, um gesund zu bleiben, und jeder braucht ein gewisses Maß an sozialen Fähigkeiten und innerem Wohlergehen, um in der Welt effektiv funktionieren zu können. Selbst wenn Ihr Kind also sagt, dass es keine Freunde brauche oder in der Schule nicht sprechen müsse, wissen Sie es besser. Wir meinen nicht, dass Ihr Kind in der Schule zu den Beliebtesten gehören muss, aber zweifellos braucht es ein bestimmtes Maß an elementarer »sozialer Fitness«, um gesund zu sein.

Das Erreichen körperlicher Fitness ist dem Erreichen »sozialer Fitness« durchaus vergleichbar. Man muss langsam beginnen, oder man kriegt Muskelkater, wird entmutigt und gibt schließlich auf. Auch muss man kontinuierlich an sich arbeiten, nicht nur dann und wann. Und wenn man ein paar Wochen schleifen lässt und nichts macht, verliert man den Muskeltonus schnell wieder. Große Sportler müssen so gut wie jeden Tag trainieren, und die meisten Menschen – auch diejenigen, die sozial eher begabt sind – müssen ihre »sozialen Muskeln« regelmäßig trainieren.

Welchen Nutzen kann diese Analogie für uns haben? Zunächst einmal können Sie als Eltern und Trainer daraus Motivation und Geduld ziehen, an Ihrer Strategie – dem »Schlachtplan« – festzuhalten. Als Trainer helfen Sie Ihrem Kind, neue Fertigkeiten zu erlernen, und Sie ermutigen es zu stetigem Training. Sie lassen nicht nach, Ihr Kind zum Training seiner »sozialen Muskeln« anzuhalten. Bedenken Sie dabei immer, dass jeder Widerstand, der von Seiten Ihres Kindes kommt, auf Angst basiert, und der Angst kann man sich stellen und Angst lässt sich überwinden.

Zweitens kann diese Analogie Ihnen helfen, Ihrem Kind einige unserer Konzepte auf interessantere und lustigere Weise zu erklären. Den meisten Kindern, mit denen wir gearbeitet haben, sowohl Jungen wie Mädchen, gefiel die Sportanalogie, und sie fanden sie nützlich.

Außerdem kann die Metapher der »körperlichen Fitness« oder des In-Form-Kommens den Umgang mit der Sozialangst normalisieren. Jeder muss an seinen sozialen Fähigkeiten arbeiten; das bedeutet nicht, dass mit einem etwas nicht stimmt. Es geht schlicht um etwas, das man macht, um gesund zu bleiben, so wie man sich die Zähne putzt.

Bestechung hat auch ihr Gutes

Unser zwölfjähriger Sohn hörte intensiv zu, als wir dieses Kapitel diskutierten. Wir sprachen darüber, wie wir Kinder motivieren können, Dinge zu tun, die sie nicht tun wollen. Er platzte damit heraus: »Man kann sie bestechen.«

Jesse hatte hier sicher einen richtigen Punkt berührt, auch wenn wir bezüglich seiner Wortwahl nicht ganz sicher waren. Es stimmt: Bestechung ist nicht immer nur schlecht. Die meisten Eltern haben eingebleut bekommen, dass man sein Kind nicht »bestechen« solle, aber eigentlich ist es nur ein anderes Wort für das behavioristische *Prinzip der Verstärkung*.

Erinnern Sie sich daran, dass wir in Kapitel 3 sagten, Sie sollten sich auf das Positive konzentrieren. Das Konzept der Verstärkung ist ähnlich. Man versucht ein erwünschtes Verhalten zu fördern, indem man es belohnt. Das heißt nicht, dass man seinem Kind Geld dafür gibt, dass es etwas tut, vor dem es Angst hat, sondern es bedeutet, dass Sie vielleicht ein System von Anreizen schaffen.

Für kleine Kinder können dies Sticker sein, wobei sie jeweils einen Sticker bekommen, wenn sie eine Aufgabe erledigen, bei der sie ihre Angst überwinden mussten. Nachdem sie sich eine bestimmte Zahl von Stickern erworben haben, dürfen sie sich vielleicht einen Film ausleihen oder sich ein spezielles Mittag- oder Abendessen wünschen. Für ältere Kinder empfiehlt sich eher ein Punktesystem, mit dem sich Zeit für Computerspiele oder andere Privilegien verdienen lassen.

Und vergessen Sie nicht, dass mündliches Lob immer förderlich ist; unterschätzen Sie nicht, wie wichtig und wertvoll dies für Ihr Kind sein kann. Schüchterne und ängstliche Kinder wollen in der Regel anderen gefallen. Wenn sie also spüren, dass Sie ihre Bemühungen wahrnehmen und schätzen, ist dies eine starke Motivation für sie, damit fortzufahren.

Konzentrieren Sie sich auf ein Ziel

Nachdem Sie bei der Motivation Ihres Kindes erste Fortschritte gemacht haben, müssen Sie als nächsten Schritt ein Ziel definieren. Ein Ziel gibt die Antwort auf die Frage: »Was soll mein Kind erreichen?« Sie glauben vielleicht, die Antwort liege auf der Hand. »Es soll seine Sozialangst verlieren.« Natürlich ist das ein erstrebenswertes Ziel, aber es ist viel zu allgemein, um irgendetwas zu bewirken. Ein sinnvolles Ziel muss konkret sein.

Um Ihnen bei der Suche nach einem konkreten Ziel zu helfen, stellen Sie sich selbst folgende Fragen – und natürlich können Sie Ihr Kind an der Diskussion beteiligen, wenn Ihnen dies sinnvoll erscheint:

- Welche Art von sozialer Situation soll mein Kind nicht mehr vermeiden?
- Wie soll sich mein Kind in dieser Situation fühlen?

Wie sich diesen Fragen entnehmen lässt, enthält ein konkretes Ziel zwei Bestandteile: Die Situation, von der Sie sich wünschen, dass Ihr Kind damit besser umgeht, und wie sich Ihr Kind in der Situation fühlen soll.

Hier folgen ein paar Beispiele, die sich als Ziele für Ihr Kind eignen könnten:

- Ich möchte, dass mein Kind sich im Unterricht relativ unbefangen meldet.
- Ich möchte, dass mein Kind einen Freund/eine Freundin anruft und dabei kaum Angst verspürt.

- Ich möchte, dass mein Kind ein Kurzreferat halten kann, ohne übermäßig unter Angst zu leiden.

Nach diesen Beispielen können Sie vielleicht überlegen, an welchen Zielen Sie mit Ihrem Kind arbeiten wollen, und diese auf den Zeilen unten schriftlich festhalten. Hierbei kann es Ihnen helfen, wenn Sie sich noch einmal Ihre Antworten zu dem Fragebogen »Hat mein Kind eine Soziale Angststörung?« anschauen. Achten Sie darauf, dass die Ziele, die Sie aufschreiben, sowohl die Art von Situation enthalten, die Ihr Kind meistern soll, als auch, wie sich Ihr Kind in der betreffenden Situation wünschenswerterweise fühlen soll.

Mögliche Ziele

____

____

____

____

Noch eine wichtige Bemerkung zu den Zielen, bevor wir fortfahren: Die Ziele müssen realistisch und erreichbar sein. Wenn wir die Sozialangst mit unrealistischen Erwartungen konfrontieren, so führt dies nur zu Frustration und Enttäuschung. Zum Beispiel ist es unrealistisch, *alle* Angstgefühle in *allen* Situationen verlieren zu wollen. Ihr Kind wird in der Lage sein, sich in sozialen Situationen wohler zu fühlen, aber jeder von uns empfindet von Zeit zu Zeit Angst.

Ebenso wenig hilfreich ist es, einen zu hohen Maßstab an Ihr Kind zu legen. Ein realistisches Ziel verlangt von Ihrem Kind nicht, dass es sich perfekt verhält. Menschen sind nun einmal nicht perfekt. Insbesondere Kinder sind nicht perfekt. Natürlich wollen Sie, dass Ihr Kind sein Bestes gibt, aber vielleicht ist es noch wichtiger, wenn Ihr Kind lernt, mit Fehlern umzugehen und dass wir alle unvollkommen sind.

Was, wenn Sie mehr als ein Ziel haben?

Es ist recht wahrscheinlich, dass Sie für Ihr Kind mehr als ein Ziel anvisieren. Es wäre zwar schön, wenn Ihr Kind alle Ziele gleichzeitig erreichen könnte, aber gewöhnlich funktioniert das nicht. In der Regel ist es besser, manche Ziele zuerst zu bearbeiten und andere später. An mehr als an einem Ziel zu arbeiten kann die Kräfte schwächen, sodass kaum Fortschritte sichtbar werden. Wenn Sie hingegen mit Ihrem Kind jeweils nur an einem Ziel arbeiten, können Sie all Ihre Energie darauf richten. Ihr Kind wird wahrscheinlich erstaunt sein, wie nach dem Erreichen des ersten Ziels die nachfolgenden Ziele sehr viel leichter zu erreichen sind.

Wie entscheiden Sie, womit Sie beginnen? Im Allgemeinen halten wir es für den besten Weg, mit dem leichtesten Ziel anzufangen und auf diese Weise das Selbstvertrauen des Kindes zu stärken, sodass es sich sagen kann: »Hey, ich bringe das fertig!« Doch manchmal haben Sie keinen großen Spielraum bei der Wahl Ihrer Ziele. Wenn Ihr Kind aufgrund seiner Sozialangst die Schule versäumt und in seinen Leistungen immer weiter abfällt, müssen Sie natürlich zunächst dieses Problem in Angriff nehmen, bevor Sie sich um die Angst bei außerschulischen Aktivitäten kümmern.

Letztendlich bleibt es Ihnen und Ihrem Kind überlassen, welche Priorität Sie diesem oder jenem Ziel geben. Sie sollten immer bedenken, dass es hier keine richtige oder falsche Reihenfolge gibt. Wenn Ihr Kind anfängt, an einem Ziel zu arbeiten, und Sie später feststellen, dass es besser wäre, sich ein anderes Ziel vorzunehmen, können Sie immer noch problemlos umschwenken. Bei den Zielen Prioritäten zu setzen hat den Zweck, nach einer Art Fahrplan vorgehen zu können, doch Fahrpläne lassen sich immer ändern. Wir schlagen vor, dass Sie dieses Buch Schritt für Schritt durcharbeiten, sich ein Ziel vornehmen und nur, wenn es sich als notwendig erweist, ein anderes Ziel wählen. Danach können Sie zurückgehen und Ihrem Kind helfen, auch die anderen Ziele zu erreichen.

Definieren Sie Ihre Nahziele

Nachdem Sie und Ihr Kind sich ein Ziel gesetzt haben, das Sie erreichen wollen, müssen Sie als nächsten Schritt Nahziele definieren. Das Ziel selbst beantwortet die Frage: »Was soll mein Kind erreichen?« Das Nahziel beantwortet die Frage: »Wie weiß ich, dass mein Kind das Ziel erreicht hat?«, oder: »Was wird anders sein, wenn mein Kind das Ziel erreicht hat?« Nahziele sind wichtig, weil sie Ihnen und Ihrem Kind anzeigen, wann es erfolgreich war.

Gewöhnlich beinhalten Nahziele Veränderungen spezifischer Verhaltensweisen, Gedanken und Gefühle, die sich zeigen, wenn Ihr Kind das Ziel erreicht hat. Wenn Sie und Ihr Kind sich beispielsweise das Ziel gesetzt haben, dass es sich bei Familientreffen wohler fühlen soll, können Nahziele sein, dass Ihr Kind nicht vorher einen Wutanfall bekommt, dass es Blickkontakt herstellt, die anderen Familienmitglieder begrüßt und mit ihnen am Esstisch sitzt. Wenn all dies gelingt, hat Ihr Kind das Ziel erreicht.

Betrachten wir ein anderes Beispiel für die Entwicklung von Nahzielen, die zum Erreichen eines spezifischen Ziels führen.

Ziel: Mein Kind wird sich in der Schule wohler fühlen
Nahziele:

- Mein Kind isst mindestens die Hälfte seines Pausenbrots.
- Mein Kind benutzt die Schultoilette, statt die ganze Zeit »einzuhalten«.
- Mein Kind hat mit der Lehrerin Blickkontakt und spricht mit ihr.
- Mein Kind hat wenigstens einen Freund/eine Freundin, mit dem/der es in der Schule sprechen kann.
- Mein Kind wird morgens weniger über Bauchschmerzen klagen.

Sie sehen, wie Nahziele helfen, das eigentliche Ziel zu definieren und zu personalisieren. Nahziele sind auch Wegweiser, die uns zeigen, was wir tun müssen, um unserem Kind beim Überwinden der Sozialangst zu helfen.

Nun sind Sie an der Reihe. Entscheiden Sie, an welchem Ziel Sie und Ihr Kind zuerst arbeiten wollen, und entwickeln Sie dafür konkrete Nahziele.

Ziel: ______________________________
(Schauen Sie sich Ihre Liste der Ziele auf S. 87 an und wählen Sie eines aus.)

Nahziele:

- ______________________________
- ______________________________
- ______________________________
- ______________________________

Wenn Sie sich noch nicht schlüssig sind, wie Sie Ziele setzen und Nahziele definieren sollen, geben Sie nicht auf. Es kann auf den ersten Blick wie eine einfach zu lösende Aufgabe aussehen, aber wenn man sich erst mal hinsetzt und die Dinge aufschreiben will, erkennt man, dass es viel schwieriger ist. Betrachten wir ein weiteres Beispiel, um zu sehen, wie der Prozess funktioniert.

Das Beispiel von Tobi

Tobi, ein fünfzehnjähriger High-School-Schüler, der große Angst vor öffentlichem Reden hatte, versuchte jede Form von Aktivität zu vermeiden, durch die er im Scheinwerferlicht hätte stehen können, und sei es auch nur für ein paar Minuten. Seine Familie nahm aktiv am Gemeindeleben ihrer Kirche teil, und verschiedene Male war Tobi gebeten worden, die Lesung im Gottesdienst zu übernehmen. Es wirkte zwar seltsam, aber er fand immer eine Ausrede. Und obgleich er der Jugendgruppe in der Kirche angehörte und dort munter mitmischte, war er unfähig, am Ende des Gottesdiensts die nächsten Kirchenveranstaltungen anzukündigen.

Seine Angst beeinträchtigte ihn auch in der Schule. Tobi, eigentlich ein sehr guter Schüler, erhielt in Fächern, in denen man vor der Klasse sprechen musste, deutlich schlechtere Noten. Er beherrschte für jedes Kurzreferat seinen Stoff, aber er wurde schlechter benotet, weil er keinen Blickkontakt mit den Zuhörern herstellte und zu hastig sprach. Außerdem äußerte er in Diskussionen nie seine eigene Meinung, obwohl er viele Ideen hatte, die er gern mitgeteilt hätte. Seine Lehrer wussten, dass er intelligent und ein guter Schüler war, doch viele fanden, dass sie ihn »nicht wirklich kennen«.

Tobis Eltern waren immer davon ausgegangen, dass ihr Sohn einfach schüchtern sei, bis sie im Fernsehen eine kurze Sendung über Soziale Angststörung sahen. Nachdem sie im Internet recherchiert hatten, hielten es die Eltern für sinnvoll, ihn von einem Psychologen untersuchen zu lassen. Tobi schien sich in der Schule von Jahr zu Jahr immer mehr in sich selbst zurückzuziehen, und sie waren wirklich beunruhigt.

Zwar reagierte Tobi mit Widerwillen darauf, einen Psychologen aufzusuchen, aber schließlich wollte er seine Sozialängste überwinden. Er war wütend, dass seine Angst eine solche Macht über ihn hatte, und diese Wut diente als gesunde Motivationsquelle für ihn. Nach unseren ersten Sitzungen, in denen wir Hintergrundinformationen sammelten, das Ausmaß seiner Störung ermittelten und über die Soziale Angststörung und deren Behandlung sprachen, konnten wir uns Ziele setzen.

Zu Anfang lautete Tobis Ziel folgendermaßen:

Mein Ziel: Ich möchte ein toller Redner werden und nie wieder nervös sein.

Was halten Sie von dem Ziel, das Tobi sich selbst setzte? Sehen Sie eine Möglichkeit, wie sich die Formulierung verbessern ließe? Tobis Ziel war unrealistisch. Selbst gewiefte Redner sind manchmal nervös. Viele glauben sogar, dass ihnen, wenn sie vorher nicht ein gewisses Maß an Angst spüren, die nötige Energie fehlen wird, die man für einen guten Auftritt braucht. Sie lernen, mit ihrer Angst umzugehen und sie in Enthusiasmus umzulenken.

Zudem hatte Tobi extrem hohe Erwartungen an sich, wenn er ein »toller Redner« werden wollte. Es ist schwierig, »toll« zu definieren – wie könnte er je herausfinden, wann er sein Ziel erreicht hatte? Das bedeutet, dass er sich unnötig stark unter Druck setzte.

Tobi war erst fünfzehn, also war es ein guter erster Versuch, sein Ziel zu formulieren. Ich musste ihm nur helfen, das Ziel ein wenig umzuformulieren, um es erreichbarer zu machen.

Hier folgen Tobis verbessertes Ziel und die Nahziele, die wir für ihn aufstellten:

Ziel: Ich will mich beim öffentlichen Reden wohler fühlen.
Nahziele:

- Ich werde Einladungen annehmen, in der Kirche zu lesen.
- Ich werde die Ankündigungen für die Kirchenjugendgruppe im Gottesdienst verlesen.
- Ich werde im Schulunterricht Fragen stellen und meine Meinung äußern.
- Ich werde bei Referaten Blickkontakt suchen und langsamer sprechen.

Sehen Sie, wie Tobis Ziel nun in größere Reichweite rückt? Er muss nun kein »toller Redner« mehr werden, um Erfolg zu haben. Er darf sich auch ein gewisses Maß an Nervosität leisten. Seine Nahziele sind realistisch und erreichbar, und sie ermöglichen es ihm, zu erkennen, wann er sein Ziel erreicht hat.

Wir sagen nicht, dass es leicht ist, diese Nahziele zu erreichen. Es wird harte Arbeit und ebenso ein gutes Stück Geduld von Tobi erfordern. Sein Ziel und die Nahziele zu formulieren ist gleichwohl ein sehr guter Beginn. Er hat nun den so wichtigen

Strategieplan, und natürlich werden seine Eltern ihm helfen, diesen Plan umzusetzen.

Ein schwieriger Job

Wir wissen, dass wir Ihnen vieles zugleich zumuten. Nicht nur müssen Sie Eltern sein, sondern auch Trainer und »Fans« – Sie müssen Ihr Kind anfeuern, auch wenn das Spiel einmal nicht so gut läuft. Als Therapeuten arbeiten wir gewöhnlich mit den Eltern und ihrem Kind und führen sie durch den Prozess. Viele von Ihnen werden auch ohne Hilfe von außen gute Fortschritte machen, aber wenn sich Probleme ergeben, sollten Sie nicht zögern, diese Hilfe zu suchen. Ob Sie dieses Buch alleine durcharbeiten oder als Ergänzung zu einer Therapie, wir wissen, dass Sie es schaffen können! Wir sind hier, um Sie und Ihr Kind anzufeuern.

Kapitel 5

Erleichterung in der Angst

Entspannungsübungen für Kinder

Paula rief mich vor unserem ersten Termin an, um mir alles über die Probleme ihrer Tochter zu erzählen. Die achtjährige Samantha litt häufig an Kopf- und Bauchschmerzen. Ihr Kinderarzt überwies sie zu mir, nachdem mehrere Tests keine medizinischen Ursachen für ihre Symptome ergeben hatten. Der Arzt glaubte, dass Angst die Hauptursache für ihre Schmerzen sei. Doch Samanthas Eltern fürchteten, dass sie sich an einer Therapie nicht beteiligen würde. Sie hatte sich bisher gegen alle Versuche gewehrt, ihre Probleme in irgendeiner Weise mit Angst in Zusammenhang zu bringen.

Paula berichtete mir, dass Samantha in der Schule soziale Probleme habe. Sie war schüchtern und still, hatte aber eine gute Freundin, die immer in ihrer Klasse gewesen war. Doch in diesem Jahr waren die Mädchen verschiedenen Klassenlehrern zugeteilt worden. Samantha fiel es schwer, neue Freundinnen in ihrer Klasse zu finden, und weinte jeden Tag, wenn sie von der Schule heimkam. Um die Situation noch zu verschlimmern, bekam Samanthas Lehrerin wenige Wochen nach Schulbeginn Probleme mit ihrer Schwangerschaft und konnte nicht weiterarbeiten. Augenscheinlich verstand sich Samantha mit der Vertretung nicht und fing an, über Kopf- und Bauchschmerzen zu klagen.

Paula, ihr Mann und der Arzt hatten mit Samantha über die Möglichkeit gesprochen, dass ihre Bauch- und Kopfschmerzen vielleicht daher rührten, dass sie zu »besorgt« sei. Doch Samantha wollte nicht über die Schule sprechen. Vielmehr beharrte sie darauf, dass sie krank sei und zu Hause bleiben müsse.

Die Hintergrundinformationen, die Paula mir gab, waren nützlich und gaben mir Anhaltspunkte dafür, wie ich mit Samantha umzugehen hatte. Ich wollte ihr erklären, dass sie in meinen Augen wirkliche Schmerzen hatte – ihr Kopf und ihr Bauch taten tatsächlich manchmal weh. Ich wollte am Anfang nicht zu stark auf den Zusammenhang zwischen ihren Kopf- und Bauchschmerzen und ihrer Angst in der Schule hinweisen. Ich wollte ihr erklären, dass wir daran arbeiten wollten, dass es ihr wieder besser ginge – dass ihre Schmerzen aufhörten. Sie war bereit, mitzuarbeiten.

Ich besprach mit Samantha und ihren Eltern, dass ich ihnen Entspannungstechniken beibringen wollte, die Samantha bei ihren Bauch- und Kopfschmerzen helfen würden. Später konnten wir uns dann darum kümmern, wie ihre Schmerzen mit ihrer Angst zusammenhingen. Doch zunächst mussten wir uns auf die Fertigkeiten konzentrieren, die Samantha helfen konnten, sich wohler und sicherer zu fühlen. Im restlichen Kapitel erhalten Sie die gleichen Informationen, die ich Samanthas Eltern gab – was Sie wissen müssen, um Ihrem Kind helfen zu können, sich zu entspannen. Im ersten Schritt dieses Prozesses bringen Sie Ihrem Kind bei, die Stärke seiner Angst einzuschätzen.

Das Einschätzen des Angstniveaus

Kinder, die zu Angst neigen, sind häufig nicht in der Lage, die verschiedenen Intensitätsstufen ihrer Angst oder ihres Unwohlseins wahrzunehmen. Vielmehr sehen sie die Situationen eher aus einer Alles-oder-nichts-Perspektive. Zum Beispiel sagen sie sich bei der geringsten Provokation: »Ich drehe durch!« Daher ist es so wichtig, Ihrem Kind beizubringen, dass es viele verschiedene Grade der Angst oder Furcht gibt und dass es sehr nützlich ist, diese verschiedenen Grade sinnvoll einschätzen zu können.

Bei unserer Arbeit mit Erwachsenen lassen wir diese ihre Angst auf einer Skala von 0 bis 10 bewerten. Eine 10 bedeutet das intensivste Angstniveau, eine 0 hingegen den höchsten Grad an Entspannung, den sie je erlebt haben. Diese Zahlen spiegeln die persönliche Einschätzung des Betreffenden bezüglich seiner Angstintensität. Eine Angstintensität von 5 kann bei verschiedenen Personen Unterschiedliches bedeuten. Die Skala ist ebenso gut für Adoleszente geeignet.

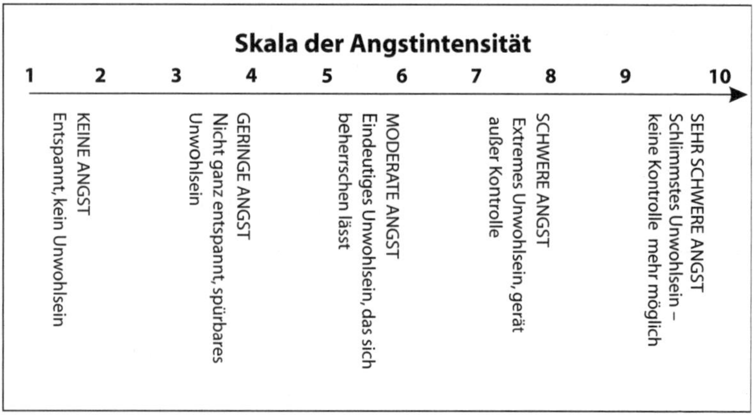

Bei kleineren Kindern verwenden wir oft ein so genanntes Angstthermometer. Man kann es selbst zeichnen, wenn man sich künstlerisch betätigen will; uns gefällt das Thermometer am besten, das Aureen Pinto Wagner in ihrem Buch *Up and Down the Worry Hill* abgebildet hat. Sie hat uns freundlicherweise erlaubt, es in unser Buch aufnehmen zu dürfen.

Erklären Sie Ihrem Kind die Idee, die hinter dem Abschätzen der Angstintensität steckt. Manche Kinder tun sich mit einem Begriff wie »Sorge« oder »Besorgtheit« leichter als mit Angst. Dann nennen wir es das Sorgenthermometer oder die Sorgenskala. In Samanthas Fall waren wir so auf ihre körperlichen Symptome fokussiert, dass ihre Eltern sie zuerst das Niveau des körperlichen Unwohlseins einschätzen ließen. Passen Sie das Thermometer einfach an die Erfordernisse an und verwenden Sie einen Namen, der der Situation Ihres Kindes am besten entspricht.

Lassen Sie nun Ihr Kind seine Angst den ganzen Tag über und in den verschiedensten Situationen bewerten. Zeigen Sie zum Beispiel vor dem Frühstück an einem normalen Schultag

Ihrem Kind das Angstthermometer und lassen Sie es seine Gefühlslage einschätzen. Tun Sie dies viele Male in regelmäßigen Abständen, bis Ihr Kind sich an den Prozess gewöhnt hat. Es kann hilfreich sein, die Bewertungen in einer Art Tagebuch festzuhalten, so dass sich bestimmte Muster erkennen lassen. Hier folgt ein kurzes Beispiel, wie dies aussehen könnte.

Das ________ Thermometer

Aus: Aureen P. Wagner, Worried No More. Copyright © 2001. Abdruck mit Erlaubnis.

Tagebuch der Angstbewertung		
Tag/Zeit	Situation	Bewertung
Freitag, 7.30 Uhr	Fertigmachen zur Schule	6
Freitag, 13.30 Uhr	Zu Hause von der Schule	0
Freitag, 18.30 Uhr	Eltern gehen aus, zu den Kindern kommt ein Babysitter	4

Nachdem Ihr Kind die Einschätzung seines Angstniveaus gemeistert hat, geht es im nächsten Schritt darum, dass es eine einfache, aber hochwirksame Atemtechnik lernt, die seine Angstsymptome und Angstreaktionen signifikant verringern können. Zunächst erklären wir die Wichtigkeit dieser Atemtechnik, und dann zeigen wir Ihnen, wie Sie sie Ihrem Kind beibringen können.

Die verborgene Kraft des Atmens

Vom Verstand her wissen wir, dass Atmen lebensnotwendig ist, aber normalerweise nehmen wir diesen erstaunlichen Vorgang für selbstverständlich. Wir achten nicht darauf, wie wir atmen, doch für viele, die zu Ängsten neigen, wird der Atemrhythmus zum Problem.

Stellen Sie sich vor, Ihr Kind betritt einen Raum voll anderer Kinder, die es nicht kennt. Es überlegt, was die anderen von ihm denken. Was geschieht mit seinem Atem? Sehr wahrscheinlich wird er schnell und flach werden. Vielleicht empfindet Ihr Kind sogar Atemnot, als ob es nach Luft schnappen müsste.

Erinnern wir uns an Kapitel 2, wo davon die Rede war, dass Menschen biologisch programmiert sind, mit »Kampf oder Flucht« zu reagieren, wenn sie sich einer bedrohlichen Situation gegenübersehen. Das schnelle und flache Atmen führt zu komplexen physiologischen Reaktionen, die unseren Körper darauf vorbereiten, im Notfall schnell handeln zu können. Dieses System funktionierte außerordentlich gut in den vergangenen Zeiten, als bedrohliche Situationen hauptsächlich physischer Natur waren, etwa die Begegnung mit einem Feind bei der Suche nach Nahrung. Doch wenn Ihr Kind Angst hat, einen Raum voller Menschen zu betreten, weil es fürchtet, gemustert oder gar abgelehnt zu werden, gibt es keinen Grund für diese körperlichen Veränderungen. Es atmet mehr, als für seinen Stoffwechsel nötig ist. Man nennt dies übermäßig gesteigertes Atmen oder, in seiner extremen Form, *Hyperventilation.*

Übermäßig gesteigertes Atmen und Hyperventilation können eine Reihe von körperlichen Symptomen auslösen wie Schwindelgefühle, Benommenheit, Kurzatmigkeit, heftiges Herzklopfen, Prickeln, Brustschmerzen, Zittern, Schweißausbrüche, Trockenheit im Mund.

Kommt Ihnen diese Liste bekannt vor? Wenn Ihr Kind – sei es noch klein oder in der Adoleszenz – viele dieser körperlichen Symptome auf einmal erlebt, befindet es sich wahrscheinlich im akuten Stadium der Hyperventilation. Tatsächlich werden 60 Prozent aller Panikanfälle von akuter Hyperventilation begleitet. Aber Ihr Kind muss keineswegs schnaufen und nach Luft schnappen, um zu hyperventilieren. Selbst kleinere Änderungen im Atemprozess können Veränderungen in der Körperchemie auslösen und so zu den genannten Symptomen führen.

Hier einige Merkmale, die dafür sprechen, dass Ihr Kind vielleicht chronisch zu übermäßig gesteigertem Atmen neigt:

- Ihr Kind seufzt und gähnt oft.
- Es klingt atemlos, wenn es spricht.
- Es atmet mit dem oberen Teil der Lunge.
- Es atmet schnell.

Zum Glück lässt sich mit etwas Übung eine bewusste Kontrolle über den Atemrhythmus herstellen, und dies kann wiederum helfen, Ängste in den Griff zu bekommen. Für die Atemtechnik, die wir beschreiben wollen, gibt es unterschiedliche Namen: Zwerchfellatmung, postabdominale Atmung, Bauchatmung, Basisatmung. Doch unabhängig vom Namen ist dieses langsame und tiefe Atmen ein wirkungsvolles und natürliches Mittel zur Entspannung – eines, das sich in jeder sozialen Situation nutzen lässt, um die Angst zu lindern.

Was ist Zwerchfellatmung?

Haben Sie schon einmal beobachtet, wie ein Baby atmet? Wie sich sein Bauch rhythmisch bei jedem Atemzug hebt und senkt? Wir werden geboren mit dem »Wissen«, wie man »richtig« atmet, und wir atmen immer noch so, wenn wir schlafen. Doch Stress, Angst und falsche Gewohnheiten können Menschen daran hindern, das automatisch zu tun, was uns einst von der Natur mitgegeben war.

Das Zwerchfell ist ein großer, schirmartiger Muskel, der die Brusthöhle von der Bauchhöhle trennt. Es ist wesentlich an dem Prozess des Ein- und Ausatmens beteiligt. Wenn Sie einatmen, senkt sich das Zwerchfell nach unten, um Raum für das erhöhte Luftvolumen zu schaffen. Wenn Sie dann ausatmen, steigt das Zwerchfall nach oben in dem Maß, wie die Lunge die Luft wieder entlässt.

Sehen wir uns an, was passiert, wenn Ihre Muskeln gespannt sind – wie häufig im Zustand der Angst. Wenn Ihre Bauchmuskeln angespannt sind, während das Zwerchfell sich senkt, um sich dem eingeatmeten Luftvolumen anzugleichen, stößt das Zwerchfell auf Widerstand. Es kann sich nicht so weit nach unten bewegen, wie es das unter normalen Bedingungen tun würde. Es ist also nicht mehr so viel Platz, wo die Luft hinströmen könnte, und Ihr Atem wird folglich flach. Auch eine schlechte Körperhaltung kann das Zwerchfell in seiner Bewegungsfreiheit behindern.

Bevor Sie anfangen, Ihrem Kind diese Atemtechnik beizubringen, müssen Sie sich drei wesentliche Punkte der Zwerchfellatmung einprägen.

Die Zwerchfellatmung

1. Lassen Sie Ihr Kind durch die Nase ein- und ausatmen. Das Atmen durch den Mund begünstigt Hyperventilation.
2. Wenn Ihr Kind einatmet, sollte sich seine Bauchdecke nach außen wölben. Stellen Sie sich vor, dass damit für die eingeatmete Luft Raum geschaffen wird. Wenn Ihr Kind ausatmet,

sollte seine Bauchdecke wieder abflachen, so, als folge sie der entweichenden Luft. Möglicherweise ist dies genau das Gegenteil zu seiner sonstigen Atmungsweise, insbesondere wenn es Angst hat.

3. Helfen Sie Ihrem Kind, langsam und tief zu atmen.

Auch wenn Sie oder Ihr Kind diese Atmungsweise nicht gewöhnt sind und Sie sich anfangs etwas seltsam fühlen, ist der menschliche Körper einfach so eingerichtet. Es ist wirklich die gesündere Atemmethode.

Wie Sie Ihrem Kind die Zwerchfellatmung beibringen

Wir zeigen Ihnen Schritt für Schritt, wie Sie Ihrem Kind diese Atemmethode beibringen können. Vielleicht wollen Sie die Methode zunächst selbst ausprobieren, bevor Sie sie mit Ihrem Kind üben.

Sehen wir uns an, wie Paula Samantha das Zwerchfellatmen beibrachte. Zu Beginn ist es am einfachsten, wenn sich Ihr Kind auf den Boden legt und eine leichte Pappschachtel auf den Bauch stellt, und zwar genau auf den Bauchnabel. Samantha wollte sich stattdessen ihren Teddybären auf den Bauch legen, was natürlich den gleichen Zweck erfüllt (wenn er nicht herunterfällt). Paula bat Samantha, langsam zu atmen, während sie beobachtete, wie der Teddy sich hob, wenn Samantha einatmete – um Raum für die Luft zu schaffen –, und wieder senkte, wenn sie ausatmete. Paula erklärte, Samantha solle sich einen Ballon in ihrem Bauch vorstellen, der mit jedem Atemzug erst immer größer und dann wieder kleiner wird. Sie hielt sie an, nur durch die Nase zu atmen. Sie übten dies zweimal am Tag, jeweils fünf Minuten lang. Samantha machten die Übungen Spaß und sie freute sich darauf.

Nachdem sie dies ein paar Tage lang geübt hatten, machten sie das Gleiche ohne Teddy. Stattdessen ließ Paula ihre Tochter eine Hand auf ihren Bauch legen, wobei ihr kleiner Finger auf dem Bauchnabel ruhte. Samantha sollte nun spüren, wie ihre

Hand sich hob und senkte, während sie ein- und ausatmete. Sie übten dies wiederum ein paar Tage lang, bis Samantha sich damit vertraut fühlte. Dann wiederholten sie das Gleiche, doch Samantha legte die Hände neben ihren Körper.

Als Nächstes übten sie in verschiedenen Körperpositionen. Zum Beispiel übte Samantha die Zwerchfellatmung auf der Seite liegend. Dann versuchte sie es im Sitzen. Schließlich probierte sie aus, ob sie auch im Stehen so atmen konnte. Samantha brauchte ein paar Wochen regelmäßiger Übung, bevor sie das Zwerchfellatmen in verschiedenen Positionen beherrschte.

Die Zwerchfellatmung anwenden

Wenn Sie und Ihr Kind eifrig üben, wird sich das bald bezahlt machen. Ihr Kind ist dann in der Lage, diese Atemform in seinem Alltag anzuwenden. Hier zeigen wir, wie dies bei Samantha funktionierte.

Zunächst sorgte Paula dafür, dass Samantha tagsüber immer mal wieder ihre Atemweise überprüfte. Für zu Hause verabredeten sie ein nonverbales Zeichen, das Samantha veranlasste, ihre jeweilige Tätigkeit zu unterbrechen und auf ihre Atemweise zu achten. Atmete sie langsam und tief? Oder atmete sie schnell und mit dem Brustkorb? Sie machten auch Zeiten für die Schule aus (zum Beispiel wenn die Klingel zwischen den Unterrichtsstunden ertönte), zu denen Samantha schnell ihre Atmung überprüfte. Paula arbeitete mit Samantha daran, darauf zu achten, wie sich ihr Atmen veränderte, je nachdem was um sie herum vorging.

Als Samantha mit der Atemtechnik Fortschritte machte, wurde sie offener und sprach über Dinge, die sie in der Schule störten. Sie gestand sogar, dass ihre Kopf- und Bauchschmerzen vielleicht damit zusammenhingen, dass sie so oft nervös war. Das war ein erster Durchbruch und ermöglichte Paula, in der Atemtechnik noch einen Schritt weiterzugehen.

Paula trainierte mit Samantha, diese »Bauchatmung« auch in Angst erregenden Situationen zu üben. Sie sagte Samantha, sie solle die Angstintensität in möglichst frühem Stadium wahrnehmen. Damit hätte sie eine sehr viel größere Chance, die Angst zu kontrollieren. Samantha sollte also nicht warten, bis das Niveau auf dem Angstthermometer auf Stufe 8 gestiegen war, um dann mit der Atemtechnik gegen ihre Angstgefühle anzugehen. Dies versprach nicht annähernd so viel Erfolg, wie sich für ein paar Momente auf langsames und tiefes Atmen zu konzentrieren, solange die Angstintensität noch auf Stufe 3 war.

Samantha begann langsam, die Zwerchfellatmung auch in schwierigeren Situationen in der Schule auszuprobieren. Paula musste sie in der Regel darauf vorbereiten. Am Abend gingen sie die Situationen durch, die am nächsten Tag zu Problemen führen konnten. Zum Beispiel hatte Samantha Schwierigkeiten im Physikunterricht. Die Physikstunden machten sie nervös, weil sie den Lehrer »streng« und »böse« fand. Paula ermutigte Samantha, ihren Atem zu überprüfen, die Angstintensität einzuschätzen und etwa zehn Minuten vor Unterrichtsbeginn tief zu atmen. Dies gab Samantha ein Gefühl der Kontrolle, und sie berichtete, dass ihre Kopf- und Bauchschmerzen nachgelassen hätten.

Natürlich beseitigte das Zwerchfellatmen Samanthas Angst nicht vollständig. Es handelt sich dabei um eines von mehreren Instrumenten. Aber sie hatte die Grundlage einer Fähigkeit gelernt, mit ihrer Angst besser umzugehen, während sie parallel noch an anderen Techniken arbeitete, um ihre Ängste zu verringern.

Das angewandte Entspannungstraining

Das angewandte Entspannungstraining kombiniert verschiedene bekannte und erprobte Entspannungstechniken in einer Weise, die es einem erlaubt, sich rasch zu entspannen – selbst in Angstsituationen. Es braucht Zeit und Übung, um den Punkt zu erreichen, an dem man sich quasi auf Kommando entspannen kann, aber es ist zweifellos möglich.

Das angewandte Entspannungstraining wurde in den späten Achtzigerjahren des letzten Jahrhunderts von dem schwedischen Arzt Lars-Gøran Øst entwickelt, der für seine Arbeit auf dem Gebiet der Angststörungen bekannt wurde. Øst wollte eine Methode finden, die seinen phobischen Patienten die Annäherung an für sie bedrohliche Situationen erleichterte. Durch eine kreative Kombination verschiedener Entspannungstechniken stattete er seine Patienten genau mit dem aus, was sie brauchten – einer äußerst wirkungsvollen, schnellen und zuverlässigen Methode, ihre Angst zu verringern. Durch diese Entspannungstechniken wurden selbst schwer phobische Patienten fähig, ihre Angst in für sie bedrohlichen Situationen zu meistern.

Das angewandte Entspannungstraining besteht aus sechs Stufen, wobei jede Stufe auf der vorhergehenden aufbaut. Es ist keine Blitzmethode, man muss also Geduld aufbringen. Nehmen Sie sich täglich zwanzig bis dreißig Minuten und lassen Sie Ihrem Kind für jede Stufe ein oder zwei Wochen Zeit, bis es sich damit ganz vertraut fühlt. Und bedenken Sie, dass die ersten Stufen mehr Zeit beanspruchen als die späteren. Je vertrauter Ihr Kind mit diesen Entspannungstechniken wird, umso weniger Zeit brauchen Sie und Ihr Kind zum Üben – es geht dann mehr darum, die Fähigkeiten zu verfeinern und anzuwenden.

Stufe 1: Progressive Muskelentspannung

Das Ziel der ersten Stufe besteht darin, Ihrem Kind zu helfen, den Unterschied zwischen einem angespannten und einem entspannten Zustand seiner Muskeln zu erkennen. Sie denken vielleicht, dass wüsste man doch automatisch, aber viele Menschen – auch Kinder – leiden unter einer chronischen Muskelanspannung, ohne es zu bemerken. Wenn Ihr Kind die Progressive Muskelentspannung praktiziert, beginnt es, seinen Körper schnell nach Muskelanspannungen abzusuchen, und es ist fähig, etwaige Problembereiche auf Kommando zu entspannen.

Um Ihrem Kind die Progressive Muskelentspannung beizubringen, ist es vielleicht hilfreich für Sie, die folgenden Instruktionen auf Tonträger aufzunehmen und zunächst die Prozedur ein paar Mal selbst durchzugehen. Danach sind Sie wahrscheinlich damit vertraut genug, sodass Sie keine Aufnahme mehr brauchen. Oder folgen Sie einfach den unten stehenden Instruktionen. Für kleinere Kinder haben wir eine kinderfreundlichere Version entwickelt, Sie finden Sie auf den Seiten 115 ff.

Grundlegende Instruktionen für die Progressive Muskelentspannung

1. Finden Sie einen bequemen, ruhigen Platz, wo Sie sitzen oder liegen können.
2. Atmen Sie tief in den Bauch.
3. Spannen Sie jede Muskelgruppe in der Reihenfolge der unten stehenden Liste an. Spüren Sie die Spannung. Halten Sie diese fünf bis zehn Sekunden lang.
4. Lassen Sie die Spannung los. Konzentrieren Sie sich darauf, wie entspannt sich der Muskel anfühlt.
5. Atmen Sie noch einmal tief.
6. Wiederholen Sie diese Prozedur mit jeder Muskelgruppe.

Spannen und entspannen Sie die wichtigsten Muskelgruppen in der folgenden Reihenfolge.

Kopf:

- Beißen Sie die Zähne zusammen und ziehen Sie Ihre Mundwinkel zu einem gewaltsamen Lächeln nach hinten.
- Kneifen Sie die Augen fest zusammen.
- Öffnen Sie Ihre Augen so weit, wie Sie können.

Nacken und Schultern:

- Drücken Sie Ihren Kopf auf die rechte Schulter, dann auf die linke.
- Pressen Sie das Kinn auf die Brust.
- Legen Sie den Kopf in den Nacken, doch nicht zu weit nach hinten.
- Ziehen Sie Ihre Schultern so hoch wie möglich.

Arme und Hände:

- Ballen Sie Ihre Hände zu Fäusten.

- Spannen Sie die Muskeln in Ihrem Oberkörper an, indem Sie Fäuste machen und Ihre Unterarme gegen Ihre Oberarme ziehen.
- Drücken Sie Ihre Hände fest auf den Untergrund, auf dem Sie üben.

Brustkorb:
- Holen Sie tief Luft und drücken Sie die Brust heraus.
- Ziehen Sie die Brust eng zusammen.

Rücken:
- Beugen Sie Ihren Rücken.

Unterleib:
- Drücken Sie den Unterleib so weit nach außen, wie Sie können.
- Ziehen Sie den Unterleib ein.

Hüfte, Beine und Füße:
- Spannen Sie die Pobacken an.
- Drücken Sie Ihre Fußsohlen auf den Boden. Wenn Sie liegen, drücken Sie mit den Fersen.
- Biegen Sie die Zehen nach oben.

Üben Sie diese Entspannungsübungen mit Ihrem Kind mindestens einmal am Tag. Das sollte nicht mehr als fünfzehn bis zwanzig Minuten in Anspruch nehmen. Vergessen Sie nicht, dass es auf dieser Stufe darum geht, den Unterschied zwischen Spannung und Entspannung wahrzunehmen.

Stufe 2: Reine Entspannung

Auf dieser Stufe lassen Sie den ersten Teil der Progressiven Muskelentspannung, den Anspannungsteil weg, und konzentrieren sich stattdessen allein auf die Entspannung jeder Muskelgruppe. Dies wird den Zeitaufwand verringern und Ihrem Kind erlauben, den Zustand tiefer Entspannung schneller zu erreichen.

Lassen Sie Ihr Kind eine bequeme Position einnehmen, sei es im Sitzen oder Liegen. Ihr Kind sollte nun ein paar Minuten auf sein Atmen achten. Es sollte sich darauf konzentrieren, tief in den Bauch zu atmen. Nun geht es die Muskelgruppen durch und gibt sich den sanften Befehl, die Muskeln loszulassen. Ihr Kind kann noch besser loslassen, wenn es sich den jeweiligen Muskel schwer und warm vorstellt. Nachdem Sie so mit Ihrem Kind den ganzen Körper durchgegangen sind, sollte Ihr Kind ein paar Minuten einfach nur tief atmen. Es muss nun darauf achten, ob sich noch irgendwelche Spannungen in seinem Körper befinden. Es konzentriert sich auf jeden Muskel, der noch angespannt ist, und bemüht sich, diese Bereiche zu entspannen.

Lassen Sie sich Zeit auf dieser Stufe! Sie mag auf den ersten Blick leichter erscheinen als die Progressive Muskelentspannung, aber in Wirklichkeit ist sie schwieriger, weil Ihr Kind die Muskeln ausschließlich durch die Kraft seines Bewusstseins entspannt.

Stufe 3: Durch ein Stichwort ausgelöste Entspannung

Hier handelt es sich um die einfache Idee, ein Wort mit einem entspannten körperlichen Zustand zu verknüpfen. Wenn man diese Verknüpfung oft genug vornimmt, lernt der Körper, den entspannten Zustand mit dem Wort zu verbinden. Wenn Ihr Kind genug Zeit aufwendet, seinen Körper und sein Bewusstsein darauf zu konditionieren, kann es mit diesem Wort seinem Körper befehlen, sich zu beruhigen, selbst in Angst erregenden Situationen.

Ihr Kind kann jedes Wort oder jeden Ausdruck als Stichwort benutzen. Viele Menschen benutzen ein einzelnes Wort wie »Entspannen« oder »Ruhe«, aber man kann ebenso gut einen Satz oder Ausdruck verwenden. Ihr Kind kann auch eine Gebärde oder Geste als auslösenden Hinweis benutzen – allein oder in Verbindung mit einem Wort oder einem kurzen Satz –, zum Beispiel sich mit der Hand an die Seite zu fassen. Die Details sind nicht so wichtig; es geht nur darum, ob der auslösende Hinweis bei Ihrem Kind funktioniert.

Instruieren Sie Ihr Kind folgendermaßen:

1. Atme ein paar Mal tief. Währenddessen stelle dir vor, dass all deine Ängste davonschweben.
2. Suche ein paar Minuten deinen Körper mit Hilfe der reinen Entspannung nach Spannungen ab und lasse diese dann entweichen.
3. Wenn du entspannt bist, sage jedes Mal, wenn du ausatmest, in Gedanken dein Stichwort.
4. Atme weiter tief durch die Nase, halte den Atem ein paar Sekunden an, und dann denke beim Ausatmen an dein Wort oder deinen Satz. Mache das ein paar Minuten lang.

Mit genügend Übung sollte Ihr Kind fähig sein, sich innerhalb von zwei bis drei Minuten vollkommen zu entspannen. Es kann mehrere Wochen in Anspruch nehmen, bis man diesen Punkt erreicht. Zu Beginn sollte Ihr Kind so viele kurze Mini-Entspannungen mit seinem Stichwort einlegen wie möglich. Dies verstärkt die Konditionierung erheblich. Mit anderen Worten: Die häufige Verknüpfung eines entsprechenden Zustands mit einem Wort gibt Ihrem Kind das Mittel an die Hand, das Wort später gezielt als Auslösereiz einzusetzen, wenn es Angst verspürt.

Stufe 4: Entspannung in allen Lagen

Das Ziel dieser Stufe ist es, dass sich Ihr Kind daran gewöhnt, seinen Körper in verschiedenen Positionen und Stellungen zu entspannen, nicht nur, wenn es in einem stillen Raum bequem sitzt oder liegt. Vergessen Sie nicht: Das Ziel des angewandten Entspannungstrainings ist es schließlich, sich in einer beliebigen angespannten Situation rasch entspannen zu können.

Wenn Ihr Kind die Entspannungsübungen bislang auf dem Boden liegend ausgeführt hat, dann soll es sie als nächsten Schritt in einem bequemen Sessel fortführen. Dann gehen Sie zu einem härteren Stuhl mit Rückenlehne über. Wir sprechen hier hauptsächlich von der selbst ausgelösten Entspannung, dennoch kann es nutzbringend sein, die progressive Muskelentspannung und die reine Entspannung ebenfalls in verschiedenen

Kontexten zu wiederholen. Versuchen Sie, die Entspannungsübungen Ihres Kindes mit Ablenkungen zu begleiten. Schalten Sie das Radio oder den Fernseher im Hintergrund ein. Lassen Sie Ihr Kind in einem anderen Raum als sonst üben. Lassen Sie es im Stehen üben. Es geht darum, Schritt für Schritt mehr Elemente des Alltagslebens in die Übungen zu integrieren.

Stufe 5: Schnelle Entspannung

Auf dieser Stufe, wie der Name schon sagt, geht es darum, die Zeit, die Ihr Kind zur Entspannung braucht, auf etwa dreißig Sekunden zu verkürzen und diese Technik tagsüber häufig anzuwenden.

Wie bei der durch ein Stichwort ausgelösten Entspannung, bei der Ihr Kind ein Wort zu sich selbst sagt, um tief zu atmen und seinen Körper nach Spannungen abzusuchen, wird es auf dieser neuen Stufe eine andere Art Hinweisreiz wählen – eine Gedächtnishilfe, die es den ganzen Tag daran erinnern soll, sich zu entspannen. Zum Beispiel kann es seine Armbanduhr als Gedächtnishilfe benutzen. Sie können sogar zu Beginn etwas Buntes auf das Uhrglas kleben oder einen farbigen Wollfaden um das Armband binden, damit sich Ihr Kind erinnert. Jedes Mal, wenn es während des Tages auf die Uhr schaut, wird es sich daran erinnern:

- tief zu atmen;
- das auslösende Stichwort zu sagen;
- seinen Körper nach Spannungen durchzugehen;
- die Spannung aus diesen Muskeln zu entlassen.

Es geht auf dieser Stufe darum, eine Art Gedächtnisstütze zu haben, die Ihr Kind im Laufe des Tages oft wahrnimmt.

Stufe 6: Angewandte Entspannung

Ihr Kind ist nun so weit, dass es seine Entspannungstechniken allmählich in Angst auslösenden Situationen anwenden kann.

Erwarten Sie nicht, dass diese Technik seine gesamte Angst vertreiben wird. Sie wird aber ein sehr wirksames Werkzeug sein, sodass es mit seiner Angst umgehen kann.

Wie wir in diesem Kapitel schon angemerkt haben, ist es sehr wichtig, Ihrem Kind zu erklären, dass es seiner Angst begegnen muss, solange sie noch auf einem relativ niedrigen Niveau ist. Ihr Kind wird lernen, dass es trotz seiner Angst funktionieren kann, insbesondere wenn die Angst noch keine überwältigenden Ausmaße angenommen hat. Wenn Ihr Kind wartet, bis es sich in einem Zustand der Panik befindet, wird es sehr viel schwieriger, wenn nicht unmöglich, die Angst allein durch Entspannungstechniken unter Kontrolle zu bekommen. Dies ist einer der Gründe, warum das Üben der zuvor genannten Stufen so wichtig ist. Durch die Übung hat Ihr Kind eine Routine gewonnen, seinen Körper auf Spannungen hin zu überprüfen, und es erkennt mittlerweile, welche Bereiche seines Körpers sich zuerst verspannen.

Sowie Ihr Kind ein Anzeichen von Muskelspannung oder Angst bemerkt, muss es diese Schritte unternehmen:

1. Atme zwei oder drei Mal tief in den Bauch.
2. Sage dir in Gedanken dein Stichwort, während du langsam und tief weiteratmest.
3. Suche deinen Körper nach Spannungen ab und konzentriere dich darauf, diejenigen Muskeln zu entspannen, die sich fest anfühlen.

Erinnern Sie Ihr Kind daran, Geduld zu haben. Wie wir schon gesagt haben, braucht es eine Menge Übung. Und bedenken Sie, wenn Ihr Kind seine Angst nur um ein oder zwei Grade verringert, dann geht es ihm schon beträchtlich besser.

Bildertraining

Als eine weitere Art der Entspannungsübung können Sie Ihrem Kind die Benutzung von Bildern beibringen. Das Bildertraining ist zwar kein Ersatz für Zwerchfellatmung oder Entspannungsübungen, aber es kann die anderen Strategien des Angstmanagements effektiv ergänzen. Kinder haben oft eine lebhafte Fantasie und lernen diese Entspannungstechnik relativ schnell. Sie unterscheidet sich von den anderen von uns beschriebenen Methoden vor allem dadurch, dass sich Ihr Kind auf ein Bild oder eine Szene statt auf seinen Körper konzentriert. Es folgt nun das Beispiel einer Anleitung für eine Entspannungsübung mit Bildern.

Entspannungsübung mit Bildern

Atme ein paar Mal tief ein. Jetzt stelle dir vor, du bist draußen an einem warmen Sommertag, der Himmel ist strahlend blau. Du liegst auf einer großen Decke am Ufer eines schönen, kleinen Sees. Du spürst die Wärme der Sonnenstrahlen auf deinem Körper. Der warme Sonnenschein hilft dir, dich zu entspannen. Du spürst die Wärme der Sonne auf deiner Haut und in deinen Muskeln.

Jedes Mal, wenn du einatmest, fühlst du, wie die frische, reine Luft deine Lungen füllt, und du fühlst dich erfrischt. Jedes Mal, wenn du ausatmest, fühlst du dich entspannt, wohl und glücklich.

Du hörst den leise säuselnden Wind, der sanft durch die Blätter der nahen Bäume rauscht. Konzentriere dich jedes Mal auf dieses Geräusch, wenn es anfängt, und nimm wahr, wie es langsam leiser wird.

Wenn du in den blauen Himmel schaust, siehst du ein paar weiße Wolken. Du siehst, wie sie sich langsam bewegen, nur von dem leichten Wind getrieben. Stell dir vor, wie es sich anfühlt, wenn man so leicht schweben kann, so leicht wie eine Wolke.

Während du dich weiter entspannst, schaust du auf das Wasser. Du siehst ein paar kleine Wasserkäfer, die über die Wasseroberfläche hüpfen. Es sieht aus, als würden sie spielen. Du siehst ihnen zu, bis ein Blatt herabfällt und auf dem Wasser landet. Wenn

das Blatt das Wasser berührt, gibt es winzige Wellen, die sich kreisförmig ausbreiten.
Lass dich immer weiter auf diese Szene ein und entspanne dich, konzentriere dich einfach auf das, was dir am schönsten erscheint.

Dies ist nur ein Beispiel dafür, was man mit Bildern machen kann. Andere Beispiele, die gern für Entspannungsübungen benutzt werden, sind Szenen im Wald, auf einer Luftmatratze im Swimmingpool liegen, in einer Hängematte dösen, sich auf einer Wiese entspannen, am Meer sitzen und so weiter. Die besten Szenen sind diejenigen, die Ihr Kind sich besonders lebendig vorstellen kann. Ihr Kind muss sich auf all die Details konzentrieren und all seine Sinne benutzen, um sich das Bild so vollständig wie möglich zu vergegenwärtigen.

Kurzer Rückblick: Warum Entspannung so wichtig ist

Wir hoffen, Ihr Kind hatte Erfolg und auch etwas Spaß beim Erlernen der Entspannungsübungen. Und Ihnen ist sicher klar, warum es so wichtig ist, diese Fähigkeiten zu entwickeln. Wir fassen die Gründe sicherheitshalber noch einmal zusammen:

- Wie Samantha mit ihren Bauch- und Kopfschmerzen leiden viele Kinder mit Angstproblemen zugleich an einer Reihe von damit verbundenen Körpersymptomen. Das Erlernen von Entspannungsübungen ist gerade für solche Kinder sinnvoll. Sie sind oft auf ihre körperlichen Empfindungen konzentriert, und dies ist ein Weg, diese Probleme unmittelbar anzugehen.
- Ein entspannter Körper neigt weniger zu beunruhigenden Gedanken. Es ist, als ob jene »Angstpfade« im Gehirn nicht so tief verankert wären, wenn der Körper entspannt ist.
- Wenn Ihr Kind weiß, wie es sich entspannen kann – vor allem wenn es an den Punkt gelangt, wo es sich schnell ent-

spannen kann –, wird dies Ihrem Kind bei den weiteren Kapiteln helfen, insbesondere bei angstbesetzten Situationen während der »Konfrontationstherapie«.

Wenn Sie dieses Kapitel bis hierher nur durchgelesen haben, ist es nun an der Zeit, zurückzugehen und mit Ihrem Kind die beschriebenen Entspannungsübungen zu lernen. Das erscheint vielleicht sehr mühsam, aber es lohnt sich. Wenn Sie dieses Kapitel bereits durchgearbeitet haben und Ihr Kind diese Fähigkeiten bis zu einem gewissen Grad meistert, können Sie zum nächsten Kapitel übergehen: »Den eigenen Gedanken auf den Grund gehen«.

Anleitung für die Progressive Muskelentspannung

Atme tief ein, halte den Atem ein oder zwei Sekunden und lasse ihn aus deinem Körper entweichen, wenn du dich bereit dafür fühlst … Jetzt wiederholen wir es noch einmal … Atme tief ein, halte den Atem ein oder zwei Sekunden, dann lasse ihn entweichen. Achte darauf, wie dein Körper dabei entspannter wird … Atme wieder ganz normal, so, wie es sich für dich normal anfühlt. Wenn du normalerweise schnell atmest, dann atme schnell … wenn du normalerweise langsam atmest, dann atme langsam.

Jetzt nimm deine Hände und balle sie zu Fäusten zusammen … Halte sie ganz fest gepresst und achte darauf, wie es sich anfühlt … Spüre die Spannung in deinen Händen, Handgelenken und Unterarmen … konzentriere dich darauf … und achte auf die Veränderung, wenn du mit der Spannung nachlässt, die Hände entspannst …

Spanne die Muskeln in den Oberarmen an, so, als ob du mit jedem Arm »Muckis« machen oder etwas sehr Schweres heben wolltest. Achte darauf, wie stark sich die Muskeln im Oberarm anfühlen … spüre die Festigkeit, die Spannung. Jetzt entspanne die Arme und spüre, wie sich die Entspannung anfühlt, wie sie sich von der Spannung zuvor unterscheidet. Konzentriere dich auf das Gefühl der Entspannung …

Jetzt ziehe die Schultern so weit nach oben wie möglich und spanne die Muskeln in den Schultern an. Konzentriere dich auf die Stärke und Festigkeit in den Muskeln … und achte auf die

Veränderung, wenn du deine Schultern wieder entspannst … Wenn sich deine Schultern noch mehr entspannen, können sie sich etwas schwer anfühlen …
Jetzt wollen wir die Kopfmuskeln entspannen … Beiße die Zähne etwas aufeinander – nicht zu stark, aber doch so stark, dass du die Spannung in den Kiefer-, Wangen- und Halsmuskeln spürst … Konzentriere dich wieder auf die Spannung und spüre die Veränderung, wenn du mit der Spannung nachlässt … entspanne diese Muskeln, lasse sie ganz los …
Kneife deine Augen fest zusammen und spüre die Spannung in den Muskeln und in der Haut um deine Augen … Konzentriere dich darauf … und entspanne dich …
Öffne deine Augen, so weit du kannst … Spüre die Spannung auf deiner Stirn und vielleicht auch in deinen Schläfen … Entspanne dich …
Jetzt hole tief Luft und drücke die Brust heraus … Halte die Luft ein und spüre, wie sich deine Brust anfühlt … Achte auf das Gefühl, wenn du die Luft langsam entweichen lässt …
Spanne die Muskeln in deiner Brust und im oberen Rückenbereich an … Halte die Spannung aufrecht … und jetzt lasse los … Achte darauf, wie viel leichter du plötzlich atmest … Vielleicht magst du tief einatmen und langsam ausatmen …
Jetzt spanne deine Bauchmuskeln an … Achte darauf, wie die Spannung sich anfühlt … dann lasse los … Vielleicht magst du wieder tief einatmen und langsam ausatmen … Dein Atmen wird leichter, wenn du diese Muskeln entspannst …
Nun spanne die Muskeln in deinem Sitz, in deinen Pobacken an … Es fühlt sich vielleicht an, als ob sie dich auf deinem Stuhl nach oben heben … Konzentriere dich auf die Spannung – diese Muskeln sind sehr stark … Jetzt achte auf das Gefühl, wenn du sie entspannst …
Jetzt biege die Zehen möglichst weit nach oben … Spüre die Spannung in deinen Füßen und Unterschenkeln … Konzentriere dich darauf … und entspanne sie …
Nimm dir ein wenig Zeit und spüre, wie entspannt sich dein Körper anfühlen kann … Wie fühlt sich diese Entspannung an? … Mit etwas Übung wirst du fähig sein, dich in jeder Situation vollkommen zu entspannen … Nimm dir Zeit … Du kannst deine Augen öffnen, wann immer du willst …

Anleitung zum Entspannungstraining für kleine Kinder

Einführung

Heute machen wir eine besondere Art von Übungen, sie nennen sich Entspannungsübungen. Mit diesen Übungen lernst du, wie du dich entspannen kannst, wenn du verkrampft bist, und sie helfen dir, die unangenehmen Gefühle im Bauch loszuwerden. Die Übungen sind auch spannend, weil du ein paar davon machen kannst, ohne dass es irgendjemand merkt.

Um die besten Gefühle aus den Übungen herauszuholen, musst du nur ein paar Regeln befolgen. Erstens musst du genau das tun, was ich sage, auch wenn es vielleicht zunächst komisch klingt. Zweitens musst du dich wirklich anstrengen, das zu tun, was ich dir sage. Drittens musst du aufmerksam auf deinen Körper achten. Bei diesen Übungen achtest du darauf, wie sich deine Muskeln anfühlen, wenn du sie anspannst und wenn du sie entspannst. Und viertens musst du üben. Je mehr du übst, umso entspannter wirst du insgesamt.

Können wir loslegen? Okay. Zunächst setze dich so bequem hin, wie du kannst. Lehne dich zurück, stelle die Füße auf den Boden und lasse die Arme einfach locker hängen. Gut so. Jetzt schließe die Augen und öffne sie nicht eher, bis ich es sage. Befolge meine Anweisungen so genau wie möglich, streng dich richtig an und achte auf deinen Körper. Jetzt geht's los.

Hände und Arme

Stell dir vor, du hast eine halbe Zitrone in deiner linken Hand. Jetzt drücke sie ganz fest. Versuche, den ganzen Saft herauszupressen. Spüre, wie fest sich deine Hand und dein Arm anfühlen, während du drückst. Jetzt lass die Zitrone los, sie fällt zu Boden. Spüre, wie deine Muskeln sich anfühlen, wenn sie sich entspannen. Nimm eine andere Zitrone und drücke sie aus. Versuche, diese noch fester zu drücken. Das ist richtig schwer. Jetzt lass die Zitrone los und entspanne deine Muskeln. Achte darauf, wie viel besser sich deine Hand und dein Arm anfühlen, wenn sie entspannt sind. Nimm noch einmal eine Zitrone in die linke Hand und presse den Saft heraus. Lass keinen einzigen Tropfen übrig. Drücke fest. Sehr gut. Jetzt entspanne dich und lass die Zitrone fallen. (Mit der rechten Hand wiederholen.)

Arme und Schultern

Stell dir vor, du bist eine behäbige, faule Katze mit schönem weichem Fell. Du magst dich ausstrecken. Strecke deine Arme vor dir aus. Hebe sie hoch über deinen Kopf. Und ziehe sie ein bisschen nach hinten. Spüre den Zug in deinen Schultern. Strecke dich noch höher. Jetzt lass deine Arme einfach herunterbaumeln. Okay, machen wir es noch einmal. Strecke deine Arme vor dir aus. Hebe sie hoch über deinen Kopf. Und ziehe sie ein bisschen nach hinten. Ziehe stark. Jetzt lass sie schnell fallen. Gut. Spürst du, wie sich deine Schultern jetzt entspannter anfühlen? Jetzt versuchen wir noch einmal eine ganz große Streckung. Versuche, die Zimmerdecke zu berühren. Strecke deine Arme vor dir aus. Hebe sie hoch über deinen Kopf. Und ziehe sie ein bisschen nach hinten. Spüre die Spannung in deinen Armen und Schultern. Strecke dich, so stark du kannst. Sehr gut. Lass die Arme sehr schnell fallen und spüre, wie gut die Entspannung tut. Sie fühlt sich gut und warm und behaglich an.

Schultern und Hals
Jetzt stell dir vor, du bist eine Schildkröte. Du sitzt oben auf einem Stein an einem kleinen friedlichen See und entspannst dich in der Sonne. Es ist schön warm, du fühlst dich wohl und sicher. Doch plötzlich, Achtung! Du spürst Gefahr. Zieh den Kopf in den Panzer ein. Versuche, deine Schultern bis zu den Ohren hochzuziehen, und drücke deinen Kopf in die Schultern hinein. Bleibe ganz fest angespannt. Es ist nicht leicht, eine Schildkröte im Panzer zu sein. Die Gefahr ist jetzt vorbei. Du kannst dich wieder in die Sonne vorwagen, dich entspannen und die Wärme genießen. Aber Vorsicht! Neue Gefahr! Ziehe schnell deinen Kopf in den Panzer zurück und bleibe ganz fest angespannt. Du musst dich ganz tief in deinem Panzer verbergen, um dich zu schützen. Okay, jetzt kannst du entspannen. Komme mit deinem Kopf heraus, und lasse deine Schultern los. Es fühlt sich viel besser an, wenn man entspannt ist. Aber noch einmal Gefahr! Ziehe deinen Kopf ein. Hebe deine Schultern zu den Ohren hoch und bleibe so, ganz fest eingezogen. Nicht das kleinste Stück von deinem Kopf darf aus dem Panzer herausschauen. Bleibe fest eingezogen. Spüre die Spannung in deinem Nacken und in deinen Schultern. Okay. Du kannst jetzt herauskommen. Es ist wieder sicher. Entspanne dich und fühle dich wohl in deiner Sicherheit. Die Gefahr ist vorbei. Kein Grund mehr, auf der Hut zu sein. Keine Angst mehr. Fühl dich einfach wohl.

Kiefer

Du hast einen riesigen Monsterkaugummi im Mund, der deine Kiefer auseinanderschiebt. Er ist sehr schwer zu kauen. Beiße, so fest du kannst. Das ist schwer! Jetzt müssen dir deine Nackenmuskeln dabei helfen, indem du sie fest anspannst. Jetzt lass los! Lass deinen Unterkiefer einfach hängen. Es fühlt sich gut an, den Unterkiefer loszulassen. Okay, jetzt wollen wir uns wieder mit dem Monsterkaugummi beschäftigen. Beiße ganz fest. Noch fester! Versuche es zwischen deinen Zähnen zu zermalmen. So ist's gut. Du zerquetschst den Kaugummi regelrecht. Jetzt entspanne dich wieder. Lass deinen Unterkiefer einfach los, sodass er von selbst nach unten hängt. Es fühlt sich so gut an, loszulassen und nicht gegen den Monsterkaugummi zu kämpfen. Okay, noch einmal. Diesmal werden wir ihn fertigmachen. Beiß zu. So fest du kannst. Und noch fester. Du strengst dich wirklich an, gut so. Jetzt entspanne dich. Versuche, deinen ganzen Körper zu entspannen. Du hast den Monsterkaugummi besiegt. Lass dich vollkommen los, entspanne deine Muskeln, so gut du kannst.

Gesicht und Nase

Hier kommt eine grässliche, fette Fliege. Sie landet genau auf deiner Nase. Versuche, sie loszuwerden, ohne deine Hände zu benutzen. Das ist genau richtig, rümpfe die Nase. Mache so viele Falten in deine Nase, wie du kannst. Gut. Du hast sie vertrieben. Jetzt kannst du deine Nase entspannen. Huch, da kommt sie schon wieder. Genau auf die Mitte deiner Nase. Rümpfe deine Nase wieder. Vertreibe die Fliege. Leg deine Nase in Falten, so fest du kannst. Okay, sie ist weggeflogen. Jetzt entspanne dein Gesicht. Wenn du deine Nase zusammenziehst, sind daran deine Wangen, dein Mund, deine Stirn und deine Augen beteiligt, und sie sind ebenfalls angespannt. Wenn du deine Nase entspannst, entspannt sich dein ganzes Gesicht. Oh nein! Diese verdammte Fliege ist schon wieder da, doch jetzt sitzt sie auf deiner Stirn. Mach so viele Falten wie möglich. Versuche sie zwischen deinen Falten zu fangen. Halte sie an ihren Beinchen fest. Okay, du kannst loslassen. Sie ist endgültig weg. Jetzt kannst du dich einfach entspannen. Lass dein Gesicht glatt werden, keine Falten und Runzeln mehr. Dein Gesicht fühlt sich gut, entspannt und glatt an.

Bauch

Hey! Hier kommt ein Elefant. Aber er passt nicht auf, wohin er tritt. Er sieht nicht, dass du im Gras liegst, und er ist kurz davor, auf deinen Bauch zu treten. Bewege dich nicht. Du hast keine Zeit mehr, wegzukommen. Du musst dich nur vorbereiten. Mache deinen Bauch ganz hart. Spanne deine Bauchmuskeln ganz fest an. Halte sie so. Es sieht aus, als ob der Elefant es sich anders überlegt und eine andere Richtung einschlägt. Du kannst dich jetzt entspannen. Lass deinen Bauch wieder weich werden. Entspanne ihn, so gut du kannst. Das fühlt sich viel besser an, oder? Huch, da kommt er schon wieder in deine Richtung. Mach dich bereit. Spanne deinen Bauch an. Richtig fest. Wenn er auf dich tritt, ist dein Bauch hart, es kann dir nichts passieren. Mach deinen Bauch zu einem Stein. Okay. Er verzieht sich wieder. Du kannst dich jetzt entspannen. Fühl dich behaglich und wohl. Spüre den Unterschied zwischen dem angespannten und dem entspannten Bauch. So wollen wir ihn spüren – weich, locker und entspannt. Du glaubst es nicht, diesmal kommt er wirklich auf dich zu und wendet sich nicht ab. Er kommt genau auf dich zu. Spanne deinen Bauch an. Spanne ihn fest an. Jetzt kommt der Elefant. Jetzt passiert es wirklich. Du musst deinen Bauch weiter angespannt halten. Er tritt auf dich. Er ist über dich weggeschritten. Jetzt ist er weg. Du kannst dich vollkommen entspannen. Du bist in Sicherheit. Alles ist okay, und du fühlst dich gut und entspannt.

Jetzt musst du dir vorstellen, dass du durch ein enges Loch im Zaun kriechen willst, und von den Rändern des Lochs ragen Stacheln nach innen. Du musst dich so dünn wie möglich machen, wenn du da durchkriechen willst. Ziehe deinen Bauch ein. Versuche, ihn gegen dein Rückgrat zu drücken. Versuche, so dünn zu sein, wie du kannst. Du musst hindurchkommen. Jetzt entspanne dich. Du brauchst jetzt nicht mehr dünn zu sein. Entspanne dich einfach und spüre, wie sich dein Bauch anfühlt, warm und locker. Okay, lass uns versuchen, durch den Zaun zu kommen. Ziehe deinen Bauch ein. Mache ihn klein und fest. Werde so dünn, wie du kannst. Halte ihn jetzt so. Du passt durch das Loch. Du kannst hindurchkriechen und wirst nicht von Stacheln berührt. Du kannst dich jetzt entspannen. Lehn dich zurück und lass deinen Bauch wieder hervortreten, wo er hingehört. Du kannst dich jetzt richtig gut fühlen. Du hast die Sache gut gemacht.

Beine und Füße

Jetzt stell dir vor, du stündest barfuß in einem großen, tiefen Schlammloch. Grabe deine Zehen tief in den Schlamm. Versuche, mit deinen Füße auf den Grund vorzustoßen. Du musst wahrscheinlich deine Beine zu Hilfe nehmen, um tiefer zu kommen. Stoße nach unten, spreize deine Zehen und spüre, wie der Schlamm in ihre Zwischenräume eindringt. Jetzt komme aus dem Schlammloch heraus. Lass deine Zehen los und spüre, wie gut sich das anfühlt. Es fühlt sich gut an, entspannt zu sein. Und zurück ins Schlammloch. Hilf mit deinen Beinmuskeln nach, wenn du deine Füße jetzt nach unten drückst. Drücke fest. Fester. Versuche den Schlamm unter deinen Füßen zu zerquetschen. Okay. Du kannst wieder herauskommen. Entspanne deine Füße, entspanne deine Beine, entspanne deine Zehen. Es ist ein wunderbares Gefühl, sich zu entspannen. Nirgendwo mehr Spannung. Du fühlst Wärme und ein leichtes Prickeln.

Abschluss

Bleibe so entspannt wie möglich. Lasse deinen ganzen Körper schlaff werden, entspanne alle deine Muskeln. In ein paar Minuten werde ich dir sagen, dass du die Augen öffnen kannst, und dann haben wir die Sitzung hinter uns. Wenn du jetzt durch den Tag gehst, erinnere dich daran, wie gut es sich anfühlt, wenn du entspannt bist. Manchmal musst du dich etwas anspannen, bevor du dich entspannen kannst, genauso, wie wir es in den Übungen getan haben. Mache diese Übungen jeden Tag, um immer entspannter zu werden. Eine gute Zeit für die Übungen ist abends, wenn du im Bett liegst, das Licht aus ist und du von nichts gestört wirst. Sie helfen dir beim Einschlafen. Wenn du wirklich gut gelernt hast, dich zu entspannen, kannst du das auch in der Schule tun. Denke einfach an den Elefanten oder den Monsterkaugummi oder das Schlammloch, und du kannst die Übungen machen, ohne dass es irgendjemand merkt. Heute ist ein guter Tag. Du warst tüchtig, und es fühlt sich gut an, wenn man etwas geschafft hat. Langsam, ganz langsam kannst du jetzt deine Augen öffnen und deine Muskeln ein bisschen schütteln. Sehr gut. Du hast deine Sache prima gemacht. Du wirst ein richtiger Entspannungskünstler.

(Aus: Arlene S. Koeppen: »Relaxatob Training for Children«, Elementary School Guidance and Counseling, Oktober 1974, S. 17–20. © American Counseling Association. Hier übersetzt mit freundlicher Genehmigung.)

Kapitel 6

Den eigenen Gedanken auf den Grund gehen

Kognitive Therapietechniken, die Ihr Kind lernen kann

Nachdem Sie Ihrem Kind nun Entspannungstechniken beigebracht haben – um die körperlichen Angstreaktionen in den Griff zu bekommen –, wollen wir Ihnen zeigen, wie Sie Ihrem Kind helfen können, mit seinen mentalen Angstreaktionen umzugehen. Mentale Reaktionen sind die Gedanken und Sorgen, die im Kopf Ihres Kindes auftauchen und häufig starken Stress und emotionale Krisen auslösen. Die Techniken, die wir Ihnen hier vorstellen, sind Teil von dem, was man *Kognitive Therapie* nennt.

In den letzten Jahrzehnten haben Experten erkannt, welchen großen Einfluss unsere Gedanken auf unsere Emotionen und unser Verhalten haben. Der Psychologe Albert Ellis war einer der ersten, der therapeutische Techniken anwandte, um irrationale Bewusstseinsinhalte oder Gedanken zu verändern, die unnötigen inneren Druck erzeugen. Seine Arbeit aus dem Jahre 1970 führte zu weiteren Theorien und klinischen Strategien, denen umfassende Forschungen zugrunde lagen. Beiträge der Psychologen Michael Mahoney (1971) und Donald Michenbaum (1974) machten eindrucksvoll klar, dass die Modifizierung der eigenen Gedanken positiv zu Veränderungen von Gefühlslage und Verhalten führen können. Weitere Pioniere der Kognitiven Therapie sind die Psychiater Aaron Beck und David Burns. Erst kürzlich hat Richard Heimburg gezeigt, dass viele dieser Techniken dazu beitragen können, die Symptome der Sozialen Angststörung zu lindern.

Für Kinder, die unter Sozialangst leiden, können kognitivtherapeutische Techniken extrem hilfreich sein, auch wenn aufgrund des Alters und der damit verbundenen mentalen Fähigkeit einige der Strategien angepasst werden müssen. In den folgenden Abschnitten stellen wir die Grundideen vor, die Sie kennen müssen, und zeigen Ihnen dann, wie Sie sie Ihrem Kind beibringen können.

Die Beziehung zwischen Gedanken, Gefühlen und Verhalten

Erinnern Sie sich an eine Situation, in der Sie unlängst aufgebracht oder besorgt waren. Worum ging es da? Nehmen wir einmal an, Ihr Chef hat Sie am Morgen zu sich bestellt, um einige Dinge zu bereden. Welche Gedanken löste das in Ihnen aus? Vielleicht haben Sie sich gesagt: »Ojemine. Was hab ich jetzt wieder falsch gemacht?« Oder Sie denken: »Na, endlich. Wahrscheinlich teilt er mir die Beförderung mit, über die wir schon gesprochen haben.«

Wie fühlen Sie sich in dem jeweiligen Szenario? Sehen Sie, dass Ihre Gefühle eng mit Ihren Gedanken zusammenhängen? Wenn Sie davon ausgehen, dass Sie kritisiert werden, fühlen Sie sich bedrückt und vielleicht sogar wütend. Wenn Sie davon ausgehen, dass Sie befördert werden, fühlen Sie sich angenehm erregt.

Wie beeinflussen nun diese Gedanken und Gefühle Ihr Verhalten? Im ersten Fall werden Sie wahrscheinlich für den Rest des Tages versuchen, Ihrem Chef aus dem Weg zu gehen. Im letzteren Fall werden Sie sich eher ermuntert und energiegeladen fühlen.

Viele Menschen glauben, dass ein spezifisches Ereignis sie dazu bringt, sich auf bestimmte Weise zu verhalten. Doch eigentlich, wie sich aus dem obigen Beispiel ersehen lässt, geht es darum, dass die *Interpretation* der Ereignisse (was wir uns selbst über die Ereignisse sagen) unsere Gefühle und Handlungen bestimmt.

Es folgen ein paar Beispiele, die Sie mit Ihrem Kind durchsprechen sollten und die die Beziehung zwischen Gedanken, Gefühlen und Verhalten klarmachen. Lesen Sie die folgenden

Szenarios Ihrem Kind vor (oder mit Ihrem Kind zusammen durch) und lassen Sie Ihr Kind die jeweils folgenden Fragen beantworten. Besprechen Sie mit Ihrem Kind die Antworten, aber bleiben Sie neutral.

Es gibt hier keine »richtigen« oder »falschen« Antworten, nur unterschiedliche Möglichkeiten, wie man eine Situation anschauen kann.

Die Mädchen bei den Schaukeln
Stell dir vor, du stehst in der Pause auf dem Spielplatz deiner Schule. Eine Gruppe von Mädchen hält sich bei den Schaukeln auf. Sie kichern und haben offenbar Spaß miteinander. Du würdest dich ihnen gern anschließen. Du gehst zu ihnen und sagst »Hallo«. Niemand sieht dich an oder sagt etwas.

Was sagst du dir? (Gedanken)
a) Diese Mädchen sind arrogant.
b) Ich bin eine solche Versagerin. Niemand will mit mir befreundet sein.
c) Sie haben mich nicht gehört.
d) Andere Möglichkeiten?

Wie fühlst du dich? (Gefühle)
a) Wütend.
b) Traurig.
c) Neutral.
d) Andere Möglichkeiten?

Was tust du? (Verhalten)
a) Ich stapfe wütend weg.
b) Ich gehe mit gesenktem Kopf weg.
c) Ich nähere mich ihnen und sage lauter »Hallo«, sodass sie mich hören können.
d) Andere Möglichkeiten?

Erkennt Ihr Kind, wie seine Gedanken seine Gefühle und folglich sein Verhalten beeinflussen? Erwarten Sie nicht, dass Ihr Kind die Sache schon vollkommen versteht. Dies kann sogar für Erwachsene schwierig sein, also haben Sie Geduld mit Ihrem

Kind, wenn es versucht, sich dieses Konzept anzueignen. Und vergessen Sie nicht, Ihr Kind dafür zu loben, dass es die Szene aufmerksam verfolgt hat und mit Ihnen die Übung macht.

Hier noch ein anderes Beispiel.

Der Junge und das Buchreferat
Stell dir vor, du liest gerade ein Buchreferat vor. Manche Kinder in den hinteren Bänken schießen mit Gummis. Der Lehrer sagt ihnen, sie sollen damit aufhören, aber du verlierst die Textstelle und verliest dich.

Was sagst du dir? (Gedanken)
a) Diese Jungen treiben immer Unsinn.
b) Sie finden mein Referat langweilig und blöd.
c) Warum muss so etwas immer mir passieren?
d) Andere Möglichkeiten.

Wie fühlst du dich? (Gefühle)
a) Verärgert.
b) Traurig, verlegen.
c) Frustriert.
d) Andere Möglichkeiten?

Was tust du? (Verhalten)
a) Ich finde meine Stelle schnell wieder und lese weiter. Ich lasse mich nicht aus dem Konzept bringen.
b) Mein Gesicht wird heiß und läuft rot an. Ich brauche eine Weile, bis ich weiterlesen kann.
c) Ich stöhne laut auf.
d) Andere Möglichkeiten?

Lassen Sie Ihr Kind eigene Szenarios entwerfen. Weiß es ein Beispiel aus dem eigenen Schulalltag?

Es kann auch hilfreich sein, Situationen aus dem Alltag Ihres Kindes in einem Diagramm darzustellen, sodass die verschiedenen Teile des Puzzles auf dem Papier stehen. Zum Beispiel könnte ein solches Diagramm bei dem Jungen, der das Buchreferat vorliest, folgendermaßen aussehen:

Gedanken, Gefühle und Verhalten

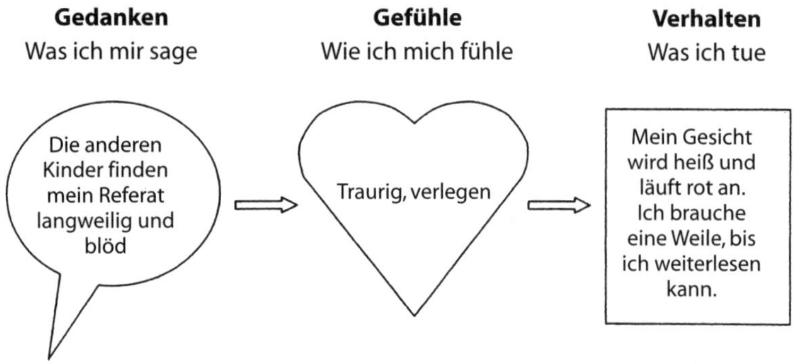

An diesem Punkt unternehmen Sie noch keinen Versuch, die Gedanken oder Gefühle Ihres Kindes zu verändern. Es geht hier zunächst nur darum, die Gedanken und Gefühle zu beobachten und die Gewohnheit anzunehmen, den Stift aufs Papier zu setzen. Außerdem wird Ihr Kind mit einiger Übung die Wichtigkeit seiner Gedanken einschätzen lernen – wie diese bestimmte Gefühle und Verhaltensweisen zur Folge haben. Doch diese Verbindung herzustellen braucht Zeit. Auf Seite 140 fügen wir ein leeres Formblatt ein, das Sie sich kopieren und benutzen können.

Automatisches Selbstgespräch

Jetzt lassen Sie uns einen Schritt zurücktreten und uns den »Gedanken«-Teil unserer Gleichung etwas genauer betrachten. Wir haben bereits mehrfach erwähnt, dass im Bewusstsein eines jeden von uns ein ständiger automatischer Gedankenstrom fließt. Diese Gedanken sind häufig nicht zu identifizieren, doch gleichwohl haben sie Einfluss. Sie sind vergleichbar mit Hintergrundmusik, während man arbeitet. Die meiste Zeit nimmt man sie nicht einmal wahr – man ist einfach mit dem beschäftigt, was man gerade macht. Aber haben Sie je festgestellt, wie eine plötzlich wechselnde Musik Ihre Stimmung oder Ihren Energiepegel beeinflusst? Vielleicht auch die Konzentrationsfähigkeit? Das automatische Selbstgespräch, das in unserem Bewusstsein stattfindet, kann all diese Dinge und noch viel mehr beeinflussen.

Kinder führen auch diese Selbstgespräche. Hier ein paar Beispiele:

- Jenna wird zur Geburtstagsfeier einer Klassenkameradin nicht eingeladen. Sie sagt zu sich selbst: »Ich bin eine solche Niete. Niemand mag mich.«
- Harald muss in der Klasse laut vorlesen und macht mehrere Fehler. Er sagt sich: »Jeder hält mich für blöd.«
- Liz stolpert im Sportunterricht, und ein paar Mädchen lachen. »Niemand will mich in seiner Mannschaft haben«, denkt sie.

Sicherlich erkennen Sie die Probleme, die in der Logik dieser Selbstgespräche liegen. Erstens stellen Jenna, Harald und Liz allesamt Vermutungen darüber an, was andere denken, aber das kann richtig oder auch falsch sein. Zweitens sprechen sie zu sich selbst in globalen Begriffen – *niemand* mag sie oder *jeder* hält sie für blöd. Und schließlich, unabhängig von der Richtigkeit oder Unrichtigkeit, ist keine von diesen Aussagen in irgendeinem Sinne nützlich. Diese Art von Selbstgesprächen führt zu nichts, das das Selbstvertrauen fördern würde oder das Kind zu einer produktiven Handlung animieren könnte. Während Sie und wir diese Dinge sehen können, ist es für das Kind in der jeweiligen Situation schwierig.

Das Selbstgespräch wahrnehmen

Um mit unseren Gedanken aktiv umgehen und sie der Wirklichkeit besser anpassen zu können, müssen wir sie zunächst einmal kennen. Wir können nicht zulassen, dass unsere Selbstgespräche eine Art Hintergrundmusik bleiben, die uns beeinflussen, ohne dass wir es merken.

Aber wie können wir Ihrem Kind helfen, seine Selbstgespräche zu beobachten? – Eines der besten Mittel ist, Ihr Kind eine

Art Tagebuch seiner Gedanken führen zu lassen. Ihr Kind kann dies vielleicht unabhängig tun oder es braucht Ihre Hilfe, um die Gedanken aufzuschreiben, die es Ihnen diktiert.

Unten finden Sie ein Raster, das wir für hilfreich halten, aber gehen Sie ganz frei damit um und gestalten Sie es ganz nach den Bedürfnissen Ihres Kindes. Nehmen Sie ein Notizbuch Ihrer Wahl und notieren Sie oben die Überschriften. Lassen Sie Platz für ein paar Worte über die Situation und für das Datum, sodass Sie die Fortschritte Ihres Kindes leichter überblicken können. Am wichtigsten ist aber, dass Ihr Kind alle Gedanken aufschreibt (oder Ihnen diktiert), die es vor oder während einer sozialen Situation hat. Mit anderen Worten, was sagt es zu sich selbst? Vor welchem möglichen Ereignis fürchtet es sich? Wie ist sein Gefühl dazu? Ihr Kind kann in der dritten Spalte mit einer Ziffer (aus der 0–10-Skala des Angstthermometers in Kapitel 5) bezeichnen, wie es sich fühlt, oder sein Gefühl mit ein paar Worten beschreiben.

Gedankentagebuch

Datum/Situation	Gedanken/Was sage ich zu mir selbst?	Wie fühle ich mich?
______________ ______________	______________ ______________	______________ ______________
______________ ______________	______________ ______________	______________ ______________
______________ ______________	______________ ______________	______________ ______________

Als Jenna nicht zu der Geburtstagsparty eingeladen wurde, sah ihr Gedankentagebuch vielleicht so aus.

Gedankentagebuch

Datum/Situation	Gedanken/Was sage ich zu mir selbst?	Wie fühle ich mich?
Dienstag. Habe gehört, wie andere Mädchen darüber sprachen, dass sie Einladungen geschickt bekommen haben.	*Ich bin eine solche Niete. Niemand mag mich. Niemand will mit mir befreundet sein. Was stimmt mit mir nicht? Jeder weiß, dass ich nicht eingeladen wurde und was für eine Niete ich bin. Die anderen Mädchen werden mich auslachen. Ich kann das nicht aushalten. Ich werde weinen und die Fassung verlieren.*	*Sehr traurig und verletzt. 9 auf dem Gefühlsthermometer.*

Manchen Kindern fällt diese Aufgabe leichter als anderen. Tun Sie einfach, was Sie können, damit Ihr Kind seine Gedanken aufschreibt oder diktiert, und zwar, das ist wichtig: so bald wie möglich nach der schwierigen Situation. Dann sind die Gedanken noch am frischesten und lassen sich am leichtesten in Erinnerung rufen.

Manche Kinder wehren sich möglicherweise gegen diese Aufgabe. Sie sind vielleicht Perfektionisten und fürchten, das »Falsche« aufzuschreiben. Versichern Sie Ihrem Kind, dass es hier kein »richtig« oder »falsch« gibt, keine guten oder schlechten Gedanken. Gedanken sind einfach Gedanken.

Ihr Kind sagt vielleicht: »Ich weiß nicht, was ich denke.« Das ist durchaus in Ordnung. Machen Sie das Gedankentagebuch dennoch zur Gewohnheit. Lassen Sie Ihr Kind schreiben: »Ich weiß nicht, was ich denke, aber vielleicht könnten die Gedanken so aussehen: …« Manche Kinder brauchen zu Beginn des Prozesses einen Anreiz, zumindest bis sie die Idee sich zu eigen gemacht haben und merken, dass es nicht schwer ist.

Keine zu großen Erwartungen hegen

Erinnern Sie sich an Kapitel 2, wo wir davon sprachen, welche beträchtliche Rolle die Erwartungen Ihres Kindes dabei spielen, dass es in der Angstspirale gefangen bleibt? Eine Untersuchung der Psychologin Edna Foe, die für ihre Forschung auf dem Gebiet der Angststörungen bekannt wurde, illustriert dies. Foe und eine Kollegin verglichen 1996 die Erwartungen von Personen mit und ohne Sozialphobie bezüglich verschiedener Ereignisse. Sie fragten die Untersuchungsteilnehmer, für wie wahrscheinlich sie bestimmte Vorkommnisse hielten, etwa, dass jemand sie nicht grüßte. Zusätzlich fragten sie, welche Folgen es haben würde, sollte das Vorkommnis tatsächlich eintreten beziehungsweise ausbleiben.

Die Menschen mit Sozialangst überschätzten sowohl die Wahrscheinlichkeit wie die Schwere negativer sozialer Ereignisse. Sie erwarteten, dass negative soziale Ereignisse mit größerer Wahrscheinlichkeit eintreten würden und schwerwiegendere Konsequenzen hätten. Doch diese Unterschiede ergaben sich nur, wenn sie über soziale Ereignisse befragt wurden, nicht bei anderen Situationen.

Außerdem zeigte Foes Untersuchung, dass eine der besten Voraussagen über den »Therapieerfolg« – in welchem Maß Menschen aufgrund einer Therapie eine Besserung erzielen – sich danach bemisst, inwieweit sie ihre Annahmen bezüglich der negativen Ereignisse verändern können. Die Individuen, die lernen, dass soziale Situationen keinen Weltuntergang bedeuten, machen auch die größten Fortschritte.

Zwar wurde diese Untersuchung mit Erwachsenen durchgeführt, doch zeigt uns die klinische Erfahrung, dass Kinder die gleichen Verzerrungen in Bezug auf die Wahrscheinlichkeit und Folgenschwere solcher Ereignisse vornehmen. Wir haben aber auch festgestellt, dass viele Kinder in der Lage sind, dieses Grundkonzept zu verstehen und von Strategien zu profitieren, mit denen sie ihre Erwartungen revidieren können.

Wie groß ist die Wahrscheinlichkeit?

Um das Problem der Wahrscheinlichkeit zu bearbeiten, bitten wir die Kinder, ein Beispiel aus ihrem Gedankentagebuch zu nehmen und abzuschätzen, wie wahrscheinlich es ist, dass etwas Bestimmtes eintritt. Für die meisten Kinder benutzen wir die folgende Tabelle.

Wie groß ist die Wahrscheinlichkeit von ____________________?
(von dem du erwartest/fürchtest, dass es eintritt)

0%	10%	20%	30%	40%	50%	60%	70%	80%	90%	100%
Keine Chance für das Problem		nicht wahrscheinlich			Fünfzig-zu-fünfzig-Chance		sehr wahrscheinlich		wird gewiss eintreten	

An diesem Punkt muss Ihr Kind seine »Angst sprechen lassen«. Wenn Sie versäumen, diese Instruktion ganz klarzumachen, schreiben viele Kinder auf, was sie denken *sollten*, statt das, was sie wirklich glauben.

Jenna schätzte die Chance, von ihren Kameradinnen abgelehnt zu werden – dass sie über sie lachen und sie für eine Niete halten –, etwa mit 90 Prozent ein. Mit anderen Worten war es ziemlich sicher, dass eine Nichteinladung zur Geburtstagsparty zu einer Art von Missachtung führen würde.

Wie schlimm wäre es?

Um die verzerrte Wahrnehmung der Folgenschwere eines sozialen Fehlereignisses zu bearbeiten, müssen wir das Kind das Gleiche tun lassen, doch diesmal muss es bewerten, wie schlimm es wäre, wenn die Situation tatsächlich eintreten würde.

Wie schlimm wäre es, wenn ____________________ einträte?
(von dem du erwartest/fürchtest, dass es eintritt)

0%	10%	20%	30%	40%	50%	60%	70%	80%	90%	100%
kein Problem		keine große Sache			mittel schlimm			schrecklich		ich versinke im Erdboden

Jenna dachte, es wäre irgendwo zwischen »schrecklich« und »ich versinke im Erdboden«, wenn die von ihr erwartete Situation eintreten würde, das heißt, wenn ihre Kameradinnen sie missachten würden und sie ausgeschlossen bliebe und weinen müsste.

Überprüfung der Gedanken und Erwartungen

Wenn Ihr Kind damit vertraut geworden ist, seine Gedanken und seine Einschätzung der Wahrscheinlichkeit und Schwere von Ereignissen wahrzunehmen und aufzuschreiben, ist der nächste Schritt, ihm dabei zu helfen, diese Gedanken in Frage zu stellen. Das Ziel ist, Ihrem Kind zu vermitteln, dass es viele verschiedene Arten gibt, an eine Situation zu denken. Manche Arten setzen einen eher unter Druck, während andere einen eher entspannt sein lassen.

Kehren wir zu den »Mädchen an den Schaukeln« und dem »Jungen mit dem Buchreferat« zurück. Überprüfen Sie mit Ihrem Kind die verschiedenen Möglichkeiten, diese Situationen zu betrachten.

Als Nächstes schauen Sie sich einige der Eintragungen im Gedankentagebuch Ihres Kindes an. Ermutigen Sie Ihr Kind erneut, sich auf seine Gedanken einzulassen und sie aufzuschreiben. Sagen Sie ihm, dass Sie ihm helfen wollen, auch andere Möglichkeiten zu erkennen, wie es die Situationen beurteilen kann, über die es geschrieben hat. Sagen Sie ihm, das Ziel dieses Schrittes sei, dass es sich besser fühlt – weniger beklommen und ängstlich. Achten Sie darauf, sorgsam vorzugehen. Ihr Kind darf keinesfalls den Eindruck gewinnen, dass Sie seine Gedanken kritisieren.

In seinem Buch *Helping Your Anxious Child* nennt der Psychologe Ronald Rapee diesen Schritt detektivisches Denken. Denn Ihr Kind soll wie ein Detektiv herausfinden, ob der Gedanke tatsächlich »wahr« ist oder nicht. Wir finden die Idee des detektivischen Denkens exzellent. Sie macht für Kinder aller Altersstufen Sinn und erhöht den Spaßfaktor.

Für kleine Kinder haben wir Jerry den Spürhund erfunden, um sie bei ihrem detektivischen Denken zu unterstützen. Spürhunde sind dafür bekannt, dass sie durch Schnüffeln Dinge entdecken. Sie arbeiten oft mit Detektiven und der Polizei zusammen, um schwierige Fälle zu lösen. Wir erklären den Kindern, dass Jerry ihnen dabei hilft, herauszufinden, ob es noch andere Möglichkeiten gibt, bestimmte Situationen zu überdenken oder zu beurteilen. Vielleicht Möglichkeiten des Denkens, mit denen sie sich viel besser fühlen. Auf Seite 141 f. finden Sie ein Arbeitsblatt »Jerry der Spürhund: Wie Detektive denken«. Für ältere Kinder und Jugendliche, die Jerry vielleicht nicht so cool finden, fügen wir ein weiteres Arbeitsblatt ohne Jerry auf Seite 143 f. ein.

Wie geht ein guter Detektiv vor, welche Strategien setzt er ein? Eine ist recht einfach und zugleich sehr effektiv: Fragen stellen. Indem sie Fragen stellen, finden Detektive heraus, ob etwas Sinn macht. Mit anderen Worten finden sie Lösungen für Probleme heraus.

Hier einige Fragen, die ein guter Detektiv oder der Spürhund Jerry fragen könnte:

1. Welchen Beweis gibt es dafür, dass die anderen Kinder denken, ich sei ____________, oder dass ____________ wahr ist?
2. Wenn ____________________ eintritt, wie schlimm wäre das?
3. Woher weiß ich, dass die anderen Kinder ________ über mich denken?
4. Wenn sie denken, ich sei ________, heißt das, dass ich wirklich so entsetzlich bin?
5. Habe ich eine ähnliche Situation schon einmal erlebt? Wenn ja, was geschah dann? War es so schlimm, wie ich dachte?
6. Haben andere Kinder ähnliche Situationen schon einmal erlebt?
7. Wie sind sie damit umgegangen?
8. Gibt es noch andere Dinge, auf die ich in dieser Situation achten sollte?

Kehren wir zu Jenna und ihrem Gedankentagebuch zurück.

Gedankentagebuch

Datum/Situation	Gedanken/Was sage ich zu mir selbst?	Wie fühle ich mich?
Dienstag. Habe gehört, wie andere Mädchen darüber sprachen, dass sie Einladungen geschickt bekommen haben.	*Ich bin eine solche Niete. Niemand mag mich. Niemand will mit mir befreundet sein. Was stimmt mit mir nicht? Jeder weiß, dass ich nicht eingeladen wurde und was für eine Niete ich bin. Die anderen Mädchen werden mich auslachen. Ich kann das nicht aushalten. Ich werde weinen und die Fassung verlieren.*	*Sehr traurig und verletzt. 9 auf dem Gefühlsthermometer.*

Ihre Mutter half ihr, die oben aufgeführten Fragen durchzugehen, und hier sehen wir das Ergebnis:

1. Welchen Beweis gibt es dafür, dass die Mädchen mich auslachen oder dass mich niemand mag? *Ich habe eigentlich keinen Beweis dafür, dass mich niemand mag. Naomi ist mit mir befreundet. Sie mag mich. Veronika ist auch meine Freundin. Ich glaube, es gibt ein paar Mädchen, die mich mögen. Sicher bin ich nicht die Beliebteste in der Klasse, aber das heißt nicht, dass mich niemand mag. Ich weiß auch nicht, ob die Mädchen wirklich über mich lachen werden, weil ich nicht eingeladen wurde. Ich glaube, manche werden es tun, aber das sind sowieso die arroganten Mädchen.*
2. Wenn das Erwartete eintritt, wie schlimm wäre das? *Ich fände es überhaupt nicht schön, wenn die Mädchen über mich lachen würden. Aber ich weiß, dass Naomi und Veronika nicht über mich lachen würden. Ich weiß nicht, ob sie zu der Party eingeladen wurden. Vielleicht wurden sie auch nicht eingeladen.*
3. Woher weiß ich, dass die anderen Kinder mich für eine Niete halten? *Ich bin mir nicht sicher, ob die anderen Mädchen mich für eine Niete halten. Ich glaube, sie denken etwas anderes oder vielleicht denken sie gar nichts.*
4. Wenn sie mich für eine Niete halten, heißt das, dass ich wirklich so entsetzlich bin? *Also, wenn irgendjemand mich für eine Niete hält, weil ich nicht zur Party eingeladen wurde, dann will ich sie nicht zur Freundin haben.*
5. Habe ich eine ähnliche Situation schon einmal erlebt? Wenn ja, was geschah dann? War es so schlimm, wie ich dachte? *Ich erinnere mich an nichts Ähnliches.*
6. Haben andere Kinder ähnliche Situationen schon einmal erlebt? *Wahrscheinlich, aber ich habe noch niemanden über so etwas reden hören. Ich glaube, man redet über so etwas nicht.*
7. Wie sind sie damit umgegangen? *Weiß ich nicht.*
8. Gibt es noch andere Dinge, auf die ich in dieser Situation achten sollte? *Vielleicht hat die Mutter des Mädchens eine Höchstzahl der Mädchen genannt, die sie zur Party einladen durfte. Vielleicht war es wirklich nicht, weil ich blöd oder eine Niete bin.*

Wir behaupten nicht, dass dieser Prozess nur angenehm ist. Er sieht auf dem Papier einfach aus, aber Jenna und ihre Mutter haben viel Zeit und Mühe investiert, bevor sie die Situation auf alternative Weisen betrachten konnten. Und zuerst musste Jennas Mutter aktiv zuhören (vgl. Kapitel 3), damit Jenna sich »Luft machen« und ihre Verletzung und Frustration herauslassen konnte. Erst als Jennas Gefühle gehört und ernst genommen worden waren, war sie bereit, ihre Gedanken über die Situation und mögliche Alternativen zu betrachten. Arbeiten Sie an diesen Fragen ruhig stückweise und geben Sie Ihrem Kind ausreichend Zeit, die Informationen in der Zwischenzeit zu verarbeiten.

Nachdem Sie die Detektivarbeit so gut wie möglich gemacht haben, bitten Sie Ihr Kind, seine Gefühle erneut auf dem Gefühlsthermometer einzuschätzen. Ideal wäre es natürlich, wenn die Temperatur umso mehr sinkt, je realistischer die Gedanken Ihres Kindes werden. Nachdem Jenna den Prozess durchgemacht hatte, bewertete sie ihre Gefühle mit 4 – ein deutlicher Wandel und sehr viel leichter zu bewältigen als die vorherige Einstufung mit 9. Außerdem sollte Ihr Kind auch seine Schätzungen von »Wie groß ist die Wahrscheinlichkeit?« und »Wie schlimm wäre es?« noch einmal vornehmen. Beim Durcharbeiten des Arbeitsblatts kam Jenna zu dem Ergebnis, dass es vielleicht eine 50-prozentige Chance gab, dass die Mädchen sie auslachen würden, weil sie nicht zur Party eingeladen war, aber sie hatte das Gefühl, sie könnte damit umgehen. Die Einstufung der Schwere (»Wie schlimm wäre es?«) fiel auf 20 Prozent (»keine große Sache«).

Die Formulierung eines Hilfsmantras

Bisher haben Sie Ihrem Kind geholfen zu verstehen, warum Gedanken wichtig sind (sie beeinflussen unsere Gefühle und unser Verhalten), und Sie haben nun Übung darin entwickelt, Ihrem Kind zu helfen, sich seine Gedanken bewusst zu machen. Außerdem haben Sie begonnen, Fragen in Bezug auf Gedanken und Erwartungen zu stellen, die die Möglichkeit eröffnen, dass es vielleicht auch noch andere, hilfreichere Betrachtungsweisen für eine Situation gibt.

Der nächste Schritt ist nun, Ihrem Kind zu helfen, diese Information in einem »Hilfsmantra« zu verdichten. Wir tun dies häufig mit Erwachsenen und haben festgestellt, dass es auch bei vielen Kindern gut funktioniert. Hilfsmantras sind einfache, kurze Erinnerungshilfen, dass die Situation in der Regel nicht so dramatisch ist, wie sie sich im Bewusstsein Ihres Kindes darstellt. Für ältere Kinder oder Adoleszente können Sie die Hilfsmantras auf Karteikarten schreiben, die man mit sich herumtragen und tagsüber öfter mal ansehen kann. Für ein kleineres Kind braucht es wahrscheinlich nur ein kurzer Satz zu sein, der es daran erinnert, ruhig zu bleiben und entspannt zu atmen.

Hilfsmantras bestehen meist aus zwei Teilen:

- Was wird wirklich eintreten?
- Wie komme ich damit klar?

Jennas Karte mit einem Hilfsmantra könnte etwa so aussehen:

> *Die meisten Mädchen werden mich auslachen oder für eine Niete halten. Wenn das irgendjemand denkt, muss das noch nicht stimmen. Nicht jeder muss mich mögen.*

Wie nun soll Ihr Kind die Karte mit dem Hilfsmantra benutzen? Es kann sein Hilfsmantra für sich selbst wiederholen, wenn es beginnt, sich ängstlich zu fühlen. Dies unterbricht die automatischen negativen Gedanken, die es hat. Außerdem führt die Wiederholung des Hilfsmantras bei Ihrem Kind zu einer gesünderen Interpretation der Situation. Manche Kinder sagen sich ihr Hilfsmantra sogar während der tiefen Atemübungen vor, die wir in Kapitel 5 beschrieben haben. Zum Beispiel, während Ihr Kind einatmet, sagt es zu sich den ersten Teil des Hilfsmantras, und beim Ausatmen sagt es den Rest der Aussage. Selbstverständlich funktioniert dies am besten mit sehr kurzen Hilfsmantras.

Ihr Kind wird vielleicht sagen: »Ich erinnere mich nicht an die Mantra-Karte, wenn ich nervös bin. Ich kann dann nicht klar denken.« Es ist wahr, dass es schwerfällt, beruhigende Gedanken zu fassen, wenn man sich einer bedrohlichen Situation nähert. Darum ist es so wichtig, eine relativ kurze Aussage zu formulieren und sie von Ihrem Kind bei Möglichkeit auswendig lernen zu lassen. Und natürlich kann Ihr Kind je nach Situation die Karte mit dem Hilfsmantra hervorholen und die Aussage in einem Mini-Auffrischungskurs nachschauen.

Grundüberzeugungen

Jeder von uns hat tief verwurzelte Vorstellungen darüber, wie er aussehen oder agieren oder sich fühlen sollte. Auf diesen Grundüberzeugungen beruhen unsere Gedanken und Gefühle, insbesondere solche, die uns automatisch in den Sinn kommen. Doch wie wir in diesem Kapitel festgestellt haben, gehört zum Wahrnehmen und Infragestellen von Erwartungen, dass man sich mit diesen Grundüberzeugungen auseinandersetzt. Dies ist notwendig, um einen tiefgreifenden und nachhaltigen Fortschritt bei der Überwindung der Sozialangst zu erreichen.

Im Folgenden können Sie einige verbreitete Grundüberzeugungen von Menschen mit Sozialangst nachlesen. Nach jeder Überzeugung schließen wir ein paar Beispiele an, mit denen sich Ihr Kind vielleicht identifizieren kann. Gehen Sie die Liste mit Ihrem Kind durch und stellen Sie fest, ob einige der Punkte wahr klingen.

- *Mein Wert hängt von meinen Leistungen ab.*
  Besser, ich schreibe nur Einser, oder ich bin nicht gut.
  Wenn ich in Sport nicht gut bin, halten die anderen Kinder nichts von mir.
- *Angst und Furcht sind ein Zeichen von Schwäche.*
  Es ist nicht cool, wenn man zeigt, dass man nervös ist.
  Lass nie jemanden sehen, wenn du schwitzt.
  Wenn die anderen wissen, dass ich nervös bin, halten sie mich für einen Schwächling.
  Ich muss stark und hart sein.
- *Ich kriege nichts hin, wenn ich nervös bin.*
  Wenn meine Hände zittern, kann ich kein Referat halten.
  Es macht mich nervös, wenn mich alle ansehen. Beim nächsten Versprecher gebe ich auf.
- *Jeder muss mich mögen, oder es ist schrecklich.*
  Wenn mich die beliebten Kinder nicht mögen, bin ich mit Sicherheit ein Versager.
- *Ich kann keine Kritik oder Ablehnung vertragen.*
  Ich habe keine Rolle in dem Stück bekommen. Ich bin so ein Versager.

Grundüberzeugungen sind allgemeine Annahmen, die einen durchs Leben führen. Es sind Urteile über einen selbst und Menschen im Allgemeinen. Sie können sehen, wie Ihre Grundüberzeugungen Ihre Erwartungen darüber beeinflussen, was in einer bestimmten Situation geschehen wird. Wenn Ihre Überzeugungen unrealistisch sind, hat dies unrichtige Erwartungen zur Folge. Mit anderen Worten führen unrealistische Überzeugungen dazu, dass Sie mehr »Gefahr« erwarten, als tatsächlich vorhanden ist. Wenn Sie in eine soziale Situation eintreten und erwarten, dass negative Dinge geschehen, werden Ihre Gedanken nicht sonderlich hilfreich sein – das heißt, Sie werden dazu beitragen, dass Sie sich unwohl fühlen und sich nicht auf die vor Ihnen liegende Aufgabe konzentrieren können.

Unrealistische Grundüberzeugungen (über sich selbst und andere)
Beispiel: Wenn mein Referat nicht perfekt ist, werden mich die anderen Kinder für blöd halten. Ich ertrage es nicht, wenn andere Kinder negativ von mir denken.

↓

Unrichtige Erwartungen (bezüglich einer bestimmten Situation)
Beispiel: Die anderen Kinder werden natürlich merken, wie ich mich bei meinem Referat verspreche; es wird eine Katastrophe.

↓

Maladaptive Gedanken (in der Situation selbst)
Beispiel: Die Kinder können sehen, dass ich nervös bin. Ich mache meine Sache grauenhaft schlecht. Es ist alles zu spät.

Ein Blick voraus

Wenn Sie die Schritte in diesem Kapitel durcharbeiten, sollte Ihr Kind langsam damit beginnen, seine Gedanken oder Denkmuster so zu überprüfen, dass es sie in eine realistischere Richtung lenken kann. Sie beide haben hart gearbeitet und können sich gratulieren. Nun sind Sie bereit für das nächste Kapitel, in dem wir eine weitere sehr wirkungsvolle Technik vorstellen wollen, die dabei helfen kann, die Angst zu überwinden – die »Konfrontation«.

Gedanken, Gefühle und Verhalten

Gedanken Was sage ich zu mir selbst	Gefühle Wie fühle ich mich	Verhalten Was tue ich

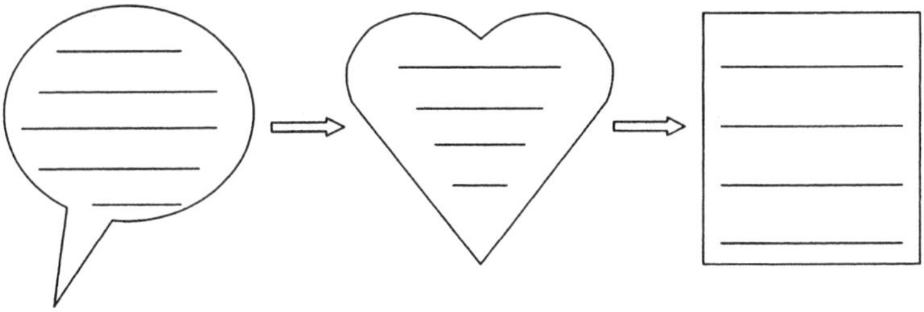

Was sage ich zu mir selbst	Wie fühle ich mich	Was tue ich

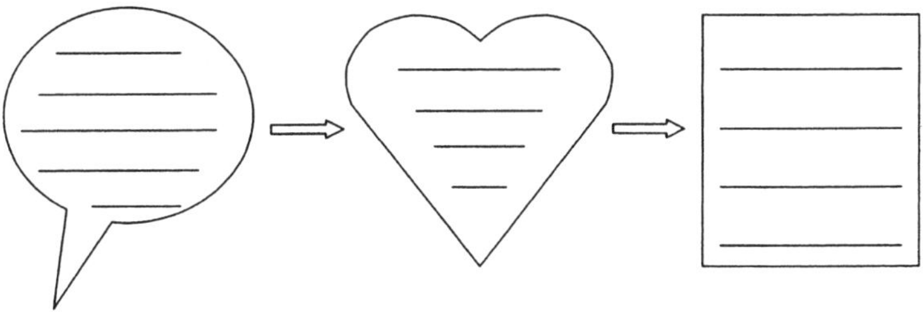

Was sage ich zu mir selbst	Wie fühle ich mich	Was tue ich

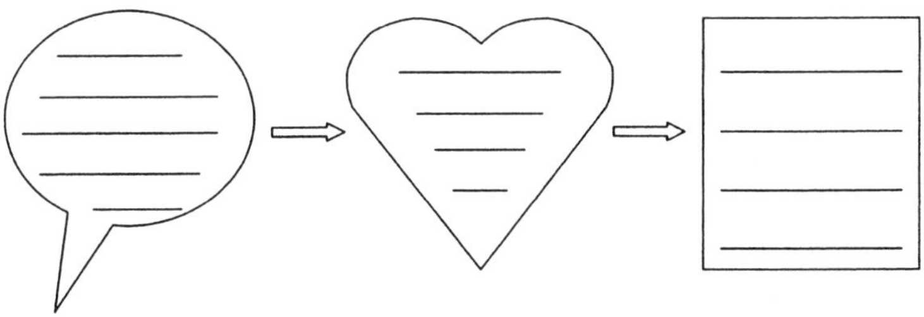

Jerry will wissen, was du denkst.

Gedankentagebuch

Datum/Situation	Gedanken/Was sage ich zu mir selbst?	Wie fühle ich mich?

Das Arbeitsblatt von Jerry dem Spürhund

1. Welchen Beweis gibt es dafür, dass ______________ eintritt oder dass ______________________________________ wahr ist?

____

____

____

2. Wenn ______________________ eintritt, wie schlimm wäre das?

____

____

____

3. Woher weiß ich, dass die anderen Kinder mich für ___________ halten?

____

____

____

4. Wenn sie mich für ______ halten, heißt dass, dass ich wirklich so schrecklich bin?

____

____

____

5. Habe ich ähnliche Situationen schon einmal erlebt? Wenn ja, was geschah dann? War es so schlimm, wie ich dachte?

____

____

____

6. Haben andere Kinder schon ähnliche Situationen erlebt?

____

____

____

7. Wie sind sie damit umgegangen?

____

____

____

8. Gibt es noch andere Dinge, auf die ich in dieser Situation achten sollte?

____

____

____

Detektiv-Arbeitsblatt

1. Welchen Beweis gibt es dafür, dass ______________ eintritt oder dass ____ wahr ist?

____

____

____

____

2. Wenn ________________________ eintritt, wie schlimm wäre das?

____

____

____

____

3. Woher weiß ich, dass die anderen Kinder mich für ____________ halten?

____

____

____

____

4. Wenn sie mich für _______ halten, heißt das, dass ich wirklich so schrecklich bin?

____

____

____

____

5. Habe ich ähnliche Situationen schon einmal erlebt? Wenn ja, was geschah dann? War es so schlimm, wie ich dachte?

____

____

____

____

6. Haben andere Kinder schon ähnliche Situationen erlebt?

____

____

____

7. Wie sind sie damit umgegangen?

____

____

____

____

____

8. Gibt es noch andere Dinge, auf die ich in dieser Situation achten sollte?

____

____

____

____

____

Kapitel 7

Sich der Angst stellen

Die Grundlagen der »Konfrontationstherapie« (für Kinder)

Wir alle kennen den Rat: Wenn man vom Pferd fällt, muss man gleich wieder aufsteigen, sonst bekommt man Angst. In vielen Fällen trifft dieser Spruch zu. Zum Beispiel wollte eine Freundin, die vor ein paar Jahren mit ihrem Auto einen Totalschaden hatte, sich nicht mehr hinter das Steuer setzen. Sie stand unter Schock und hatte Angst, dass noch einmal etwas Schlimmes passieren könnte. Obwohl ihre Angst verständlich ist, ermutigte ich sie, so bald wie möglich wieder zu fahren. Je länger sie wartete, umso schwieriger würde es werden.

Sich seiner Angst zu stellen kann äußerst wirkungsvoll sein, insbesondere wenn man lange genug in der Situation bleibt und erkennt, dass man es damit aufnehmen *kann* und dass keine Katastrophe eintritt. Dieser Prozess wird »Konfrontation in vivo« oder »Konfrontationstherapie« genannt. Die meisten klinischen Forschungen haben ergeben, dass die Behandlung von Angst und Furcht einen Konfrontationsteil enthalten muss, um erfolgreich zu sein. Man kann nicht nur im Behandlungszimmer des Therapeuten sitzen und ergründen, wie und warum die Ängste entstanden sind; man muss sich direkt mit ihnen auseinandersetzen.

Bei einfachen Phobien ist die Konfrontation außerordentlich erfolgreich, wie zum Beispiel bei der Furcht vor Schlangen oder bei Höhenangst, und auch bei anderen Angststörungen kann sie Gutes leisten. Leider ist dies bei sozialen Ängsten nicht so einfach. Soziale Situationen sind jedes Mal anders, und also ist es schwierig, sich den Konfrontationen wiederholt zu stellen, die notwendig sind, um die Angst zu überwinden. In diesem Kapitel wollen wir zunächst genauer erklären, was die Konfrontationstherapie ist und wie sie nach Aussagen von Experten funktioniert. Dann wollen wir Ihnen Wege zeigen, wie Sie Ihrem Kind zeigen können, diese Techniken anzuwenden, wobei wir uns besonders auf die Nuancen dieser Methode bei Sozialangst konzentrieren. Trotz der außerordentlichen Herausforderungen, die sich Ihnen vielleicht bei der Anwendung der Konfrontationsmethode mit Ihrem Kind stellen werden, sind wir uns sicher, dass sich die Mühe lohnt. Oft gibt es keine bessere Möglichkeit, signifikante und nachhaltige Veränderungen im sozialen Selbsterleben von Kindern zu erreichen.

Einfaches Beispiel einer Konfrontationstherapie

Wenn ich meinen sozialphobischen Klienten das Konzept der Konfrontation erkläre – ganz unabhängig von ihrem Alter –, wähle ich immer die Therapie einer einfachen Phobie als Beispiel. Dies macht es ihnen leichter, die zugrunde liegenden Prinzipien zu verstehen – und zu sehen, wie die Konfrontationstherapie im Idealfall funktioniert. Dann zeige ich ihnen, wie sie diese Prinzipien übernehmen und an ihre Situation anpassen können. Wir wollen in diesem Kapitel ebenso vorgehen, nämlich zunächst beschreiben, was Konfrontation bedeutet und wie sie funktioniert. Danach zeigen wir Ihnen, wie Sie diese Technik Ihrem Kind nahebringen können.

Die achtjährige Debbie wurde von ihren Eltern zu mir gebracht, weil sie mehrere Angstprobleme hatte. Für unseren Zweck konzentrieren wir uns auf ihre Höhenangst. Debbie hatte große Schwierigkeiten, in hohe Gebäude zu gehen und Brücken zu überqueren, insbesondere wenn sie hinunterblickte. Doch das Wichtigste für Debbie war, dass sie die Sprossenwand auf dem Spielplatz so wie die anderen Kinder benutzen wollte. Die meisten Mädchen in ihrem Alter verbrachten ihre Pause an den Gerüsten, und es war schrecklich für Debbie, dass sie nicht teilnehmen konnte. Obgleich Debbie noch schwerere Angstprobleme hatte, störte sie dies am meisten, also arbeiteten wir daran.

Die Prinzipien, die sie lernte, um mit ihrer Höhenphobie umzugehen, ließen sich später auf die anderen Angstbereiche übertragen.

Die erste Sitzung mit Debbie und ihren Eltern verbrachte ich damit, mich in ihre Situation einzufühlen. Offenbar war sie einmal von einem Schlitten gefallen, und dieses Erlebnis war ihr im Gedächtnis hängen geblieben und hatte sich zu einer regelrechten Höhenangst erweitert. Bei jeder Unternehmung, bei der Höhe eine Rolle spielte, wurde ihr schwindlig und sie wurde kurzatmig. Auch ihr Herz fühlte sich an, »als ob es aus der Brust springen wollte«, wie sie sagte. Die körperlichen Empfindungen wurden umso intensiver, je höher sie kam. Obwohl Debbies Muskeln stark genug waren und sie keinerlei Gleichgewichts- oder Koordinationsprobleme hatte, fürchtete sie die Sprossenleiter am meisten, weil sie Angst hatte herunterzufallen.

In der zweiten Therapiestunde machte ich Debbie und ihre Eltern mit den Grundprinzipien der Konfrontationstherapie vertraut und brachte Debbie ein paar Atemtechniken bei. Sie verstanden das Konzept sehr schnell, und Debbie, die von Natur aus eher zögerlich war, wollte gleich an die Arbeit gehen. In der dritten Stunde konnten wir schon unsere erste Konfrontation vornehmen. Wir trafen uns in einem nahe gelegenen Park, und ich besprach mit ihnen die Vorgehensweise. Später übernahmen ihre Eltern die Leitung.

Debbie und ich suchten uns zu Beginn die vierte Sprosse an der Kletterwand aus. Wir schätzten, dass diese Höhe Angst in einem moderaten Maß in ihr auslösen würde, ohne sie vollkommen zu überwältigen. Langsam zu beginnen erhöhte Debbies Erfolgschancen: So fühlte sie sich zuversichtlicher, die nächste Sprosse zu erklimmen.

Beim ersten Mal kletterte ich neben ihr. Wir blieben eine Weile auf der Sprosse stehen, und ich bat Debbie, ihre Angst auf einer Skala von 0 bis 10 einzuschätzen, wobei 0 für »vollkommen entspannt« stand und 10 für »mehr Angst als je«. Sie bewertete ihren Zustand mit 6. Interessanterweise wirkte sie trotz ihrer Angstgefühle ruhig (sie umklammerte die Sprossen nicht krampfhaft). Ich machte sie darauf aufmerksam, und sie war erstaunt. »Ich dachte, die anderen Kinder könnten sehen, wie groß meine Angst ist«, sagte sie.

Als wir fortfuhren, die Sprossen hinaufzuklettern, fragte ich Debbie immer wieder nach ihrem Angstzustand. Das Angstniveau stieg vorhersehbar mit jeder weiteren Sprosse jeweils auf 6 oder 7 an, während es auf 3 oder 4 herabsank, wenn wir eine Weile dort blieben. Ich gab ihr Instruktionen, während wir uns nach oben bewegten. Ich erinnerte sie daran, tief zu atmen. Ich ermunterte sie auch, sich umzusehen und sich nicht an den Sprossen festzuklammern, als ob ihr Leben davon abhinge.

Als Nächstes wiederholte Debbie die Prozedur, während ich zusah und ihr Vater neben ihr kletterte. Als sie die ganzen Sprossen hinaufgeklettert waren, strahlte Debbie und war zu Recht stolz auf sich.

In den nächsten Wochen führten Debbie und ihre Eltern die Konfrontationen alleine durch. Zusätzlich dazu trafen wir uns in meiner Sprechstunde, um ihre Fortschritte gemeinsam zu besprechen. Ich wollte wissen, wie sich ihre Gedanken veränderten und wie ihr Körper auf die Herausforderungen durch die Konfrontation reagierte. Wie schon gesagt, kann es für Kinder schwierig sein, ihre Gedanken auszudrücken, insbesondere wenn es um die Wahrnehmung von Veränderungen in ihrem Denken geht. Doch mit ein bisschen Hilfe fanden wir heraus, dass Debbie Folgendes aus der Konfrontationstherapie gelernt hatte:

- »Ich habe gelernt, dass mein Körper auch dann funktioniert, wenn ich Angst habe. Früher dachte ich immer, ich könnte mich nicht mehr bewegen, wenn mir so schwindlig war und ich mich zittrig fühlte.«
- »Die Angst dauert nicht ewig. Sie hört auf.«
- »Ich kann Dinge tun, vor denen ich Angst habe – es wird leichter.«
- »Die meisten Kinder bekommen nicht mit, wenn ich Angst habe.«

- »Wenn jemand sieht, dass ich Angst habe, ist das nicht so schlimm.«

Debbie hatte hart gearbeitet, und ihre Arbeit zahlte sich aus. Sie konnte nun in den Pausen mit ihren Freundinnen spielen. Noch wichtiger: Sie hatte ein besseres Selbstgefühl und konnte beginnen, ihre anderen Ängste zu bekämpfen.

Warum also hat das Hinaufklettern an der Sprossenleiter Debbies Angstgefühle nachhaltig vermindert? Wir haben gesehen, *wie* die Konfrontation funktioniert – was Debbie tun musste, um ihre Angst zu vermindern. Jetzt wollen wir sehen, *warum* diese Therapie erfolgreich ist.

Warum die Konfrontationstherapie funktioniert

Niemand weiß genau, warum die Konfrontationstherapie funktioniert, aber es gibt dafür zwei Erklärungsmodelle. Manche Forscher glauben an eine *Theorie der Gewöhnung*, während andere den Erfolg der Therapie mit kognitiven Prozessen begründen. Nach unserer klinischen Erfahrung handelt es sich vermutlich um eine Kombination beider Faktoren.

Die Theorie der Gewöhnung

Die eine Theorie geht davon aus, dass der Erfolg der Konfrontationstherapie mit Gewöhnung zu tun hat. Das heißt, je mehr man sich daran gewöhnt, etwas zu tun oder zu sehen – wie zum Beispiel ein Verhalten oder eine Situation –, desto mehr kann man es tolerieren. Es wird ein Teil des Lebens – eine Gewohnheit –, sodass es nicht mehr besonders fremd erscheint. Im Fall der Sozialangst verlieren die Situationen oder Stimuli, die ehedem Angst auslösten, ihre Furcht einflößende Macht. Betrachten wir ein Beispiel.

Als ich auf die Universität ging, zog ich in einen Wohnkomplex, der ganz nah am Campus gelegen war. Leider lag er auch in der Nähe des Flughafens. Die Flugzeuge machten solchen Lärm, wenn sie über uns flogen, dass ich mich auf nichts mehr konzentrieren konnte. Manchmal erschreckten sie mich so, dass ich regelrecht vom Stuhl aufsprang. Sie weckten mich sogar nachts aus dem Schlaf. Ich wusste nicht, wie ich damit fertig werden sollte.

Etwa eine Woche nachdem ich eingezogen war, führte ich ein Ferngespräch, und mein Gesprächspartner erkundigte sich nach dem Lärm im Hintergrund. Ich hatte ihn gar nicht wahrgenommen. Der Lärm der Flugzeuge rief in mir keine Reaktionen mehr hervor.

Genauso funktioniert Gewöhnung. Wenn man sich wiederholt einer Sache aussetzt, reagiert man allmählich nicht mehr darauf. In Laboruntersuchungen wird die Gewöhnung in der Regel durch physiologische Messungen wie Pulsschlag und Blutdruck festgestellt. In unserer Arbeit mit Klienten benutzen wir gewöhnlich die Bewertungsskala von 0 bis 10, die wir schon öfter in diesem Buch dargestellt haben, oder bei kleineren Kindern das Angstthermometer. Anhand der jeweiligen Skala schätzen die Klienten in regelmäßigen Zeitabständen ihr Angstniveau ein. Ich habe so immer die Kontrolle darüber, wann wir die Konfrontation anpassen müssen.

Kognitive Erklärungen

Eine andere Theorie besagt, dass die Konfrontationstherapie deswegen funktioniert, weil sie die Erwartungen verändern hilft, die man spezifischen sozialen Situationen gegenüber hat. Wenn mit den Konfrontationen alles gut verläuft, dann lernt man, dass die Chancen für ein katastrophenhaftes Geschehen ziemlich gering sind und dass man, wenn etwas Schlimmes passieren sollte, damit immer noch umgehen kann.

Natürlich kann Ihnen jeder sagen oder auch Sie sich selbst: »Es gibt keinen Grund, Angst zu haben.« Aber Worte genügen mit Sicherheit nicht. Jeder, der einmal versucht hat, einem dreijährigen Kind klarzumachen, dass es doch keine Ungeheuer im

Schrank gibt, weiß, wie wirkungslos bloße Worte sind. Man muss dem Kind zeigen, dass der Schrank gefahrlos ist, indem man mit der Taschenlampe hineinleuchtet, überall herumstöbert und das Kind ermutigt, selbst nachzusehen. Damit Überzeugungen sich wirklich wandeln, müssen sie auf einer sehr grundlegenden, auf der »Bauch-Ebene« widerlegt werden. Die Anhänger der kognitiven Theorie glauben, dass die Teilnahme an einer Angst auslösenden Situation die Grundüberzeugungen »aktiviert«, sodass sie einer Veränderung zugänglich werden.

Der Schlüssel zur effektiven Konfrontation: Üben Sie mit Ihrem Kind stufenweise, wiederholt und über einen längeren Zeitraum

Wie Debbies Beispiel zeigt, ist die Konfrontationstherapie nicht sonderlich kompliziert, zumindest im Fall einfacher Phobien. Sie brauchen wirklich nur drei Grundsätze zu befolgen, um den Erfolg zu maximieren.

Nicht zu viel auf einmal

Wenn eine Konfrontationstherapie Erfolg haben soll, muss man langsam und stufenweise vorgehen. Lassen Sie Ihr Kind nicht mehr tun, als es verkraften kann. Selbstverständlich rufen Konfrontationen Angst hervor. Das ist für den Gewöhnungsprozess auch unverzichtbar. Aber es ist sinnlos, Ihr Kind zu überfordern oder ihm Angst zu machen. Dies würde nur seine Angst steigern und es entmutigen.

Der Trick ist, die Ängste Ihres Kindes in eine Folge von Schritten aufzuteilen, wobei die ersten Schritte nur eine sanfte Herausforderung darstellen, während die letzten Schritte schwieriger werden. Daher müssen Sie eine »Hierarchie« aufstellen – eine Liste angstbesetzter Situationen, geordnet nach der Schwere der Angst, die sie in Ihrem Kind auslösen.

Für Debbie war die Aufstellung einer solchen Hierarchie relativ einfach.

> **Debbies Hierarchie**
> 1. Auf die vierte Sprosse der Sprossenleiter klettern. Mit Mama oder Papa zusammen. Dies so lange tun, bis das Angstniveau mindestens um 50 Prozent abgenommen hat.
> 2. Auf die fünfte Sprosse klettern. Mit Mama oder Papa zusammen. Auf der Sprosse bleiben, bis die Angst um mindestens 50 Prozent abgenommen hat.
> 3. Die Schritte 1 und 2 durchführen, während Mama oder Papa nur zusehen.
> 4. Die Sprossenleiter weiter hinaufsteigen, auf jeder Sprosse bleiben, bis die Angst nachlässt. Zuerst, wenn die Eltern ganz nah dabei stehen, dann, wenn sie weiter weg sind.
> 5. Schrittweise die Zeit auf jeder Sprosse ausdehnen und den Griff um die Sprossen etwas lockern, sich seitlich umschauen, nach unten schauen etc.

Debbies Eltern nahmen im Laufe der Zeit noch einige Veränderungen an der Hierarchie vor, aber es war ein guter Basisplan, auf dem sich aufbauen ließ. Wiederum haben sie dadurch, dass sie mit kleinen Schritten begannen, die Chancen für einen frühen Erfolg deutlich vergrößert. Das motivierte Debbie zum Weitermachen, auch als die Herausforderungen für sie größer wurden.

Machen Sie daraus eine Gewohnheit

Damit die Konfrontationstherapie zu einem guten Ergebnis führt, muss man sie konsequent und regelmäßig praktizieren. Wenn sich Ihr Kind einer Angst erregenden Situation aussetzt und dann drei Monate wartet, bis es das noch einmal tut, wird es höchstwahrscheinlich weder vom ersten noch vom zweiten Mal sonderlich profitieren. Ich bitte meine Klienten normalerweise, ihre Konfrontationen dreimal in der Woche durchzuführen. Denn je öfter sich Ihr Kind seiner Angst stellt, umso früher wird es sie besiegen – das liegt auf der Hand.

Konfrontationen brauchen ihre Zeit

Wie lange sollten Konfrontationen dauern? Die Faustregel ist, sich so lange in einer Situation aufzuhalten, bis das Angstniveau abnimmt, am besten auf ein erträgliches oder geringes Maß. Die Theorie besagt, dass die Angst verstärkt wird, wenn man die Situation verlässt, solange das Angstniveau noch hoch ist – damit erreichen Sie also das Gegenteil von dem, was Sie wollen. Aufgrund dieser Richtlinie kann die vollständige Ausführung einer Konfrontation ziemlich zeitaufwändig sein. Viele Therapiehandbücher gehen von neunzig Minuten pro Konfrontationsübung aus.

Doch geht es letztlich nicht um die Zeit an sich; es geht darum, so lange in der Situation zu verweilen, bis man erkennt, dass die Angst nicht immer andauert, dass keine Katastrophen eintreten und dass man mit der Situation umgehen kann. Wenn Ihr Kind die Punkte seiner Hierarchie durcharbeitet, stellt es vielleicht fest, dass es von Mal zu Mal weniger Zeit braucht, um eine Konfrontationsübung abzuschließen. Das liegt daran, dass man in jeder Übung auf dem aufbaut, was man in den vorangegangenen Übungen gelernt hat. Nachdem Debbie zum Beispiel mehrere Sprossen der Leiter hinter sich gebracht hatte, war sie mit dem Vorgang vertraut. Sie lernte, dass ihr Körper nicht mehr mit der gleichen Intensität reagierte (auch wenn sie es nicht so ausgedrückt hätte) und dass sie mutiger war, als sie sich selbst zugetraut hatte.

Besondere Probleme im Fall von Sozialängsten

Mittlerweile wissen wir also recht gut, wie die Konfrontationstherapie im Idealfall funktioniert. Doch wir haben zu Anfang des Kapitels gesagt, dass diese Therapie bei sozialen Ängsten besondere Klippen bereithält. Wir wollen diese Klippen im Folgenden beschreiben und dann zeigen, wie sie sich erfolgreich umschiffen lassen.

Es ist nicht immer einfach, eine Hierarchie zu entwickeln

Soziale Situationen sind meist komplex und unvorhersehbar und benötigen viele Fähigkeiten, weshalb es schwierig ist, eine stufenweise Hierarchie aufzustellen.

Denken Sie nur an all die Dinge, die eine Rolle spielen, wenn ein Kind versucht, sich am Spiel einer Gruppe von Kindern zu beteiligen. Es muss nonverbale Signale verstehen können, um den richtigen Zeitpunkt für eine Annäherung herauszufinden, vielleicht muss es fragen, ob es mitspielen darf, sich auf ein Gespräch einlassen, zuhören und Interesse zeigen usw. Gleichzeitig muss es seine körperlichen Angstsymptome im Griff haben. Und zusätzlich muss es seine negativen Gedanken im Zaum halten (»Sie wollen nicht mit mir spielen« oder »Ich bin nicht gut bei …«). Das ist eine ganze Menge auf einmal. Fügen Sie diesem Szenario noch hinzu, dass das Kind keine Kontrolle darüber hat, wie die anderen Kinder reagieren. Bei so vielen Unwägbarkeiten nimmt es nicht wunder, dass Kinder mit Sozialangst es sich dreimal überlegen, bevor sie auf andere Kinder zugehen, um an deren Spiel teilzuhaben.

Natürlich gibt es Mittel und Wege, die Angst vor einer solchen Annäherung in kleine Schritte aufzuteilen. Doch selbst was auf den ersten Blick wie ein einfacher Schritt aussieht, wie zum Beispiel zu jemandem auf dem Spielplatz Hallo zu sagen, kann für manche Kinder zu angstbesetzt sein. Für viele soziale Situationen lässt sich eine schrittweise Hierarchie nicht immer klar und eindeutig aufstellen.

Auch wenn Sie und Ihr Kind es schaffen, eine funktionierende Hierarchie zu entwerfen, werden Sie wahrscheinlich auf andere Probleme stoßen. Vor allem können sich Situationen ergeben, für die Ihr Kind noch nicht bereit ist – sie sind zu hoch in seiner Hierarchie angesiedelt –, aber Sie haben beide keine Wahl. Stellen Sie sich vor, die Lehrerin Ihres Kindes überrascht die Klasse damit, dass sie ein mündliches Referat für nächste Woche aufgibt. Natürlich können Sie mit der Lehrerin sprechen und die Situation erklären. Doch manchmal haben Sie einfach keine andere Möglichkeit, als in der Hierarchie einen anderen Gang einzulegen, und Ihr Kind muss an etwas arbeiten, das idealerweise erst später dran wäre, wenn leichtere Aufgaben bereits gemeistert sind.

Auf der anderen Seite ergibt sich vielleicht eine Gelegenheit, die Ihr Kind nicht verpassen will. Ein anderes Kind, das es gern kennen lernen möchte, ruft an und fragt, ob es nicht zum Spielen herüberkommen möchte. Ihr Kind fühlt sich noch nicht bereit dazu, aber es will nicht riskieren, dass sich diese Chance kein zweites Mal ergibt.

Bei Debbies Höhenangst war es einfach, einem linearen schrittweisen Programm zu folgen. Aber bei sozialen Situationen ist ein solches Programm nur schwer einzuhalten.

Eine Konfrontation lässt sich nicht immer wiederholen

Ein weiteres Problem besteht darin, dass eine wiederholte Konfrontation mit der gleichen Situation nicht möglich ist. Solche Dinge wie Kontakt zu anderen Kindern aufnehmen oder zu einer Geburtstagsparty gehen folgen keinem festgelegten Plan. Sie haben es nicht in der Hand, ob Ihr Kind dreimal pro Woche seine Konfrontation durchführen kann.

Gelegenheiten wie öffentliches Reden dürften sich noch weniger regelmäßig ergeben. Als ich für mein Buch »Frei von Angst und Schüchternheit« Publicity machte, gab ich häufig Rundfunkinterviews, und meine Nervosität davor nahm mit der Zeit beträchtlich ab. Ich erreichte einen Punkt, an dem ich Interviews fast ohne körperliche Symptome geben konnte und mich nicht tagelang damit beschäftigte, wie ich klingen würde. In mir wuchs das Zutrauen, meine Ideen vermitteln zu können, und es störte mich nicht mehr so sehr, wenn ich nicht perfekt formulierte. Es war wirklich eine Art Konfrontationstherapie; die schiere Menge und Häufigkeit der Interviews machte mich entspannt, körperlich und geistig.

Doch jetzt, da ich mich in einer längeren Schreibphase befinde und schon lange keine Auftritte mehr in den Medien hatte, weiß ich, dass ich wieder Angst haben werde, wenn ich Interviews geben und öffentlich sprechen soll. Das Gute ist nur, dass ich mich dann auf meine vorhergegangenen positiven Erfahrungen stützen kann und weiß, dass ich der Aufgabe gewachsen bin, die Angst also nicht unkontrollierbar groß wird.

Es gibt die Möglichkeit, Situationen zu simulieren, wenn es keine wirklichen Gelegenheiten zur Konfrontation gibt. Doch im Sinne der Faustregel, dass Konfrontationen häufig wiederholt werden sollten, ist die Simulation nicht immer praktisch.

Soziale Situationen sind oft kurz und lassen eine längere Konfrontation nicht zu

Erinnern wir uns, dass es zur Gewöhnung notwendig ist, in einer Situation lange genug zu bleiben, bis das Angstniveau sinkt und man sich wohler fühlt. Auch diese Vorgabe kann nicht immer eingelöst werden. Denken Sie an all die sozialen Situationen, die an und für sich kurz sind: einen Telefonanruf beantworten, jemandem Hallo sagen, einen Nachbarn auf der Straße anlächeln, sich im Unterricht melden.

Es gibt keine Möglichkeit, diese Situationen auszudehnen, sodass der Angstpegel Ihres Kindes auf natürliche Weise sinken könnte. Das jeweilige Ereignis ist in Sekunden oder Minuten vorüber, aber Ihr Kind bleibt zurück mit rasendem Herzen und zitternden Händen. Durch die Kürze des Ereignisses entgeht Ihrem Kind die Chance, zu lernen, dass seine Angst nachlassen wird.

Ihr Kind ist sich danach im Zweifel, wie die Situation lief. Es geschah zu schnell. Und weil es so akut voller Angst war, neigt es leicht zu Fehlinterpretationen. Mit anderen Worten, die positiven Akzentverschiebungen in den Gedanken und Überzeugungen Ihres Kindes, die sich erst bei längerer Konfrontation einstellen, bleiben aus.

Nutzen Sie die Fantasie Ihres Kindes

Die Art der Konfrontation, die Debbie unternahm, um ihre Höhenphobie zu überwinden, wird *Konfrontation in vivo* genannt. Das heißt schlicht, dass die Konfrontation in der Wirklichkeit stattfindet. Aber auch eine andere Art der Konfrontation, die so genannte *imaginäre Konfrontation*, kann bei der Verringerung der Sozialangst sehr nützlich sein. Der Prozess und die Prinzipien sind im Wesentlichen die Gleichen; der einzige Unterschied ist, dass Ihr Kind die Konfrontation in der Fantasie vornimmt.

Die imaginäre Konfrontation kann viele der in den vorhergehenden Abschnitten besprochenen Probleme umgehen. Mit der imaginären Konfrontation haben Sie mehr Kontrolle über die Unwägbarkeiten, die es in wirklichen sozialen Situationen gibt. Sie können Ihrem Kind auch helfen, Konfrontationen vorzunehmen, die aufgrund der Umstände sonst nicht möglich wären. Und außerdem kann die imaginäre Konfrontation Ihr Kind auf reale Konfrontationen vorbereiten.

Wie führen Sie und Ihr Kind die Konfrontation durch? Genauso wie bei den Konfrontationen im realen Leben besteht der erste Schritt darin, eine Hierarchie zu entwickeln. Dann schaffen Sie und Ihr Kind für jeden Schritt in der Hierarchie die zugehörige Szene – Sie schreiben ein regelrechtes »Drehbuch«. Versuchen Sie mit Ihrem Kind, so viele Details der Situation wie nur möglich ins Drehbuch aufzunehmen, insbesondere die Details, vor denen Ihr Kind Angst hat. Sie müssen alle unangenehmen körperlichen Empfindungen und Gedanken Ihres Kindes aufschreiben, die Reaktionen anderer Leute und so weiter.

Dann lassen Sie Ihr Kind für jeden Schritt in der Hierarchie sich das Szenario vorstellen. Sie können das Drehbuch laut vorlesen oder auf Band aufnehmen. Manche Menschen kaufen sich Kassetten, die sich automatisch wiederholen. Wie auch immer Sie verfahren, das Ziel ist, dass sich Ihr Kind die Szene vorstellt. Helfen Sie ihm, sich ganz darin zu versenken und die damit verbundene Angst zu spüren. Ermutigen Sie Ihr Kind, so lange in der Szene zu bleiben, bis die Angst nachlässt.

Und erinnern Sie Ihr Kind daran, während es die imaginäre oder eine andere Art von Konfrontation ausführt, die Atemtechniken anzuwenden, die wir in Kapitel 5 beschrieben haben. Dies macht den Prozess leichter. Ihr Kind kann sich auch ein einfaches Hilfsmantra vorsprechen wie: »Das schaffe ich.« Achten Sie aber darauf, dass das Hilfsmantra nicht von der Fantasieszene ablenkt. Wenn sich Ihr Kind nicht auf die Konfrontation konzentriert, kann sie nicht gelingen.

Jetzt sind Sie dran

Da Sie nun wissen, wie und warum die Konfrontationstherapie funktioniert, können Sie mit Ihrem Kind den Prozess beginnen. Wir werden Sie dabei Schritt für Schritt begleiten.

Erklären Sie Ihrem Kind das Konzept der Konfrontation

Wie wir am Anfang dieses Kapitels schrieben, lässt sich die Konfrontationstherapie am einfachsten am Beispiel einer einfachen Phobie erklären – und oft ist die Höhenangst dafür gut geeignet. Sie können das Beispiel von Debbie nehmen und die Sprossenleiter hinaufklettern, oder Sie können auch ein eigenes Beispiel wählen.

Eine Mutter benutzte das Beispiel eines Kindes, das schwimmen lernt. Sie beginnen langsam, das Kind soll sich zunächst einmal wohl fühlen, planscht mit den Füßen im Wasser und spritzt vielleicht herum. Langsam gehen Sie mit Ihrem Kind ins Wasser, zuerst nur mit den Füßen, dann mit den Unterschenkeln und so weiter, und Sie zeigen dem Kind, dass es Spaß macht, nass zu werden und herumzuplanschen. Keinesfalls würden Sie Ihr Kind ins tiefe Wasser werfen. Das wäre nicht nur gefährlich, es würde ihm auch Angst machen und dazu führen, dass es nie wieder ins Wasser will.

Ebenso versichern Sie Ihrem Kind, dass Sie nichts Dramatisches von ihm verlangen, etwas, für das es noch nicht bereit ist.

Sie beginnen langsam – auf einer tiefen Sprosse der Leiter. Sie klettern die Leiter nur dann höher, wenn Ihr Kind sich auf den darunterliegenden Sprossen wohl fühlt.

Erklären Sie Ihrem Kind, dass Sie gemeinsam mit ihm die Schritte gehen, damit es seine Angst besser überwinden kann. Versichern Sie ihm, dass die Schritte ganz leicht beginnen und dass Sie ihm immer zur Seite stehen werden.

Entwickeln Sie eine Hierarchie

Nachdem Sie Ihrem Kind das Konzept der Konfrontation erklärt haben, ist der nächste Schritt, die wichtigen Punkte für die Hierarchie zu entwickeln – jede der Sprossen auf der Leiter. Am besten beginnen Sie diese Aufgabe, indem Sie zu den Zielen zurückkehren, die Sie in Kapitel 4 formuliert haben. Nehmen Sie diese Ziele und denken Sie sich für jedes ein spezifisches Beispiel aus. In welche Situation soll Ihr Kind eintreten? Was soll Ihr Kind tun, wenn es sich darin befindet?

Ziele sind in allgemeinen Begriffen formuliert, die anzeigen, wann die Ziele erreicht sind; Hierarchiepunkte sind sehr viel konkreter und detaillierter, sie beschreiben das spezifische Verhalten und die spezifische Situation. Jede Beschreibung sollte so detailliert sein, dass Sie und Ihr Kind, wenn es die Konfrontation im jetzigen Moment durchführen wollte, genau wissen, wohin es gehen, was es tun, mit wem es interagieren muss und so weiter.

Erinnern Sie sich an Tobi, den fünfzehnjährigen Jungen, der Angst davor hatte, öffentlich zu sprechen? (Sie können auf den Seiten 90–93 nachschlagen.) Eines seiner Ziele war es, »im Schulunterricht Fragen zu stellen und meine Meinung zu äußern«. Nehmen wir sein Beispiel, um zu sehen, wie der Prozess mit den Hierarchiepunkten funktioniert.

Tobi musste sich bestimmte Beispiele für sein Ziel ausdenken, Dinge, die er für seine Konfrontationen zu tun imstande war. Aufgrund seines Wissens, wie der Unterricht normalerweise vonstatten ging, entwickelte er folgende Hierarchiepunkte:

- In der Geschichtsstunde eine Frage stellen.
- Etwas über einen Text im Deutschunterricht sagen.
- In der Mathematikstunde eine Aufgabe an der Tafel rechnen.

Sehen Sie, wie diese Beispiele das allgemeine Ziel genauer und konkreter fassen?

Vergessen Sie nicht, dass jeder Hierarchiepunkt, den Sie entwickeln, wahrscheinlich eine andere Angstintensität auslösen wird. Zum Beispiel machte es Tobi längst nicht so viel aus, eine Frage zu stellen, wie etwas zu einem Text zu sagen. Machen Sie sich in diesem Moment nicht zu viele Gedanken darüber, wie viel Angst mit jeder Konfrontation verbunden ist. Wir werden über die Aufgabe der Angsteinschätzung gleich sprechen. Doch zunächst konzentrieren Sie sich darauf, mit Ihrem Kind eine vollständige Liste von Konfrontationen für jedes der Ziele zu entwerfen, die Sie in Kapitel 4 formuliert haben. Beteiligen Sie Ihr Kind daran so stark oder so wenig, wie Sie es für angemessen halten.

Formulieren Sie die Hierarchie

Jetzt, da Sie eine Liste von Hierarchiepunkten haben, folgt der nächste Schritt, diese nach Schwierigkeitsgrad zu ordnen. Bitten Sie Ihr Kind, zu bewerten (mit der Skala von 0–10 des Angstthermometers), wie schwierig jede Aufgabe sein würde, wenn es die Konfrontation gleich jetzt durchführen müsste.

Manchmal ist dies für Kinder nicht leicht zu verstehen. Wenn dem so ist, lassen Sie es die Punkte nach leicht, mittel oder sehr schwer bewerten. Eine leichte Konfrontation entspräche etwa einem Angstniveau von 0–3, eine mittelschwere Konfrontation läge bei 4–7 und eine schwere bei 8–10. Man kann die Hierarchiepunkte auch auf Karteikarten schreiben. Danach muss das Kind die Karten nach ihrem Schwierigkeitsgrad einordnen.

Beginnen Sie mit der leichtesten Aufgabe

Sie sind nun so weit, Ihrem Kind zu helfen, sich seiner Angst zu stellen. Beginnen Sie mit dem niedrigsten Punkt der Hierarchie, mit der Aufgabe also, die am wenigsten Angst erregt. Lassen Sie Ihr Kind die Aufgabe erfüllen oder in die vorgegebene Situation eintreten. Wenn Sie die *Konfrontation in vivo* durchführen, konfrontiert sich Ihr Kind mit einer Situation im wirklichen Leben. Wenn Sie hingegen mit einer imaginierten Konfrontation beginnen, hört Ihr Kind eine Kassette, die die Szene beschreibt.

So wie bei Debbie an der Sprossenleiter wird die Angstintensität Ihres Kindes ansteigen. Das ist normal und zu erwarten. Ihr Kind zeigt möglicherweise Zeichen von Stress und bittet Sie, die Konfrontation abzubrechen. Versuchen Sie, dies nicht zu tun. Wenn Sie Ihrem Kind erlauben, auszusteigen, verstärken Sie seinen Glauben, der Aufgabe nicht gewachsen zu sein. Ermutigen Sie Ihr Kind, dabeizubleiben, selbst wenn es anstrengend wird. Nur durch das Verbleiben in der Situation, bis die Angst auf natürliche Weise geringer wird, lernt Ihr Kind:

- Ich kann das.
- Die Angst dauert nicht ewig.
- Meine Angst hat keine Macht über mich.
- Es ist nicht so schlimm.

Wiederholen Sie diesen Prozess für jeden Punkt der Hierarchie

Gehen Sie nun auf gleiche Weise jeden Punkt auf der Hierarchieliste durch. Denken Sie daran, dass es Wochen oder sogar Monate dauern kann, die ganze Hierarchie durchzuarbeiten. Suchen Sie in Kapitel 3 und 4 nach Tipps, wie Sie Ihr Kind motivieren können. Möglicherweise braucht Ihr Kind Anreize und kleine Belohnungen, um die Konfrontationen zu meistern. Das ist okay und vollkommen verständlich. Stellen Sie sich vor, wie Sie reagieren würden, wenn jemand Sie auffordert, genau das zu tun, wovor Sie sich am meisten fürchten. Die meisten von uns wären extrem aufgeregt und würden eine Menge Ermutigung brauchen.

Wahrscheinlich müssen Sie für die verschiedenen Ziele, die Sie sich und Ihrem Kind in Kapitel 4 gesetzt haben, mehr als eine Hierarchie entwerfen. Das Gute ist freilich, dass, wenn Sie und Ihr Kind diesen Prozess einmal hinter sich gebracht haben, die Sache einfacher wird. Das liegt daran, dass Ihr Kind das, was es beim Durcharbeiten der einen Hierarchie lernt, auf die nächste übertragen kann. Außerdem gewinnt Ihr Kind die ganze Zeit an Selbstvertrauen und ist bereit, zunehmend schwierigere Aufgaben zu meistern.

Tipps für eine erfolgreiche Konfrontation

Hier noch einige Tipps, um die Konfrontationstherapie für Ihr Kind so erfolgreich wie möglich zu gestalten:

- Gehen Sie nicht zu schnell vor. Es ist besser, viele leicht lösbare Aufgaben auf den niedrigeren Stufen der Hierarchie an den Anfang zu stellen.
- Vielleicht müssen manche Punkte der Hierarchie wiederholt werden. Eine einmalige Konfrontation ist nicht genug. Bevor Ihr Kind zur nächsten Aufgabe fortschreitet, müssen Sie sichergehen, dass es die Konfrontation ohne größere Probleme meistert. Wenn Ihr Kind das Gefühl hat, dass es die Konfrontation kaum überstehen konnte, hat es keinen Sinn, weiterzugehen. Ihr Kind muss nicht vollkommen entspannt sein, um sagen zu können, es habe die Konfrontation gemeistert, aber es sollte sich relativ wohl fühlen.
- Ihr Kind sollte so lange in der beängstigenden Situation bleiben, bis sein Angstpegel sinkt. Wenn Ihr Kind die Konfrontation abbricht, solange das Angstniveau noch hoch ist oder gar noch steigt, erlebt es nicht die zwangsläufige Abnahme der Symptome und damit die Steigerung des Selbstvertrauens, die in jeder schwierigen Situation irgendwann eintritt, wenn nur genug Zeit gegeben ist.

- Lassen Sie Ihr Kind während der Konfrontation Bewältigungsstrategien einsetzen, wie tiefes Atmen und positive Hilfsmantras.
- Helfen Sie Ihrem Kind, seinen Fortschritt konstruktiv zu beurteilen. Viele Kinder verkleinern ihre Erfolge, indem sie etwa sagen: »Die meisten Kinder können das schon, was ich gemacht habe. Es ist nichts Besonderes.« Stellen Sie dieses Denken sanft in Frage. Vielleicht sagen Sie: »Und wenn andere Kinder das können, was hat das zu sagen? Das ist wirklich anstrengend für dich, und du hast hart gearbeitet, um deine Ängste zu überwinden. Du verdienst Anerkennung und Lob für deinen Mut.«

Sie selbst verdienen auch Lob

Loben Sie sich für Ihre Anstrengung auch selbst. Es ist ein mühsamer Job, der Coach zu sein. Zwar stellt sich Ihr Kind den angstbesetzten Situationen, doch kann es genauso schwierig sein, zuzusehen, wenn man weiß, was es durchmacht. Seien Sie dessen versichert, dass die Konfrontationstherapie, wie hart sie auch ist, reichen Lohn für Ihr Kind bringt – ein Leben, das nicht mehr von Angst beherrscht wird.

Kapitel 8

Das Erlernen sozialer Fähigkeiten

Wie man Freundschaften schließt und selbstbewusst auftritt

Schüchterne und ängstliche Kinder, die soziale Situationen häufig meiden oder sich daraus zurückziehen, entwickeln nicht die sozialen Fähigkeiten, die sie brauchen.

Amy ist elf Jahre alt und wird seit mehreren Monaten wegen ihrer Sozialen Angststörung behandelt. Sie hat gelernt, mit vielen ihrer Angstgedanken und -reaktionen umzugehen, und nun möchte sie mehr sozialen Kontakt zu anderen Kindern haben. Sie hat aber so lange immer am Rand gestanden, dass sie nun nicht weiß, wie sie solche elementaren Dinge anstellen soll wie beispielsweise mit anderen im Pausenhof sprechen, mit Kindern am Mittagstisch sitzen oder jemanden zu sich nach Hause einladen.

Zum Glück lassen sich soziale Fähigkeiten erlernen. Am besten wird der Grundstein durch das natürliche Spiel mit anderen Kindern in der frühen Kindheit gelegt. Doch es ist nie zu spät. Selbst Kinder wie Amy, die sich bis jetzt im sozialen Hintergrund aufgehalten haben, können den Trick lernen, wie man Kontakt aufnimmt und sich anderen anschließt. In diesem Kapitel zeigen wir Ihnen, wie Sie Ihrem Kind auf diesem so wichtigen Gebiet zum Erfolg verhelfen können.

Was sind soziale Fähigkeiten?

Soziale Fähigkeiten sind das, was Pädagogen und Psychologen die Verhaltenskompetenz nennen, die notwendig ist, um mit anderen erfolgreich in Beziehung zu treten. Zu den sozialen Fähigkeiten gehören

- zuhören können,
- ein Gespräch beginnen und aufrechterhalten,
- Fragen stellen oder um Hilfe bitten,
- Komplimente machen und annehmen können,
- sich anderen Menschen vorstellen,
- sich zu anderen gesellen.

Dazu gehören auch nonverbale Aspekte der Kommunikation wie Körpersprache und Blickkontakt.

Kinder können soziale Fähigkeiten immer nur altersgemäß meistern und ausdrücken. Zum Beispiel ist eine wichtige soziale Fähigkeit die Beteiligung an einer bereits bestehenden Interaktion. Ein Kleinkind kann dies vielleicht erfolgreich bewerkstelligen, indem es seine Arme ausstreckt oder ruft, um die Aufmerksamkeit auf sich zu lenken. Dies ist altersgemäß. Für ein Kind, das die Grundschule besucht, drückt sich die gleiche Fähigkeit darin aus, dass es beispielsweise sagt: »Hallo! Kann ich mitspielen?«

Wir alle brauchen soziale Basiskompetenzen, um erfolgreich durch unsere Welt zu steuern. Doch muss nicht jedes Kind ein sozialer Hansdampf in allen Gassen sein. Ihr Kind kann ruhig von Natur aus still und zurückhaltend sein und trotzdem in der sozialen Welt erfolgreich bestehen.

Beachten Sie, dass manche Kinder mit Sozialer Angststörung durchaus angemessene soziale Fähigkeiten haben; sie wenden sie nur in bestimmten Situationen nicht an. Ihre Angst überwältigt sie und lässt sie versteinern. Statt zu wissen, was sie tun können, sind ihre sozialen Fähigkeiten aufgrund des Mangels an Übung »eingerostet«. Andere Kinder mit Sozialer Angststörung wiederum haben keine angemessenen sozialen Fähigkeiten erworben. Wie auch immer sich dies im Einzelfall verhält, dieses Kapitel zeigt Ihnen, wie Sie Ihrem Kind helfen können, den Spaß und das soziale Glück der Kindheit zu erleben.

Die Entwicklung und Verbesserung sozialer Fähigkeiten

Es bricht einem wirklich das Herz, wenn man sein Kind am Rande einer Gruppe von Kindern stehen sieht, die fröhlich spielen. Man möchte so sehr, dass es bei den anderen mitmacht, akzeptiert wird und dazugehört. Wie können Sie da helfen?

Schritt 1: Erkennen Sie die sozialen Stärken und Schwächen Ihres Kindes

Das Erste, was Sie tun müssen, ist, zu erkennen, welche sozialen Fähigkeiten Ihr Kind bereits hat. Es folgt anschließend eine Checkliste zum Ausfüllen für Sie. Gehen Sie diese Liste durch und prüfen Sie, welcher Punkt *meistens* für Ihr Kind zutrifft. Ihr Kind muss die Fähigkeit nicht jeden Tag unter Beweis stellen, damit Sie den Punkt ankreuzen, aber sie sollte zum normalen Verhalten gehören und Ihrem Kind nicht allzu viel abverlangen. Bitten Sie die Lehrerin/den Lehrer Ihres Kindes ebenfalls, die Liste auszufüllen.

Checkliste sozialer Fähigkeiten

- ❐ Geht auf andere positiv zu.
- ❐ Äußert seine/ihre Wünsche und Neigungen klar und deutlich.
- ❐ Setzt seine/ihre Rechte und Bedürfnisse angemessen durch.
- ❐ Lässt sich durch Drangsalierer nicht leicht einschüchtern.
- ❐ Äußert Frustration und Ärger effektiv und ohne andere zu verletzen oder deren Eigentum zu beschädigen.
- ❐ Findet Zugang zu schon bestehenden Gruppen in Spiel und Arbeit.
- ❐ Schaltet sich in Gespräche ein; trägt Sinnvolles zu laufenden Aktivitäten bei.
- ❐ Weiß problemlos, wann es dran ist (zum Beispiel bei Spielen, in denen sich die Spieler abwechseln).
- ❐ Zeigt Interesse an anderen; teilt Informationen mit und bittet um Informationen.
- ❐ Verhandelt und schließt Kompromisse mit anderen.

- ❐ Drängt sich nicht unangemessen in den Mittelpunkt.
- ❐ Akzeptiert und freut sich über Gleichaltrige und Erwachsene anderer ethnischer Zugehörigkeit.
- ❐ Interagiert nonverbal mit anderen Kindern durch Lächeln, Winken, Nicken etc.

(Aus: Diane E. McClellan und Lilian G. Katz, Young Children's Social Development, an ERIC Digest).

Schritt 2: Experimentieren Sie mit sozialen Fähigkeiten und üben Sie sie

Nachdem Sie jetzt eine genauere Vorstellung davon haben, an welchen sozialen Fähigkeiten Ihr Kind arbeiten muss, ist der nächste Schritt, mit diesen Fähigkeiten zu experimentieren und sie zu üben. Es gibt viele Möglichkeiten, wie man das tun kann.

Eine Möglichkeit, wie Sie Ihrem Kind bei sozialen Fähigkeiten helfen können, ist das Spiel. Haben Sie ein paar Puppen, die Sie benutzen können? (Es geht auch mit Ersatzpuppen, die Sie mit Socken und Farbmarker herrichten können, oder benutzen Sie einfach Kuscheltiere.) Jeder von Ihnen wählt sich eine Puppe, die er/sie selbst ist, und dann werden damit verschiedene Situationen durchgespielt. Hat Ihr Kind Probleme, seine Bedürfnisse oder Wünsche zu äußern? Dann lassen Sie Ihr Kind im Rollenspiel der Lehrerin eine Frage stellen, zum Beispiel: »Darf ich auf Toilette gehen, bitte?«

Natürlich werden Sie bei älteren Kindern keine Puppen verwenden, aber dennoch lassen sich Rollenspiele durchführen. Vielleicht beginnen Sie damit, eine Frage zu stellen, sodass Ihr Kind sieht, wie Sie es machen. Das hört sich zunächst wie eine einfache Aufgabe an, aber für viele sozial ängstliche Kinder ist es bedrohlich und unangenehm, durch eine Frage die Aufmerksamkeit der anderen auf sich zu ziehen.

Möglicherweise müssen Sie eine direkte Anleitung dazu geben, wie es sich in einer vorgegebenen Situation verhalten kann. Wenn Ihr Kind zum Beispiel große Scheu davor hat, das Telefon zu benutzen (viele Kinder mit Sozialangst haben eine Telefonphobie), weiß es wahrscheinlich nicht, wie es sich melden soll, wenn die Eltern des Freundes/der Freundin an den Apparat kommen, oder wie es darum bitten soll, sie oder ihn zu sprechen. Es weiß wahrscheinlich nicht, wie es eine Nachricht auf dem Anrufbeantworter hinterlassen soll, und so weiter. Lassen Sie Ihr Kind zuhören, wenn Sie jemanden anrufen. Dann besprechen Sie die verschiedenen Aspekte und Schritte dessen, was Sie getan haben. Nachdem Sie die Situation Ihrem Kind nun »vorgemacht« haben, spielen Sie mit ihm verschiedene Anrufsituationen durch.

Seien Sie beim Feedback freundlich und positiv. Wahrscheinlich ist Ihr Kind zunächst gehemmt und unsicher. Wenn Sie zu stark darauf hinweisen, was es falsch gemacht hat, wird es sich Ihren nächsten Versuchen, ihm zu helfen, eher verweigern. Sie können aber noch etwas im Rollenspiel tun, nämlich etwas absichtlich falsch machen. Zum Beispiel wenn Sie Gespräche üben, vermeiden Sie absichtlich Blickkontakt und sprechen mit leiser Stimme. Fragen Sie Ihr Kind, was Sie anders machen könnten. Dies macht die Sache vielleicht etwas weniger bedrohlich. Und lassen Sie durchaus Albernheiten zu. Machen Sie aus dem Ganzen einen Spaß. Humor ist sehr wichtig, um das Interesse und die Mitarbeit Ihres Kindes zu gewinnen.

Es gibt auch Kinderbücher, die sich mit Themen befassen wie »Freunde gewinnen« oder »Konflikte lösen« (siehe im Anhang). Lesen Sie ein solches Buch mit Ihrem Kind und sprechen Sie danach darüber. Wertvolle Informationen über soziale Fähigkeiten lassen sich auch gewinnen, wenn Sie mit Ihrem Kind entsprechende Sendungen im Fernsehen anschauen, in denen die Figuren mit sozialen Herausforderungen konfrontiert werden. Dies kann ein guter Einstiegspunkt für Gespräche mit Ihrem Kind sein.

Halten Sie die Übungssitzungen kurz. Wenn Sie und Ihr Kind verschiedene soziale Situationen ausprobieren, tun Sie dies in einem Geist des: »Hey, lass uns das versuchen und sehen, was passiert.« Wenn Ihr Kind sich in diesen Übungssituationen wohl fühlt, können Sie andere Personen hinzuziehen und Ihr Kind mit seinen Geschwistern, dem anderen Elternteil oder einer Freundin/einem Freund üben lassen, mit dem es gern zusammen ist.

Schritt 3: Wenden Sie die sozialen Fähigkeiten in realen Situationen an

Als Nächstes müssen Sie ihr Kind dazu bewegen, seine sozialen Fähigkeiten in echten Lebenssituationen anzuwenden. Hierbei müssen Sie sich noch einmal alle Prinzipien für eine erfolgreiche Konfrontation (siehe das vorhergehende Kapitel) bewusst machen. Zum Beispiel: Beginnen Sie langsam und einfach. Wenn Ihr Kind Probleme mit Blickkontakt hat, erwarten Sie nicht, dass es eine zehnminütige witzige Konversation mit einem Nachbarn vom Zaun bricht. Spenden Sie viel Lob für seine Bemühungen, und erwarten Sie nichts Perfektes. Vergessen Sie nicht: Wir versuchen nicht, die Persönlichkeit Ihres Kindes zu verändern. Vielmehr wollen wir seine Fähigkeiten so weit steigern, dass es genug Selbstvertrauen hat, um seinem Bedürfnis nachzukommen, Teil einer Gruppe zu sein und schlicht Spaß zu haben.

Allgemeine Ratschläge für Eltern

Die drei beschriebenen Schritte sind der wesentliche Teil des sozialen Verhaltenstrainings für Ihr Kind:

- Erkennen Sie die sozialen Stärken und Schwächen,
- üben Sie die sozialen Fähigkeiten und experimentieren Sie damit und
- wenden Sie die Fähigkeiten in wirklichen Lebenssituationen an.

Nun wollen wir Ihnen noch einige allgemeine Ratschläge geben, die Ihnen helfen werden, wenn Sie mit Ihrem Kind an der Entwicklung guter sozialer Fähigkeiten arbeiten.

Geben Sie Ihrem Kind möglichst viele Gelegenheiten zu sozialem Umgang

Laden Sie andere Kinder zu sich nach Hause ein. Kinder fühlen sich oft in ihrem eigenen »Revier« wohler. Manchmal sind schüchterne Kinder auch entspannter, wenn sie mit jüngeren Kindern spielen, sodass man dies am Anfang versuchen sollte. Der Besuch sollte zunächst eher kurz sein, und Sie sollten etwas planen, das Ihrem Kind in jedem Fall Spaß macht.

Nehmen Sie Ihr Kind an Orte mit, wo es mit anderen Kindern zusammen sein kann, selbst wenn es mit niemandem spricht. In Ihrer Stadtbücherei gibt es vielleicht eine Vorlesestunde für Kinder; oder gehen Sie in den Park, wenn das Wetter dazu einlädt. Achten Sie aber unbedingt darauf, Ihr Kind nicht zum Kontakt zu zwingen, sondern unternehmen Sie Dinge, in denen Kontakte zu Gleichaltrigen zwanglos möglich sind.

Ein besonderes Problem entsteht dann, wenn ein oder beide Elternteile selbst krankhaft schüchtern sind. Wenn dies auf Sie zutrifft, werden Ihnen viele unserer Vorschläge möglicherweise unrealistisch erscheinen. Das war zum Beispiel bei Angela der Fall, aber sie fand einen Ausweg, indem sie Verwandte gewann, die für sie einsprangen.

Angela hatte Schwierigkeiten, ihrem zehnjährigen Sohn Jan das Maß an sozialen Kontakten zu ermöglichen, das er brauchte. Jan hatte sozial keine Probleme, er blühte vielmehr unter anderen Menschen auf. Doch Angela war scheu, hatte nur wenig Freunde und fand es extrem anstrengend, auf andere Menschen zuzugehen. Sie machte jetzt eine Therapie, um offener zu werden – sowohl um Jans wie um ihrer selbst willen –, aber sie hatte noch einen weiten Weg vor sich.

»Es war so einfach, als er noch klein war und ich ihn nur zu füttern, zu tragen und zu wickeln brauchte. Das konnte ich alles sehr gut«, erklärte sie. »Aber jetzt ist Jan in einem Alter, wo er mit anderen zusammen sein will. Immer nur bei mir zu sein ist nicht sonderlich aufregend.« Zum Glück war Angelas Schwägerin Ronja in dieser Hinsicht unkompliziert, sie selbst hatte eine lebhafte Familie mit vier Kindern. Es war ein stetes Kommen und Gehen von Nachbarskindern, und sie sagte Angela, auf ein Kind mehr oder weniger käme es nicht an. Also verabredeten sie, dass Jan ein paar Mal in der Woche nach der Schule zu Ronja gehen sollte. Das funktionierte sehr gut. Angela ging währenddessen zur Therapie und arbeitete an den Konfrontationen, und Jan war froh, öfter mit seinen Cousins und Cousinen spielen zu können.

Ein solches Arrangement lässt sich auch mit Nachbarn treffen. Schauen Sie sich um, wo mehrere Kinder im Hof zusammen spielen. Wir wissen, dass es schwierig ist, aber wenn es Ihnen gelingt, mit einer sozial offenen Mutter in der Nachbarschaft Kontakt aufzunehmen, ist das eine großartige Chance für Ihr Kind, mit anderen Kindern zusammen zu sein und verschiedenartige Menschen kennen lernen zu können.

Teilen Sie soziale Ereignisse in kleine, beherrschbare Einheiten auf

Manchmal können neue soziale Situationen für Kinder bedrohlich sein, weil sie riesig und unüberschaubar erscheinen. Wenn möglich, teilen Sie das Ereignis in kleinere Einheiten auf, mit denen das Kind besser umgehen kann. Zum Beispiel hatte Erics Sohn Colin Angst vor dem ersten Pfadfindertreffen. Er wusste nicht, was ihn erwartete, und die Bilder, die sich in seiner Fantasie formten, flößten ihm Furcht ein. Eric konnte seinen Sohn Colin mit folgenden Informationen beruhigen – Informationen, die das Treffen in kleinere, vertrautere Einheiten aufteilten:

- »Erinnerst du dich, wie du bei Denis zu Hause gespielt hast? Das Treffen wird in dem gleichen Haus stattfinden, und du kannst wahrscheinlich vorher noch ein bisschen spielen, genauso wie beim letzten Mal, als du da warst. Ich wette, es gibt da spannende Spielsachen.«
- »Du hast doch die Eltern von Denis kennen gelernt. Sie waren ziemlich nett, oder? Sein Vater ist der Gruppenleiter. Er wird da sein und uns beiden erklären, was wir zu tun haben.«

- »Wir werden wahrscheinlich ein paar Lieder singen, etwas spielen und eine Kleinigkeit essen.«

Colin hatte keine Ahnung, wie das erste Treffen bei den Pfadfindern aussehen würde, aber mit der Vorstellung, bei Denis zu Hause zu spielen, Lieder zu singen und eine Kleinigkeit zu essen, konnte er etwas anfangen. Diese Dinge kannte er schon und das nahm ihm die Furcht vor dem Treffen.

Erinnern Sie Ihr Kind an vergangene Erfolge

Außerdem ist es wichtig, Kinder an vergangene Erfolge zu erinnern, sodass sie daran anknüpfen können. Hannah erinnerte Tobi zum Beispiel daran, dass er anfangs auch nicht zur Musikschule gehen wollte, und inzwischen machte es ihm großen Spaß. Sie sprachen darüber, wie er zunächst ängstlich gewesen war, weil er die Leiterin des Kurses und die anderen Kinder nicht kannte und vor Beginn der Stunde sogar Bauchschmerzen bekam. Hannah versicherte ihm, dass er nun vor Beginn der Turnstunden das Gleiche wie anfangs vor der Musikschule empfand. Vielleicht würde er ein paar Mal aufgeregt sein, aber dann würde er sich daran gewöhnen und viel Spaß haben.

Nehmen Sie Ihrem Kind nicht alles ab

Wenn Sie in ein Restaurant gehen, ermuntern Sie Ihr Kind, sein Essen selbst zu bestellen? Wenn Ihre Tochter eine Freundin einladen will, lassen Sie sie dann selbst die Freundin anrufen?

Es ist ein natürlicher Elterninstinkt, wenn wir unsere Kinder vor Dingen bewahren wollen, von denen wir wissen, dass sie für sie schwierig sind. Aber wir tun unseren Kindern keinen Gefallen damit, wenn wir ihnen diese Dinge abnehmen. So geben wir unseren Kindern nämlich unterschwellig zu verstehen, dass sie nicht fähig sind, es selbst zu tun. Außerdem bekommen sie nicht die notwendige Übung, die sie brauchen.

Wenn Sie merken, dass Sie Ihr Kind »überbeschützen« und zu viel tun, dann seien Sie vor allem nicht zu streng mit sich selbst. Wir haben alle ähnliche Fehler gemacht. Zweitens dürfen Sie Ihre Hilfe nicht mit einem Schlag einstellen. Dies würde nur zu Verwirrung führen und Ihr Kind möglicherweise überfordern. Erklären Sie Ihrem Kind, dass Sie glauben, Sie würden Dinge für es tun, die es auch selbst tun kann. Geben Sie ein Beispiel. Sagen Sie ihm, dass Sie ihm helfen wollen, mehr Dinge unabhängig zu tun (wie etwa das Essen selbst bestellen), aber dass Sie nun auch wieder nicht erwarten, dass es das über Nacht können wird.

Helfen Sie Ihrem Kind, sich auf das Richtige und Wichtige zu konzentrieren

Es war das Endspiel 1997 im amerikanischen Basketball, die Chicago Bulls trafen auf die Utah Jazz. Der Superstar Michael Jordan hatte gerade eine Grippe hinter sich, und die Fans der Bulls waren auf das Schlimmste gefasst: dass Michael nicht spielen würde. Doch Jordan kam mit seiner Mannschaft auf das Spielfeld, gewann das Match für die Bulls und zeigte vielleicht das beste Spiel seines Lebens. Warum gewannen die Bulls? Jordan hatte noch mit Fieber zu kämpfen, als er das Feld betrat. Er dachte nicht an seine Symptome und Schmerzen, sondern konzentrierte sich auf die Aufgabe, die vor ihm lag – das Basketballspiel zu gewinnen. Es funktionierte und die Bulls wurden zum fünften Mal amerikanischer Meister.

Jetzt betrachten wir eine andere Szene. Stellen Sie sich vor, Ihre Tochter geht zum ersten Mal zur Tanzstunde. Die Tanzlehrerin stellt ihr ein anderes neues Mädchen im Tanzkurs vor. Ihre Tochter ist so auf ihre eigene Angst fokussiert (ihr Magen drückt, sie fühlt sich zittrig, sie fürchtet, der Kurs könnte zu schwer sein oder ihre Kleidung sehe komisch aus), dass sie kaum ein Hallo hervorstammelt und noch nicht einmal einen kurzen Wortwechsel zustande bringt.

Die Konzentration auf die falschen Dinge – im Fall Ihrer Tochter ihre eigene Angst – beeinträchtigt die Fähigkeit, sich mit der naheliegenden Aufgabe zu befassen. Weil sie so auf sich selbst fokussiert war, entging ihr die Chance, eine neue Freundin zu gewinnen.

Manchmal genügt es, Ihrem Kind dies einfach zu erklären, um seinen Selbstfokus zu verringern. Als Regel gilt, dass die meisten schüchternen und ängstlichen Kinder einfühlsam sind und anderen gerne helfen wollen. Schlagen Sie Ihrem Kind vor, es solle in der Gruppe nach einem anderen Kind Ausschau halten, das ebenfalls schüchtern ist, und es solle versuchen, ihm zu helfen, dass es sich wohler fühlt.

Ihr Kind kann vielleicht auch Nutzen ziehen aus ein paar Hinweisen, welcher Fokus in sozialen Situationen hilfreich und welcher weniger hilfreich ist. Sagen Sie Ihrem Kind zum Beispiel, dass es nicht hilfreich ist, auf irgendwelche körperlichen Symptome zu achten, wie Erröten oder Zittern. Stattdessen sollte es besser tief atmen, sich selbst sagen: »Entspanne dich«, und sich darauf konzentrieren, was die andere Person tut oder sagt.

Wenn Ihr Kind in sozialen Situationen von negativen Gedanken gequält wird (z. B. »Das geht mir voll daneben«), bringen Sie ihm bei, »Stopp« zusagen oder sich ein Stoppsignal vorzustellen. Ihr Kind muss seine negativen Gedanken unterbrechen, sowie es sich ihrer bewusst wird. Die Gedanken haben keinerlei Funktion und Sinn, sie lenken Ihr Kind nur von der sozialen Situation ab und vergrößern sein Unbehagen. Außerdem erwecken Menschen, die mit sich selbst beschäftigt sind (und wenn es nur ihre eigene Angst ist), den Eindruck, unnahbar zu sein.

Bringen Sie Ihrem Kind Ausdauer bei

Wenn ich an Ausdauer denke, denke ich an Andrew. Andrew ging in die zweite Klasse und liebte Sport über alles. Er und sein Vater sahen sich alle möglichen Sportsendungen im Fernsehen an. Andrew kennt alle Regeln, alle Spieler und sogar eine Menge Statistiken von verschiedenen Sportarten. Als die Freunde von Andrews Vater zu Besuch waren, konnte Andrew problemlos bei den Gesprächen über Sport mithalten. Doch leider war Andrew für sein Alter alles andere als athletisch gebaut. Er war ein bisschen dick und auch nicht sonderlich schnell.

Jeden Tag spielten seine Schulkameraden nach der Schule auf einer großen Wiese Fußball. Und jeden Tag nahm Andrew daran teil. Doch war er frustriert, weil er nie den Ball bekam. Er stand oft goldrichtig, ungedeckt und in der Position, einen Pass anzunehmen, doch nie bekam er eine Chance. Andrew war ziemlich still, wenn er sich in einer Gruppe befand. Er rief den anderen Jungen nicht zu, dass er frei stehe und den Ball wolle.

Jeden Tag erzählte Andrew seinem Vater nach der Schule, wie gern er aktiver am Spiel teilnehmen würde. »Warum haben die anderen den Ball nicht abgegeben? Ich stand doch völlig frei. Vielleicht sollte ich mit Fußball aufhören und etwas anderes spielen?«, sagte er seinem Vater.

Doch Andrew gab nicht auf. Sein Vater arbeitete mit ihm daran, wie er die Aufmerksamkeit der anderen Jungen gewinnen konnte. Er trainierte mit ihm, laut zu rufen: »Ich stehe frei! Gib mir den Ball!« Andrews Stimme war anfangs zu leise, und sein Vater musste ihn mächtig antreiben, damit er so schrie, dass man es nicht überhören konnte.

Eines Tages kam Andrew so aufgeregt wie selten nach Hause. »Ich hab meine Chance bekommen!«, rief er. »David gab mir den Ball ab, und ich schoss das entscheidende Tor!« Andrew sagte, das Beste sei gewesen, dass ein Junge von der anderen Mannschaft ihn gefragt habe, ob er morgen in ihrer Mannschaft spielen wolle.

Sozial erfolgreiche Kinder unterscheiden sich von solchen, die keinen rechten Zugang finden, oft nur durch die Ausdauer. Kinder, die nicht schüchtern sind, mischen sich unter die anderen und lassen sie wissen, dass sie dabei sein und mitspielen wollen. Sie fragen und drängen so lange, bis die Gruppe sie aufnimmt. Dies ist für schüchterne Kinder offensichtlich nicht so leicht. Deshalb müssen Sie, wie Andrews Vater, Ihr Kind ermuntern und ermutigen, nicht aufzugeben und es weiter zu versuchen.

Wenn unschöne Dinge passieren

Zwar führt die Vermittlung guter sozialer Fähigkeiten in der Regel zur Entwicklung von Selbstvertrauen, das Ihr Kind braucht, um mit Kindern, die es hänseln oder drangsalieren, fertig zu werden. Aber im Folgenden wollen wir noch ein paar Tipps geben, die Ihrem Kind in wirklich schwierigen Situationen weiterhelfen.

- Machen Sie Ihrem Kind klar, dass es Ihnen sagen muss, wenn es von jemandem drangsaliert wird. Manchmal teilen Kinder solche Situationen aus Furcht vor Rache nicht mit. Auch fühlen sie sich vielleicht zu sehr beschämt oder gedemütigt.
- Versichern Sie Ihrem Kind, dass Sie mit ihm zusammenarbeiten, um die Situation zu verbessern. Es trägt daran keine Schuld, und die Situation wird vorübergehen.
- Manche Experten meinen, dass man eine solche Situation durch Ignorieren beenden kann. Dem Drangsalierer geht es vor allem um die Reaktion seines Opfers, und so wird Ihr Kind – nach dieser Theorie – am besten mit der Situation fertig, wenn es mit seiner Reaktion der Erwartung des Drangsalierers so wenig wie möglich entspricht. Bedenken Sie aber, dass es Ihrem Kind sehr viel abverlangt, jemanden zu ignorieren, der ihm feindselig gegenübertritt, und manche Drangsalierer hören mit ihren Provokationen auch dann nicht auf.
- Helfen Sie Ihrem Kind, selbstbewusst aufzutreten. Sagen Sie ihm, dass eine erhobene Kopfhaltung und Blickkontakt (statt den Blick auf den Boden zu senken) für Drangsalierer weniger einladend wirken.
- Manchmal genügt es auch, dem Drangsalierer einfach zuzustimmen, um die Situation zu klären. Wenn Ihr Kind »Brillenschlange« genannt wird, weil es eine Brille trägt, üben Sie mit ihm, etwas zu sagen wie: »Ja, du hast Recht. Ich wünschte, meine Augen wären so gut wie deine, aber sie sind es nicht.«
- Hilfreich kann es sein, zu dem Drangsalierer nett zu sein.

Zum Beispiel könnte Ihr Kind auf ihn zugehen (bevor er es tut) und fragen, was er am Wochenende gemacht hat.

- Ermutigen Sie Ihr Kind, sich mit seinen Freunden sehen zu lassen. Kinder werden oft schikaniert, wenn sie nur für sich sind. Drangsalierer machen um Gruppen eher einen Bogen.
- Empfehlen Sie Ihrem Kind nicht, einen Drangsalierer mit dessen Mitteln zu bekämpfen. Zurückschlagen kommt dem Drangsalierer eher entgegen, und es kann gefährliche Folgen haben.

Wenn diese Tipps nicht helfen, die Situation zu verbessern, sprechen Sie mit dem Schulpersonal und nehmen dessen Hilfe in Anspruch. Häufig wissen die Lehrer nichts von der Problematik. Wenn sie darauf aufmerksam gemacht werden, können sie die Situation genauer beobachten und gegebenenfalls eingreifen.

Soziale Kompetenz erwerben: ein lebenslanger Prozess

In diesem Kapitel haben wir einen Drei-Stufen-Plan vorgestellt, wie Sie Ihrem Kind helfen können, seine sozialen Fähigkeiten zu entwickeln und zu verbessern. Wir haben Sie ermutigt, Ihr Kind nicht »überzubeschützen«, Ihrem Kind Ausdauer beizubringen und ihm zu zeigen, wie es sich auf die richtigen Dinge konzentrieren kann. Wir haben auch einige Tipps gegeben, wie Ihr Kind mit Drangsalierern und anderen aggressiven Kindern umgehen kann. Die Entwicklung sozialer Fähigkeiten ist für schüchterne und ängstliche Kinder zweifellos eine Herausforderung, doch mit Ihrer Hilfe und Ermutigung können sie die Grundlagen dafür erlernen wie jedes andere Kind auch. Für alle Kinder – ob schüchtern oder extravertiert – ist das Erwerben sozialer Kompetenz ein lebenslanger Prozess. Nehmen Sie also den Druck von sich und Ihrem Kind. Sie haben jede Menge Zeit zum Üben, und wir sind uns sicher, dass Ihr Kind dabei Spaß haben und Freunde gewinnen wird.

Kapitel 9
Selektiver Mutismus
Wenn es Ihrem Kind vor Angst »die Sprache verschlägt«

Als Marie in den Kindergarten kam, begann sich ihre Mutter Sonja Sorgen zu machen. Weder mit den Erzieherinnen noch mit den anderen Kindern sprach Marie ein Wort. Eines Tages stürzte sie auf dem Spielplatz und schürfte sich das Knie auf, aber zu ihrer Erzieherin sagte sie nichts. Als diese sah, dass sie blutete, und sie verbinden wollte, schrie Marie wie am Spieß und wehrte sich.

Beim Abholen erfuhr Sonja, was sich zugetragen hatte, und Marie gab zu, dass sie Angst gehabt habe, mit der Erzieherin zu sprechen. Sonja ging mit Marie zum Kinderarzt – sowohl wegen des Knies als auch wegen Maries unverständlichem Verhalten. Der Arzt sagte: »Ihre Tochter ist einfach nur schüchtern. Das wird sich mit der Zeit geben.« Sonja war nicht ganz überzeugt davon, aber sie wusste auch nicht, was sie sonst tun sollte.

Das ganze Jahr über sagte Marie im Kindergarten kein Wort, obwohl sie zu Hause recht gesprächig war. Sonja hoffte, dass sie wenigstens in der Schule zu spreche anfangen würde – und seien es nur ein paar Worte –, aber weit gefehlt. Zum Glück erkannte die Lehrerin, dass Maries Schüchternheit krankhaft war, und man schickte sie zu mir. Ich stellte Marie die Diagnose »selektiver Mutismus«.

Was ist selektiver Mutismus?

Selektiver Mutismus ist eine komplexe Störung, die den Betroffenen in sozialen Situationen verstummen lässt. Kinder mit selektivem Mutismus sind in der Schule oder an Orten stumm, wo andere sie hören können, oder sie flüstern in kaum vernehmbarer Lautstärke. Doch zu Hause und in der Familie sprechen diese Kinder frei und ungehemmt. Dieser Zustand wurde früher »elektiver Mutismus« – also selbst gewählter Mutismus – genannt, weil man davon ausging, dass die Kinder absichtlich nicht sprachen, aus Trotz oder weil sie damit besondere Aufmerksamkeit erheischen wollten. Heutige Theorien widersprechen dieser »elektiven« Hypothese. Eher scheint es so zu sein, dass die Stimmen der Kinder vor Furcht wie gelähmt sind, sodass sie sich verbal nicht mehr mitteilen können.

In Kapitel 1 hatten wir darauf hingewiesen, dass Ärzte und Therapeuten das *Diagnostic and Statistical Manual of Mental Disorders* benutzen, um entsprechende Diagnosen zu stellen. Laut dem DSM-IV leidet ein Kind an selektivem Mutismus, wenn es folgende Kriterien erfüllt:

- Das Kind spricht an bestimmten Orten oder in bestimmten Situationen nicht, zum Beispiel in der Schule oder bei anderen sozialen Gelegenheiten.
- Das Kind spricht in mindestens einer Umgebung normal, meistens bei sich zu Hause.
- Die Sprechunfähigkeit hindert das Kind daran, in schulischen und/oder sozialen Situationen normal zu funktionieren.
- Die Sprechunfähigkeit hält mindestens schon einen Monat an.
- Die Sprechunfähigkeit ist nicht durch eine Kommunikationsstörung (wie Stottern) oder andere mentale Störungen (wie Autismus) verursacht.

In der Mehrheit der Fälle erfüllen Kinder mit selektivem Mutismus gleichzeitig die Kriterien der Sozialen Angststörung. Nicht nur können sie in bestimmten Situationen nicht sprechen, in der Regel sind sie auch schüchtern, empfindlich und schnell verlegen. Außerdem fällt es ihnen meist schwer, nonverbal zu kommunizieren. Zum Beispiel haben viele Kinder mit selektivem Mutismus Schwierigkeiten, Blickkontakt zu erwidern, sie schauen zu Boden und sind regungslos, wie gelähmt vor Angst.

Was ist die Ursache für selektiven Mutismus?

Lassen Sie uns zunächst feststellen, was *keine* Ursache für selektiven Mutismus ist.

Es gibt keinen Hinweis darauf, dass selektiver Mutismus mit Misshandlung, Vernachlässigung oder Traumata zusammenhängt. Dies ist deswegen so wichtig, weil in der Vergangenheit viele Familien, die Hilfe suchten, leider zu Unrecht der Kindesmisshandlung verdächtigt wurden. Studien haben gezeigt, dass Kinder mit selektivem Mutismus nicht häufiger Opfer von Misshandlung oder traumatischen Erlebnissen sind als andere Kinder.

Was ist also dann die Ursache für selektiven Mutismus? Viele der Faktoren, die wir in Kapitel 2 besprochen haben, treffen auch auf die Entwicklung des selektiven Mutismus zu. Die Kinder haben gewöhnlich eine genetische Veranlagung zur Angst und werden mit einem gehemmten Temperament geboren. Die meisten betroffenen Familien, mit denen wir gearbeitet haben, berichteten, dass sie bei ihrem Kind seit der frühen Kindheit Abweichungen festgestellt haben, so zum Beispiel Schlafstörungen, häufiges Schreien und extreme Scheu in neuen Situationen. Wenn diese Kinder das Alter erreichen, in dem soziale Kontakte außerhalb der Familie erwartet werden, beobachten die Eltern oft Verhaltensweisen wie Erstarren, körperliche Steifheit, leeren Gesichtsausdruck sowie die Unfähigkeit zu lächeln und zu sprechen.

Lernsituationen können ebenfalls zur Entwicklung und Verfestigung von selektivem Mutismus beitragen. Diese Kinder empfinden außerordentliche Angst, wenn sie mit einer Situation konfrontiert werden, in der sie sprechen sollen – Angstreaktionen, die sich nicht von denen eines Höhenphobikers unterscheiden, der auf das Dach eines Hochhauses klettern soll. Solche Empfindungen sind intensiv und schmerzhaft, und häufig sind damit körperliche Symptome verbunden. Wenn sich das Kind der Sprechsituation erfolgreich entzieht, indem es sich abkapselt und versteinert, lässt die Angst nach. Dies verstärkt das Verhalten und macht es wahrscheinlich, dass der Angstzyklus unverändert erhalten bleibt.

Wenn wir sagen, dass Lernfaktoren beteiligt sind, dann meinen wir damit nicht, dass diese Kinder manipulieren oder dies absichtlich tun. Das ist nicht der Fall. Dennoch ist es wichtig, die Lernkomponente zu berücksichtigen, um die Behandlungsbemühungen besser darauf einstellen zu können.

Neben genetischen, biologischen und lernbedingten Faktoren weist die Forschung darauf hin, dass eine beträchtliche Anzahl von Kindern mit selektivem Mutismus Störungen im Sprachausdruck aufweist und eine ebenso große Zahl aus zweisprachigen Verhältnissen kommt. Zwar ist Angst die zugrunde liegende Ursache, aber diese Faktoren können in bestimmten Fällen ohne Zweifel eine Rolle spielen.

Ein genauerer Blick

Wenn wir die Kinder mit selektivem Mutismus genauer betrachten, zeigt sich, dass die Sprechunfähigkeit nur ein – wenn auch wichtiger – Teil der Störung ist. Häufig gibt es damit verbundene andere Probleme:

- Trennungsängste (wenn ein Kind unfähig ist, von seinen Eltern getrennt zu sein oder allein zu schlafen),
- Überempfindlichkeit gegenüber Lärm und Berührung (mögliche sensorische Integrationsprobleme),
- extreme Befürchtungen,
- emotionale Labilität,
- Unflexibilität.

Kinder mit selektivem Mutismus haben viele positive Eigenschaften. Im Allgemeinen sind sie intelligent, kreativ und aufnahmefähig. Ihre Sensibilität lässt sie die Gefühle und Gedanken anderer deutlich wahrnehmen, und sie können sehr warmherzig und liebevoll sein. Auch wenn soziale Beziehungen für sie recht schwierig sind, scheinen sie bei ihren Altersgenossen eher beliebt zu sein. Es kommt gelegentlich vor, dass manche Klassenkameraden bei einem Kind mit selektivem Mutismus eine Beschützerrolle und sogar das Sprechen übernehmen.

In der großen Mehrzahl der Fälle verhalten sich Kinder mit selektivem Mutismus zu Hause normal, solange sie sich nicht unter Leistungsdruck fühlen. Sie können dann gesprächig, lustig und ausgelassen und sogar dominant sein, wenn sie sich in ihrer Umgebung sicher und geborgen fühlen.

Keine Diagnose, falsche Diagnose, falsche Therapie

Selektiver Mutismus ist eine emotional stark belastende Störung. Sonja sagte, dass sie, als sie einmal in Maries Schule aushalf, ihre kleine Tochter nicht wiedererkannte. »Marie hatte keinen Spaß wie die anderen Kinder. Ich habe sie in der Schule nicht ein einziges Mal lächeln sehen.« Andere Eltern haben uns bedrückende Geschichten darüber erzählt, dass ihre Kinder in der Schule nicht essen konnten, weil sie unfähig waren, darum zu bitten, oder dass sie bestraft wurden, weil sie kein Wort sagten. Wir hören von Kindern, die nicht versetzt wurden oder an einer bestimmten Schule nicht aufgenommen wurden, weil sie mündliche Tests nicht bestanden.

Auch erhalten wir über unsere Website Briefe von Familien, die Hilfe für ihr Kind suchen, aber keine richtige Behandlung finden. Manche dieser Menschen – wie Sonja – bekommen von ihrem Arzt gesagt, ihr Kind sei »einfach nur schüchtern« und das werde sich mit der Zeit schon geben. Anderen wird gesagt, ihr Kind leide möglicherweise an Autismus oder an einer Lernbehinderung. In den meisten Fällen sind die Ärzte wohlmeinend, aber schlecht informiert.

Manchmal sind es aber nicht die Ärzte, sondern die Eltern selbst, die den Prozess aufhalten. Das kann viele Gründe haben. Vor allem hat es damit zu tun, dass die meisten Kinder mit selektivem Mutismus sich zu Hause vollkommen normal verhalten. Selbst wenn Lehrer den Eltern mitteilen, ihr Kind würde in der Schule kein Wort sprechen, verkennen sie die Schwere des Problems.

Außerdem, da die Eltern von vielen Seiten gehört haben, ihr Kind sei schüchtern, fällt es ihnen schwer, eine andere Erklärung in Betracht zu ziehen. Da sich Angst oft durch die Familiengeschichte zieht, ist es auch möglich, dass ein Elternteil oder sogar beide an einer unbehandelten Angststörung leiden, und deshalb kann es ihnen Schwierigkeiten bereiten, aktiv nach Hilfe zu suchen.

Andere Eltern wiederum machen sich vielleicht Sorgen, sie könnten der Misshandlung verdächtigt werden. Und schließlich können Eltern vor den Folgen zurückscheuen, die damit verbunden sind, wenn ihr Kind mit dem Etikett einer »mentalen Störung« stigmatisiert wird.

Klinische Beurteilung und Therapie

Der erste Schritt ist, Ihr Kind vom Kinderarzt gründlich untersuchen zu lassen, um medizinische Ursachen ausschließen zu können. Und achten Sie darauf, dass auch das Hörvermögen Ihres Kindes getestet wird. Wenn Ihr Kind gesund ist, folgt als nächster Schritt die Überweisung an einen Psychotherapeuten. Es kann einige Ausdauer erfordern, aber versuchen Sie, einen Therapeuten oder eine Therapeutin zu finden, der oder die auf Angststörungen spezialisiert ist. Fragen Sie Ihren Arzt, ob er jemanden empfehlen kann; sprechen Sie mit dem Schulleiter, dem Beratungslehrer oder der Schulpsychologin; fragen Sie bei Ihrer Krankenkasse um Rat (siehe auch im Anhang: »Therapeutische Hilfe«).

Beim ersten Termin wird Ihnen der Psychotherapeut viele Fragen über Ihr Kind stellen, über seine Entwicklung, die Familie, über etwaige Krankheiten und Verhaltensauffälligkeiten. Außerdem wird er wissen wollen, ob in letzter Zeit etwaige Veränderungen oder belastende Situationen in Ihrer Familie aufgetreten sind. Ihr Kind kann bei diesem Teil der Beurteilung anwesend sein, vielleicht aber stellt man Ihnen diese Hintergrundfragen in einer separaten Sitzung.

Der Therapeut wird dann einige Zeit damit zubringen, Ihr Kind kennen zu lernen. Machen Sie sich keine Sorgen. Der Therapeut wird von Ihrem Kind nicht erwarten, dass es spricht. Vielleicht zeichnen sie einfach ein paar Bilder miteinander oder spielen ein Brettspiel. Manchmal kommt es vor, dass das Kind gleich Vertrauen fasst und mit dem Therapeuten spricht. Das alles heißt keineswegs, dass Ihr Kind an selektivem Mutismus leidet; es kann zum Beispiel auch einfach an der Situation in der Schule liegen, wenn das Kind nicht spricht.

Vielleicht empfiehlt es sich, die Sprech- und Sprachfähigkeiten Ihres Kindes untersuchen zu lassen, da 20 bis 30 Prozent der Kinder mit selektivem Mutismus subtile Anomalien in diesen Bereichen aufweisen. Ihr Therapeut wird Sie beraten, ob dies notwendig ist.

Die Therapie von selektivem Mutismus ist dem Prozess sehr ähnlich, den wir für die Überwindung der Sozialangst beschrieben haben. Gewöhnlich enthält sie eine Kombination von Techniken, die wir kurz beschreiben wollen.

Schrittweise Konfrontation

Diese Konfrontationsmethode, die wir in Kapitel 7 beschrieben haben, bezeichnet schlicht den Prozess, sich den Ängsten zu stellen, statt ihnen auszuweichen. Dies geschieht systematisch und Schritt für Schritt, sodass das Kind sich seinen kleinen Ängsten zuerst stellt und sich dann langsam zu den größeren vorarbeitet. Die Konfrontationen können in wirklichen Lebenssituationen oder auch in der Fantasie durchgeführt werden.

Fading (Abschwächung)

Fading ist eine weitere Variante der schrittweisen Konfrontationstechnik. In diesem Szenario beginnt die Konfrontation mit einer Situation, die für Ihr Kind nicht problematisch ist, zum

Beispiel spricht es mit Ihnen auf dem Korridor außerhalb des Klassenraums, wenn sonst niemand zugegen ist. Schrittweise wird die Situation erweitert, etwa geht beim nächsten Mal der Lehrer vorbei und kann hören, was Ihr Kind sagt. Als Nächstes sitzt der Lehrer die ganze Zeit bei offener Tür an seinem Pult und arbeitet, während Sie und Ihr Kind auf dem Korridor sprechen.

Audio- und Videotechniken

Manche Familien und Therapeuten haben mit Erfolg Audio- und Videokassetten verwendet, um den Konfrontationsprozess zu unterstützen. Zum Beispiel liest Ihr Kind auf eine Kassette und spielt dann seiner Lehrerin das Aufgenommene vor. Dies hilft ihm, sich daran zu gewöhnen, dass jemand anderes es sprechen hört. Zwar ist dies kein unabdingbarer Teil der Therapie an sich, aber es erleichtert zum Beispiel, Videoaufnahmen von Ihrem Kind zu machen, sodass ein (neuer) Therapeut oder auch Lehrer sieht, wie Ihr Kind zu Hause kommuniziert, wenn es sich sicher fühlt.

Positive Verstärkung

Wie wir in Kapitel 3 und 4 ausgeführt haben, profitieren Kinder natürlich von einem Belohnungs- und Anreizsystem, das sie motiviert, den schwierigen Prozess der Angstüberwindung durchzustehen.

Kognitive Restrukturierung

Gleichzeitig mit den Konfrontationen müssen wir dem betroffenen Kind helfen, seine Denkmuster zu verändern. Das Ziel ist, diesen Kindern zu helfen, ihre verzerrten Erwartungen sowohl bezüglich der Wahrscheinlichkeit von Ereignissen (»Wenn ich rede, hören es die anderen Kinder, und sie denken, dass ich komisch klinge«) als auch bezüglich der Schwere von Ereignissen

(»Wenn die anderen Kinder über mich lachen, geht die Welt unter«) zu revidieren.

Familienschulung

Wir haben gesagt, dass es im Fall von selektivem Mutismus keine Hinweise für eine vermehrte Psychopathologie in der Familie gibt. Gleichwohl müssen Familien darüber informiert werden, was sie tun können, um in dem Therapieprozess zu helfen. Sie profitieren, wenn sie lernen, wie sie sich für die Belange ihres Kindes einsetzen können.

Entspannungstechniken

Entspannungstechniken können einem Kind mit selektivem Mutismus nicht nur helfen, sein Angstniveau insgesamt zu senken, sondern sie vermitteln ihm zugleich Bewältigungsstrategien, die es in der Konfrontationstherapie gebrauchen kann.

Medikamente

Medikamente sind nicht immer notwendig, aber sie können manchen betroffenen Kindern helfen, sich aktiver an dem Therapieprozess zu beteiligen. Die Leitlinien, die wir im Anhang (»Therapeutische Hilfe«) aufgestellt haben, geben hierzu Informationen an die Hand. Beachten Sie, dass Medikamente nur als Teil eines Therapieprogramms eingesetzt werden sollten. Es ist unwahrscheinlich, dass Medikamente allein die Probleme eines Kindes mit selektivem Mutismus lösen können.

Kehren wir zu Maries Fall zurück, um zu beschreiben, wie all diese Techniken bei einem Kind mit selektivem Mutismus funktionieren.

Zurück zu Marie

Wie ich erwartet hatte, wollte Marie nicht mit mir sprechen. Doch als wir Puppen hinzuzogen, konnte sie deren Köpfe bewegen, um auf meine Fragen mit »Ja« oder »Nein« zu antworten. Ich arbeite gern mit Kindern, weil ihre Fantasie mir kreative Möglichkeiten gibt, ihnen zu erklären, wie sie ihre Angst verringern und schließlich besiegen können. Zum Beispiel brachte ich Marie einige Atemübungen bei – Kinder lernen sie gewöhnlich recht schnell –, indem ich ihr sagte, sie solle sich vorstellen, ein Luftballon befände sich in ihrem Bauch, der sich mit Luft füllt und wieder entleert. Ich brachte ihr die Progressive Muskelentspannung bei, indem sie sich vorstellen sollte, dass sie eine Zitrone in der Hand ausdrückte und dann wieder losließ und so weiter. Wir zeichneten Bilder von Leitern, um zu zeigen, wie sie ihre Sprechangst überwinden konnte, indem sie die Leiter Sprosse für Sprosse hinaufstieg.

Nachdem ich Marie und ihre Familie darüber aufgeklärt hatte, was sie in der Therapie erwartete, entwarfen wir eine Hierarchie von Situationen, denen sie sich stellen sollte. Wir dachten uns auch ein Belohnungssystem aus, das für jeden Punkt, den sie auf ihrer Hierarchieliste meisterte, einen Sticker vorsah. Außerdem sollte sich Marie nach einem gewissen Fortschritt einen Teddybären zum Kuscheln kaufen dürfen, den sie sich schon lange wünschte. Nachdem Marie sich durch ihre erste Hierarchie hindurchgearbeitet hatte, entwickelten wir eine weitere Hierarchie mit schwierigeren Aufgaben, wie zum Beispiel, die Lehrerin im Unterricht zu fragen: »Darf ich bitte ein Glas Wasser holen?«

Maries Hierarchie

1. Mit ihren Eltern auf dem Spielplatz so laut flüstern, dass Ruth, das gleichaltrige Nachbarmädchen, sie hören kann.
2. Im Beisein ihrer Eltern in normaler Lautstärke mit Ruth reden.
3. Ohne Beisein ihrer Eltern in normaler Lautstärke mit Ruth reden.

4. Vor Ruths Mutter in normaler Lautstärke mit ihren Eltern reden.
5. Einen Satz zu Ruths Mutter sagen.
6. Ein paar Worte zu einem unbekannten Erwachsenen sagen, etwa zu einen Bankangestellten, der ihr ein Bonbon gibt (zum Beispiel: »Danke schön«).
7. Zur Lehrerin in der Schule »Hallo« sagen – ohne Beisein anderer Kinder.
8. »Hallo« zu einer Mitschülerin sagen.
9. Im Beisein eines anderen Kindes zur Lehrerin »Hallo« sagen.
10. Im Beisein mehrerer Kinder zur Lehrerin »Hallo« sagen.

Zusätzlich zu diesem Verhaltensprogramm traf ich mich mit ihren Eltern und Geschwistern, um ihnen zu zeigen, wie sie aufhören konnten, Maries Stummheit zu bestärken. Maries Geschwister waren recht geschickt darin geworden, zu erraten, was Marie wollte oder brauchte, wenn sie draußen unter fremden Leuten waren und Marie verstummte. Dies ist ein häufig zu beobachtendes Phänomen, und solange diese Dynamik nicht unterbrochen wird, bleibt der Fortschritt gering.

Maries Familie war kooperativ. Es wurde allen klar, dass sie Marie keinen Gefallen taten, wenn sie ihr auf diese Weise die Wünsche von den Augen ablasen. Natürlich standen ihr die Eltern zur Seite, ermutigten sie und halfen ihr, den Weg zu meistern. Und als das Verhaltensmuster erst einmal durchbrochen war, dauerte es nicht mehr lange, bis sich erste Fortschritte zeigten.

Wenn es hart auf hart kommt: Katjas Geschichte

Leider lösen sich nicht alle Fälle so leicht wie der von Marie. Typischer ist die Geschichte von Katja: Katja ist ein bemerkenswert mutiges kleines Mädchen, die tüchtig daran gearbeitet hat, ihren selektiven Mutismus zu überwinden. Ich lernte ihre Geschichte zum ersten Mal kennen, als ich an einer Fernsehdokumentation über Soziale Angststörungen mit dem Titel *Angst vor Menschen* teilnahm. Der Produzent schickte mir eine frühe, nur vorläufig geschnittene Fassung des Films zur Ansicht, und darin bewegte mich besonders die Geschichte von Katja. Seither korrespondiere ich regelmäßig mit Katjas Mutter Charlotte, die mich über den Fortschritt ihrer Tochter auf dem Laufenden hält.

Solange Charlotte zurückdenken konnte, war Katja ein schüchternes und ängstliches Mädchen gewesen. Bei Familientreffen hielt sie sich eng an ihre Mutter, und es fiel ihr schwer, mit den anderen Kindern Kontakt aufzunehmen – nur wenn das Treffen bei ihr zu Hause stattfand, verhielt sie sich vollkommen normal.

Charlotte erinnerte sich an eine Halloween-Party, als Katja an keinem der Spiele teilnehmen wollte. Damals wusste Charlotte noch nicht, was los war, und ärgerte sich, dass Katja sie so in Verlegenheit brachte. »Es tut mir furchtbar leid, wenn ich daran zurückdenke«, gestand Charlotte, »aber ich habe die ganze Heimfahrt über mit Katja geschimpft.«

Stilles Leiden im Kindergarten

Katja begann mit vier Jahren, den Kindergarten zu besuchen. Es war von Anfang an für sie sehr schwierig. Katja konnte mit den anderen Kindern keinerlei Kontakt beim Spielen herstellen. Es war, als ob sie vor Angst wie gelähmt gewesen wäre. Charlotte dachte, es läge daran, dass für sie die neue Umgebung zu fremd war, und hoffte, Katja würde sich eingewöhnen.

Doch Charlotte erfuhr von der Kindergärtnerin, dass Katja an keiner der Aktivitäten teilnahm, es sei denn, sie konnte sie direkt von ihrem Sitzplatz aus erledigen. Wenn die Kinder zum Beispiel ihre Kreide nach dem Malen ins Regal zurückbringen sollten, war Katja damit überfordert. Die Kindergärtnerin erklärte Charlotte, es sei wie ein Machtkampf, bei dem es darum ging, wer am Ende die Kreide zurückbringen würde. Sie sagte, Katja sei einfach »dickköpfig«.

Das zweite Problem für Katja war das gemeinsame Essen. Nach dem Essen sollten alle Kinder ihre Papierserviette in den Mülleimer werfen. Erneut war Katja unfähig, ihren Sitzplatz zu verlassen. Die Kindergärtnerin verfiel auf die Lösung, Katja zu sagen, dass sie kein Essen bekomme, wenn sie nicht danach ihren Müll wegwerfen würde. Doch Katja brachte es buchstäblich nicht über sich, und die Kindergärtnerin sah darin erneut nur Halsstarrigkeit und Trotz. Charlotte sagte: »Als ich hörte, dass mein armes Kind mit 24 anderen Kindern in einem Raum saß und ihnen beim Essen zusah – alles nur, weil sie Angst hatte –, wurde ich wütend.«

Charlotte wechselte den Kindergarten und hoffte, dass Katja nun besser behandelt würde. Leider änderte sich an der Situation wenig. Während dieser Zeit sprach Charlotte immer wieder mit ihrem Hausarzt, der aber gebetsmühlenhaft wiederholte, Katja sei einfach nur schüchtern, und das würde sich schon noch legen. Charlotte dachte: »Okay, vielleicht stimmt das, aber ich habe noch nie jemanden gesehen, der *so* schüchtern ist.«

Schulbeginn: Die Frustration nimmt zu

Als Katja mit der Schule anfing, hatte Charlotte große Hoffnungen. Sie dachte, Katjas Lehrerin sei genau die richtige Frau – eine ehemalige Beratungslehrerin. Charlotte tat alles, um die Lehrerin über Katjas bisherige Probleme zu informieren, aber sie schien auf taube Ohren zu stoßen. Katja wurde einer Reihe höchst fragwürdiger Maßnahmen ausgesetzt. Zum Beispiel wurde sie, weil sie das Vaterunser nicht vor der Klasse aufsagen konnte, aus dem Klassenraum in den Gang geschickt, wo die Lehrerin ihr unmissverständlich erklärte, sie habe »nur noch eine Chance«.

Katja entwickelte in diesem Jahr eine signifikante Trennungsangst. Sie weinte von dem Moment an, an dem sie aufwachte, darüber, dass sie zur Schule musste. Charlotte brachte sie dann selbst in die Schule, aber Katja rannte ihr hinterher, wenn sie das Klassenzimmer verließ, und weinte verzweifelt. »Ich wusste wirklich nicht mehr, was ich tun sollte. In der Schule riss ich mich normalerweise zusammen, aber dann weinte ich auf dem ganzen Heimweg«, erinnerte sich Charlotte.

Während des ganzen ersten Schuljahres erhielt Charlotte Benachrichtigungen von der Lehrerin, wie schlecht Katjas Leistungen seien, wie frustriert die anderen Kinder wegen Katja seien, weil sie nicht mit ihnen sprach, und dass sie für Katjas Zukunft »schwarz« sehe. »Erst reißen sie dir das Herz aus dem Leib, dann trampeln sie darauf herum«, sagte Charlotte.

Gegen Ende des ersten Schuljahres hörte Charlotte zum ersten Mal den Begriff »selektiver Mutismus«. Sie informierte sich darüber, so gut sie konnte, sprach erneut mit ihrem Hausarzt und machen einen Termin bei einem Psychiater aus.

Der Psychiater stellte Katja die Diagnose selektiver Mutismus, tat aber sonst nichts, um Charlotte oder ihrem Mann zu erklären, wie sie ihrer Tochter helfen könnten. Er empfahl Medikamente, aber da er die Gründe dafür nicht erläuterte, wollten sie sich darauf nicht einlassen. Wenn sie daran zurückdenkt, glaubt Charlotte, dass sie vielleicht aufgeschlossener gewesen wäre, wenn der Psychiater die Medikamente und ihre beabsichtigte Wirkung erklärt hätte.

Zweite Klasse: Ein Schritt aus dem Schneckenhaus

Katja fand in der zweiten Klasse eine verständnisvolle, unterstützende Lehrerin. Dies war das Jahr, in dem sie langsam Fortschritte machte. Das Jahr begann damit, dass sie Freundschaft mit einem Jungen schloss, der Kinderlähmung hatte. Charlotte beschrieb ihn als liebevollen kleinen Jungen, der immer andere Kinder umarmte. Katja saß oft mit ihm und seiner Betreuerin zusammen; weil er so liebenswürdig war, fühlte sich Katja sicher und akzeptiert. »Ich glaube, Katja konnte sehen, wie er mit seinen Problemen, auch mit seinen Sprechproblemen umging, ohne sich davon zurückwerfen zu lassen«, sagte Charlotte. Katja begann, dem Jungen laut vorzulesen, und sie schaffte es nach und nach sogar, ihre Lehrerin im Flüsterton anzusprechen.

In dieser Zeit fand Charlotte eine neue Ärztin, Dr. Elisa Shipon-Blum, eine Expertin für selektiven Mutismus. Charlotte erzählte: »Sie war für uns wie ein Traum, der Wirklichkeit wird.

Sie hatte vollkommenes Verständnis für alles und jedes, was ich ihr über meine Tochter sagte. Es tat mir so wohl, endlich jemanden zu haben, der meine Gefühle und Sorgen ernst nahm.« Dr. Shipon-Blum informierte Charlotte und ihren Mann über die Vorteile einer Medikation, und sie begannen mit einer sehr niedrigen Dosis eines selektiven Serotoninwiederaufnahmehemmers (SSRI). Sie empfahl zugleich eine kognitive Verhaltenstherapie für Katja.

Fast sofort zeigten sich bei Katja positive Veränderungen. Sie verließ das Auto vor der Schule mit etwas mehr Selbstvertrauen, und sie winkte sogar der Schülerlotsin zu. »Ich werde nie vergessen, wie sie nach der Schule zum ersten Mal aus dem Autofenster einer Freundin etwas zurief«, sagte Charlotte. »Es war, als ob sie auf einmal ihre Stimme entdeckt hätte.« Katja fand den Mut, sich im Unterricht zu melden und zu fragen, ob sie zur Toilette dürfe. Einmal mussten Katja und ihre Freundin sogar ermahnt werden, nicht so viel Lärm zu machen.

Charlotte erinnert sich, dass Katjas Ängste auch in anderen Bereichen abnahmen. »Sie wollte plötzlich Dinge unternehmen, an die sie vorher nicht im Traum gedacht hatte, zum Beispiel auf Bäume klettern oder sich kopfunter an die Schaukel hängen.« Charlotte fragte sich, ob sie sich schon lange danach gesehnt hatte, all diese Dinge zu tun, aber den Mut dazu nicht gefunden hatte.

Katja blüht auf

Katja geht es in der Schule immer besser. In der dritten Klasse begann sie, in kleinen Gruppen normal laut zu sprechen. Sie hat Freundinnen gefunden, die sie so akzeptieren, wie sie ist. Charlotte sagt: »Sie ist mittlerweile so beliebt, dass sich die Mädchen darum streiten, wer mit ihr in der Pause spielen darf.« – Vergleichen Sie dies mit dem ersten Schuljahr, als niemand von den Kindern mit Katja spielen wollte.

Katja kann heute mit den meisten Erwachsenen an der Schule sprechen. Sie antwortet den Lehrern selbst, nicht mehr über ihre Freundinnen. Sie kann heute am Telefon reden, wozu sie früher nicht fähig war. Sie fürchtet sich nicht mehr davor, neue Dinge auszuprobieren. Laut Charlotte hat sie sogar eine regelrechte Abenteuerlust entwickelt.

Am meisten freut es Charlotte aber, dass Katjas Selbstvertrauen gewachsen ist: »Sie sieht, dass sie im Leben etwas erreichen kann.«

Brave Kinder kommen in den Himmel, mutige Kinder kommen überallhin

Katja ist ein mutiges kleines Mädchen, das tüchtig daran gearbeitet hat, die Angst zu überwinden. Doch ist sie nicht die einzige Person in dieser Geschichte. Charlotte spielte eine wichtige Rolle, um Katjas Geschichte zum Erfolg zu bringen. Während des ganzen Prozesses, als sie für Katja Hilfe suchte, wurde Charlotte klar, dass sie wahrscheinlich selbst als Kind und auch noch im Erwachsenenalter an Sozialangst gelitten hatte. Trotz ihrer anfänglichen Scheu wurde sie recht souverän im Umgang mit Lehrern und Ärzten, die durchaus auch schwierig sein konnten. Sie war beharrlich und arbeitete voller Kraft daran, um alle Puzzleteile von Katjas Situation zusammenzusetzen und ihr die Hilfe zu verschaffen, die sie so dringend brauchte.

Ähnlich wie Katja hat sich Charlotte auf eine Weise entwickelt, die sie nie für möglich gehalten hätte. Sie entschloss sich, eine neue Ausbildung zu beginnen, und arbeitet heute an ihrem Bachelorabschluss im Pflegefachbereich. Sie engagiert sich im »Selective Mutism-Childhood Anxiety Network« und ist auf dieser Website als Beraterin für andere Eltern tätig. Sie ist sicherlich ein Vorbild für uns alle.

Rückblick: Was Sie tun können

Wenn Sie den Verdacht haben, dass Ihr Kind an selektivem Mutismus leidet, folgen hier ein paar Ratschläge für Sie:

- Selektiver Mutismus lässt sich am besten im Frühstadium behandeln. Spätestens wenn Ihr Kind ein halbes Jahr lang im Kindergarten oder in der Schule nicht gesprochen hat, müssen Sie einen Arzt oder Psychologen aufsuchen, der mit selektivem Mutismus Erfahrung hat.
- Versichern Sie Ihrem Kind, dass Sie in dieser schwierigen Zeit für es da sind, und unterstützen und ermutigen Sie Ihr Kind, soviel Sie können.
- Keinesfalls dürfen Sie Ihr Kind zum Sprechen zwingen oder irgendwelche Strafen einsetzen, um das Problem zu lösen. Stattdessen müssen Sie Ihr Kind ermutigen, Schritt für Schritt kleine Sprechziele zu erreichen.
- Es gibt viele Schritte zwischen Nichtsprechen und Sprechen. Zu Beginn kann man das Kind auch zum Zeigen, Nicken und zum Benutzen von Bildern ermuntern, um damit seine Bedürfnisse und Wünsche auszudrücken.
- Nicht alle Fälle lassen sich so leicht lösen wie der von Marie, manche sind eher so wie der von Katja, und es dauert mitunter Jahre, bis eine richtige Diagnose und Therapie zustande kommen.
- Manche Kinder brauchen vielleicht zusätzlich zur Verhaltenstherapie ein Medikament. Haben Sie keine Scheu vor einer Medikation, wenn die Therapie allein nicht hilft.
- Lesen Sie, soviel Sie können, zum Thema »selektiver Mutismus« und besuchen Sie einschlägige Websites. Dort gibt es Ratschläge für Eltern und Lehrer, Adressen von Selbsthilfegruppen und Bücherlisten sowie Foren, in denen sich Betroffene – Jugendliche und Erwachsene – über ihre Erfahrungen und Probleme austauschen können.

Kapitel 10

Schulangst

Wenn Ihr Kind nicht zur Schule will

Martin und Tina, beides Enddreißiger, kamen in meine Praxis, um über die Probleme mit ihrer elfjährigen Tochter Dominique zu sprechen.

Dominique hatte seit jeher Schwierigkeiten, mit neuen Situationen fertig zu werden. Während ihre beiden Geschwister den Übergang ins neue Schuljahr mühelos bewältigten, brauchte Dominique viele Monate, um sich auch nur halbwegs einzugewöhnen.

In diesem Jahr nun war sie in die Realschule gekommen, und von Beginn an hatte es viele Stolpersteine gegeben. Dominique war extrem aufgeregt, in eine neue Schule zu gehen, die noch dazu weiter entfernt und viel größer war. Sie musste mit dem Bus fahren, was ebenfalls neu für sie war. Überdies war ihre beste Freundin im Sommer in eine andere Stadt gezogen. Dominique war immer schon krankhaft schüchtern gewesen, und nun verlor sie ihre einzige wirkliche Freundin. Dominique wirkte seither sehr niedergeschlagen.

Tina berichtete, dass Dominique fast jeden Tag über Bauchschmerzen klagte. Sie war mit ihr zum Arzt gegangen, aber medizinisch schien alles in Ordnung. Gegen Ende des ersten Schuljahres in der Realschule hatte Dominique mehrere Male gefehlt, und ihre Noten waren so schlecht wie nie zuvor. Im Zeugnis stand vermerkt, dass sie im Unterricht nicht mitarbeite und weit hinter ihren Möglichkeiten bleibe.

Wenn Dominique dennoch zur Schule ging, dann musste Tina sie mit dem Auto hinfahren und abholen, denn Dominique hasste das Busfahren. Sie sagte, die anderen Kinder jagten ihr Angst ein und sie fände keinen Sitzplatz. Zwar kam Tina dadurch zu spät zur Arbeit, doch sie gab den Bitten ihrer Tochter nach, weil es ihr so offensichtlich schlecht ging. Sie wollte nicht, dass Dominique noch mehr belastet würde.

Eines Tages erwischte der Klassenlehrer Dominique, wie sie eine Stunde schwänzte. Auf seine Frage hin, was sie außerhalb des Unterrichts mache, brach sie in Tränen aus und erklärte, sie hätte solche Angst, weil sie an diesem Tag ein mündliches Referat über ein Buch halten müsse. Der Lehrer bat daraufhin Tina in seine Sprechstunde. Nun berieten sie, wie sie Dominique helfen könnten. Doch keine Maßnahme schien zu fruchten. Schließlich wurde die Familie zu mir geschickt. Zu dieser Zeit hatte Dominique schon seit drei Wochen die Schule nicht mehr besucht.

Was ist Schulverweigerung?

Der Begriff Schulverweigerung bezieht sich auf Kinder, die entweder gar nicht zur Schule gehen oder Schwierigkeiten haben, in der Schule zu bleiben. Dieser Begriff steht heute für das, was früher als Schulphobie bezeichnet wurde. Zwar zeigen Kinder mit einer Schulphobie immer Angst, aber sie müssen sich nicht unbedingt vor der Schule selbst fürchten, wie der Begriff zu implizieren scheint. Es gibt unterschiedliche Gründe, warum diese Kinder nicht in die Schule gehen oder darin bleiben. Dominiques Probleme hingen mit Schulangst zusammen. Andere Kinder wollen nicht zur Schule, weil sie an einer Lernbehinderung leiden und die Schule für sie schwierig und frustrierend ist. Wiederum andere verweigern den Schulbesuch, weil sie unter Erschöpfung oder Depressionen leiden und lieber im Bett bleiben und schlafen wollen.

Schulverweigerung ist nicht das Gleiche wie Schuleschwänzen. Kinder, die schwänzen, sind in der Regel eher trotzig und täuschen ihre Umwelt. Ihre Eltern haben meist keine Ahnung, dass sie nicht in der Schule sind. Im Gegensatz dazu sind Schulverweigerer meist brave und folgsame Kinder, die sich nur in diesem speziellen Zusammenhang aufsässig verhalten. Außerdem wissen ihre Eltern, dass sie nicht in der Schule sind. Diese

Eltern haben wahrscheinlich viel Zeit und Energie darauf verwendet, ihr Kind zur Schule zu bringen, aber ohne Erfolg. Und häufig schaffen es Schulverweigerer in die Schule, bekommen dort aber somatische Beschwerden, gehen zur Schulschwester und werden dann nach Hause geschickt.

Zwar kann Schulverweigerung verschiedene Gründe haben, doch nach unserer Erfahrung ist Sozialangst häufig der bestimmende Faktor. Schulverweigerer sind fast immer schüchtern, machen sich Sorgen, wie sie von anderen gesehen werden, und nehmen sehr ernst, was andere ihnen sagen. Diese Kinder haben meist ein starkes Bedürfnis, ihren Eltern und Lehrern zu gefallen und sind enorm bemüht, keine Regel zu übertreten.

Schule und Unterricht können für diese Kinder extrem belastend sein. Viele von ihnen fürchten sich davor, gemobbt oder drangsaliert zu werden, sie fürchten sich vor bestimmten Schulstunden wie Sport, und sie haben Angst, von Lehrern kritisiert zu werden. Wenn die Ängste einen realen Hintergrund haben (wenn also tatsächlich Mobbing oder Drangsalierung stattfindet), muss sofort eingegriffen und die Ursache unverzüglich abgestellt werden.

Neben der Sozialangst ist Trennungsangst ein häufiger Grund für Schulverweigerung, und oft hängen die beiden Probleme zusammen. Bei kleinen Kindern ist Trennungsangst die Hauptursache für Schulverweigerung. Doch andererseits ist eine gewisse Angst vor dem Schulbeginn bei kleinen Kindern normal (wir geben unten ein paar Tipps, wie man den Kindern helfen kann). Auch haben nicht alle Kinder, die Schulverweigerer sind, zugleich Trennungsängste. Aus Gründen der Einfachheit wollen wir die Trennungsangst in Kapitel 11 gesondert behandeln.

Schulbeginn bei kleinen Kindern: Wie Eltern helfen können

1. Äußern Sie sich positiv über die kommende Veränderung. Wenn Sie sich freuen und Zuversicht zeigen, wird Ihr Kind es auch tun.
2. Bereiten Sie sich vor. Beobachten Sie, wie Ihr Kind auf Trennung reagiert. Besuchen Sie, wenn möglich, die neue Umge-

bung mit Ihrem Kind. Stellen Sie Ihr Kind der neuen Lehrerin oder Kindergärtnerin vor.

3. Stellen Sie Kontakt zu einem anderen Kind her, das die gleiche Klasse besuchen wird, sodass Ihr Kind ein bekanntes Gesicht sieht, wenn es in die neue Umgebung kommt.
4. Beginnen Sie tägliche Routinen, die ein Stück Kontinuität schaffen. Beteiligen Sie Ihr Kind am Einpacken des Pausenbrots oder am Herauslegen der Kleidung für den nächsten Tag. Beginnen Sie ein paar Wochen vor Schulbeginn mit einer früheren Bettgehzeit.
5. Nehmen Sie sich Extrazeit, insbesondere am ersten Tag, um zusammen zu plaudern und die Erlebnisse zu besprechen. Aber ziehen Sie den Abschied nicht in die Länge. Wenn Ihr Kind bettelt oder klammert, macht Ihr Bleiben die Sache nur noch schwerer.
6. Verabschieden Sie sich immer von Ihrem Kind. Seien Sie beim Abschied konsequent, aber liebevoll. Machen Sie sich nie über ein Kind lustig, weil es weint. Stattdessen sagen Sie etwas Unterstützendes wie: »Es ist immer schwer, Tschüss zu sagen, aber wir sehen uns ja nachher wieder«, oder: »Nachher erzählst du mir, was du alles erlebt hast, ich freue mich schon sehr darauf.«
7. Schieben Sie am Ende Ihres Arbeitstages die beruflichen Sorgen beiseite und konzentrieren Sie sich ganz auf Ihre Elternrolle.

(Copyright © 1996 by National Association for the Education of Young Children)

Schulbeginn bei kleinen Kindern: Wie Lehrer helfen können

1. Achten Sie darauf, dass der Unterricht dem Entwicklungsstand der Kinder angemessen ist. Interessante und herausfordernde, aber lösbare Aufgaben helfen den Kindern, sich in der neuen Umgebung wohl zu fühlen.
2. Versuchen Sie so schnell wie möglich, jedes einzelne Kind kennen zu lernen. Eltern können über Neigungen, Abneigungen und besondere Interessen Aufschluss geben.
3. Nehmen Sie Vorschläge von Familien auf, insbesondere von solchen mit Kindern, die einer Sonderförderung bedürfen. Eltern können hilfreiche Vorschläge machen, die sich für ihr eigenes Kind als nützlich erwiesen haben, und Ideen zur Sitzordnung und Gestaltung des Klassenraums beitragen.

4. Geben Sie den Kindern und ihren Eltern eine Einführung. Kleine Gruppen machen es kleinen Kinder leichter, sich kennen zu lernen.
5. Zeigen Sie den Kindern die neue Schule (oder den Kindergarten) und stellen Sie ihnen andere freundliche Erwachsene vor, die ihnen helfen, sich in der neuen Umgebung einzugewöhnen.
6. Schaffen Sie Partnerschaften zwischen Kindergärten und Grundschulen in der örtlichen Nachbarschaft. Treffen können hilfreiche Ideen bringen und Probleme klären helfen.
7. Schaffen Sie einen Bereich, wo die Fotos von Eltern und Familienangehörigen hängen und den die Kinder »besuchen« können. Bringen Sie Gegenstände und Themen ins Spiel, die den kulturellen Hintergrund aller Kinder spiegeln, um gegenseitigen Respekt und Verständnis zu fördern. Kinder brauchen – nicht anders als Erwachsene – Zeit, um sich auf neue Menschen und Situationen einzustellen. Erfahrung kann den Übergang zwar etwas leichter machen, aber selbst mit Erfahrung sind neue Lebenssituationen in der Regel belastend. Geduld und Verständnis seitens der Eltern und Lehrer oder Betreuer helfen den Kindern zu lernen, wie sie neuen Situationen mit Selbstvertrauen begegnen können – eine Fähigkeit, die ihnen in ihrem weiteren Leben bei Übergangssituationen nützen wird.

(Copyright © 1996 by National Association for the Education of Young Children)

Im Lauf des Schullebens: Häufige Sorgen und Probleme der Kinder

Bevor wir näher beschreiben, was sich bei Schulverweigerung tun lässt, möchten wir einige verbreitete Sorgen und Probleme nennen, denen sich Kinder in verschiedenen Phasen ihres Schullebens ausgesetzt sehen.

Wir haben schon darauf hingewiesen, dass bei vielen Kindergartenkindern Trennungsangst zu Sozialangst führt. Dagegen kann das Umkleiden für den Sportunterricht viele sozialängstliche Kinder vor große Probleme stellen. Die folgenden Zusammenstellungen beanspruchen keine Vollständigkeit, aber Sie geben doch eine Vorstellung von der Bandbreite der Probleme, mit denen Kinder verschiedener Altersstufen konfrontiert sein können.

Kindergarten

- Vielleicht zum ersten Mal von zu Hause weg sein – »Ich werde Mama zu sehr vermissen.«
- Eine neue Umgebung, eine neue Bezugsperson – »Woher weiß ich, wo ich hingehen muss? Werde ich mir den Namen meiner Kindergärtnerin merken können?«
- Alle Kinder sind neu – »Wer wird mit mir spielen?«
- Vielleicht zum ersten Mal in einer strukturierten Umgebung sein – »Was sind die Regeln? Was, wenn ich vergesse, was ich tun soll?«

Grundschule

- Neue, unbekannte Lehrer.
- Einschüchterung durch ein größeres Schulgebäude.
- Die Toilette, das Klassenzimmer etc. finden.
- Vielleicht zum ersten Mal mit dem Bus fahren müssen.
- Freunde und Freundinnen sind plötzlich auf verschiedene Klassen verteilt.
- Vielleicht eine Überforderung durch die zu vielfältige Stimulation.
- Das Kind kann müde und reizbar nach Hause kommen, nachdem es sich so viele Stunden in der Schule »zusammennehmen« musste.
- Insbesondere in den späteren Grundschuljahren werden Schüchternheit und Angst – in unserer Kultur generell nicht geschätzt – von Klassenkameraden bemerkt.

Weiterführende Schule

- Eine neue und größere Schule, vielleicht weiter weg.
- Kinder aus vielen verschiedenen Grundschulen kommen in der neuen Schule zusammen – viele fremde Gesichter.
- Wechsel der Klassenräume und Lehrer für jedes Unterrichtsfach.
- Wenig Zeit zwischen den Unterrichtsstunden; Flure und Toiletten sind überfüllt.
- Umgang mit Schließfächern.
- Umkleiden für den Sportunterricht.
- Hänseleien und Aggressivität.
- Probleme mit dem Pausenbrot – einerseits essen, andererseits am Pausenspiel teilnehmen wollen.
- Größere soziale Erwartungen – außerschulische Aktivitäten, Arbeitsgemeinschaften (Tanz, Theater, Sternwarte etc.).
- Zunahme der Cliquenbildung.

Adoleszenz

- Das schnelle körperliche und hormonelle Wachstum kann zu mehr Unsicherheit und Befangenheit führen.
- Die Gefühlszustände können manchmal stark schwanken.
- Es gibt komplexere soziale Beziehungen; die Erwartung, mit jemandem vom anderen Geschlecht Kontakt aufzunehmen steigt.
- Anpassungsdruck; daher manchmal Experimentieren mit Alkohol und Drogen.
- Zunehmender Leistungsdruck.
- Vielleicht eine zusätzliche Belastung durch Teilzeitjobs.
- Identitätsprobleme: Wer bin ich?

Nun, da wir eine Vorstellung von den möglichen Problemen der Kinder und Jugendlichen haben, schauen wir uns an, was wir tun können, wenn unser Kind nur widerwillig zur Schule geht oder sich dem Schulbesuch verweigert.

Wie wir mit Schulverweigerung umgehen können

Es gibt eine Reihe von Dingen, die wir berücksichtigen müssen, wenn wir es mit Schulverweigerern zu tun haben.

Wenn Ihr Kind über körperliche Symptome klagt, lassen Sie es von einem Arzt untersuchen

Dies ist ein wichtiger erster Schritt. Es ist unwahrscheinlich, dass Ihr Kind ernsthaft krank ist, aber Sie wollen sichergehen. Zögern Sie nicht, wenn Sie erkennen, dass es ein entsprechendes Problem gibt. Je früher Sie bei Schulverweigerung mit einer kognitiven Verhaltenstherapie beginnen können, desto leichter gestaltet sich der Prozess für alle Beteiligten.

Achten Sie auf Muster, wenn Ihr Kind über Beschwerden klagt

Wacht Ihr Kind mit Bauch- oder Kopfschmerzen auf? Klagt es darüber, wenn es beschäftigt und abgelenkt ist? Fühlt es sich auch samstags krank? Seien Sie objektiv und spielen Sie Detektiv. Tun Sie dies unauffällig und ohne Vorwürfe; es hat keinen Sinn, Ihr Kind in die Defensive zu drängen. Achten Sie auf Hinweise oder Anzeichen, die vielleicht erklären können, warum Ihr Kind die Schule meidet.

Bei einer Familie, mit der wir zusammengearbeitet haben, waren die Probleme so vielfältig, dass sich nur schwer ein Muster erkennen ließ. Überdies konnte der Junge seine Beschwerden kaum artikulieren, was die Zusammenlegung der Puzzleteile zusätzlich erschwerte. Schließlich fiel dem Vater auf, dass sein Sohn immer an den Tagen Bauchschmerzen hatte, wenn er Orchester hatte. Die Eltern fanden schließlich heraus, dass es einen Jungen im Orchester gab, der ihn massiv drangsalierte, und ihr Sohn war zu schüchtern (oder zu stolz?), um seinem Lehrer davon zu erzählen. »Ich wollte nicht, dass der Lehrer wütend wird und mich eine ›Petze‹ nennt«, erklärte ihr Sohn später.

Setzen Sie sich mit der Klassenlehrerin und der Schulpsychologin zusammen

Aus mehreren Gründen empfehlen wir, dass beide Eltern zugegen sein sollten. Erstens vermittelt dies der Schule die Botschaft, dass Sie beide am gleichen Strang ziehen und bereit sind, an der Lösung des Problems mitzuarbeiten. Und zweitens sind es zu oft nur die Mütter, die die Hauptlast der Probleme tragen, wenn ihre Kinder die Schule verweigern. Mit einem solchen Problem umzugehen, kann überaus anstrengend und belastend sein. Wenn sich beide Eltern engagieren, dann sind die Chancen für einen Erfolg deutlich größer.

Gehen Sie vorurteilslos in dieses Gespräch

Gehen Sie nicht einfach davon aus, dass die Lehrer oder die Schule etwas falsch gemacht haben. Ebenso wenig sollten Lehrer davon ausgehen, dass die Eltern Schuld haben. Wenn die Lebensbelastung groß ist, liegt es nahe, auf jemanden zu zeigen und ihm die Verantwortung zuzuschieben, aber das trägt wenig zur Lösung des Problems bei.

Bemühen Sie sich um ein offenes Gespräch über die anstehenden Probleme. Wenn es ungute Situationen in der Schule gibt, wie die Drangsalierung von Schülern, dann ist es höchste Zeit, darüber zu reden. Bedenken Sie, dass die Schule wahrscheinlich bereitwilliger auf Sie eingehen wird, wenn Sie Ruhe bewahren und nicht in anklägerischer Weise auftreten. Die meisten Lehrer und Schulen geben ihr Bestes, aber ihre Ressourcen sind begrenzt. Lehrern sollte umgekehrt ebenso klar sein, dass es nicht immer der Fehler der Eltern ist, wenn etwas schiefläuft, und dass die große Mehrheit der Eltern nur das Beste für ihre Kinder will.

Sprechen Sie mit Ihrem Kind darüber, was es besonders belastet. Und machen Sie ihm gleichzeitig klar, dass ein Plan ausgearbeitet wird, der die Rückkehr zur Schule ermöglicht

Wir haben erwähnt, dass es mehrere mögliche Ursachen für Schulverweigerung gibt. Glauben Sie nicht, dass Sie schon wüssten, worin das Problem besteht. Sprechen Sie mit Ihrem Kind darüber, was es besonders belastet, und machen Sie ihm gleichzeitig klar, dass es zur Schule gehen wird. Doch bedenken Sie auch, dass manche Kinder nicht artikulieren können, was sie bedrängt. Erzwingen Sie kein Gespräch, wenn Sie den Eindruck haben, dass es nirgendwo hinführt.

Andererseits sollten Sie es vermeiden, längere Diskussionen und Debatten über die Notwendigkeit des Schulbesuchs zu führen. Halten Sie keine Vorträge. Sie erreichen damit nichts, im Gegenteil, es kann das Problem sogar verschlimmern. Jede Art von Aufmerksamkeit, auch negative Aufmerksamkeit, kann ein Problem verstärken und zu seiner Fortdauer beitragen. Doch, wie wir bereits gesagt haben: Gehen Sie auf jede real begründete und legitime Besorgnis ein.

Die wichtigste Botschaft, die Sie übermitteln müssen, ist diese: Sie sind davon überzeugt, dass Ihr Kind das Problem überwinden kann, und Sie sind für Ihr Kind da, um ihm in diesem Prozess zu helfen.

Machen Sie das Zuhausebleiben unattraktiv

Erklären Sie Ihrem Kind, dass es zum Arzt muss, wenn es wirklich krank ist, dass es im Bett bleiben und ruhen muss. Der Fernseher bleibt selbstverständlich ausgeschaltet. Verschärfen Sie die Regeln bezüglich Fernsehen oder Videospielen. Diese Maßnahmen scheinen auf der Hand zu liegen, aber ich staune immer wieder, wie viele Kinder zu Hause bleiben und dort tun und lassen können, was ihnen beliebt. Wenn Ihr Kind über Beschwerden klagt und deswegen zu Hause bleiben will, sagen Sie ihm, dass Sie die Arztpraxis anrufen und einen Termin ausmachen. Kinder wollen oft nur ungern zum Arzt, also kann dies für manche eine abschreckende Wirkung haben. Wenn Sie mit Ihrem Kind zusammen zu Hause sind (und es nicht wirklich krank ist), schenken Sie ihm nicht zu viel Aufmerksamkeit und Zuwendung. Es klingt vielleicht grausam, aber Sie sollten das Zuhausebleiben nicht übermäßig attraktiv machen.

Wenn klar ist, dass Ihr Kind nicht krank ist, aber aus welchen Gründen auch immer zu Hause bleibt, stellen Sie so weit wie möglich eine Lernumgebung her. Lassen Sie Ihr Kind lesen, lernen, am Schreibtisch arbeiten und so weiter. Bei Adoleszenten sollten Sie die Schlafzeiten einschränken, da diese Altersgruppe besonders gern ausgiebig schläft. Manche unserer Vorschläge sind für Eltern, die beide berufstätig sind, schwer zu realisieren, aber dennoch: Versuchen Sie Ihr Möglichstes. Überlegen Sie, ob Sie jemanden kennen, der nicht arbeitet und für Sie eine kurze Zeit zu Hause einspringen kann, sei es eine Freundin, ein Familienangehöriger oder eine Nachbarin.

Machen Sie für Ihr Kind zur Regel, dass es zur Schule gehen muss, wenn es kein Fieber hat

Wenn Ihr Kind häufig über körperliche Beschwerden klagt, bevor es morgens zur Schule muss, sollten Sie sich an die Regel halten, dass es nur dann zu Hause bleiben darf, wenn es Fieber hat. Wenn es sich dort weiterhin krank fühlt, kann es sich an einen Lehrer wenden und zur Not zu Hause anrufen oder sich nach Hause schicken lassen. Damit vermeiden Sie in der morgendlichen Hektik – wenn alle zur Schule und zur Arbeit aufbrechen – den Machtkampf mit Ihrem Kind, was in jedem Fall von Vorteil ist.

Denn oft genug wirkt dieser Machtkampf für Kinder verhaltensverstärkend, weil sie zusätzliche Aufmerksamkeit erhalten. Und ähnlich sollten Sie nicht allzu viel – oder gar keine! – Zeit damit zubringen, die körperlichen Symptome zu diskutieren, insbesondere wenn ein Arzt bereits zu dem Ergebnis gekommen ist, dass keine Krankheit vorliegt.

Lassen Sie jemand anderen Ihr Kind zur Schule bringen, bis die Problemsituation überwunden ist

In Zeiten starker emotionaler Belastung kann es sinnvoll sein, wenn Sie sich selbst aus der Schusslinie nehmen und die Aufgabe, Ihr Kind zur Schule zu bringen, jemand anderem überlassen. Wenn es eine mit der Mutter verbundene Trennungsangst gibt, hilft es oft, wenn der Vater das Kind zur Schule bringt. Oder engagieren Sie eine nahestehende Freundin oder jemanden aus der Familie für diese Übergangszeit, bis das Kind einen erfolgreichen (Wieder-)Einstieg in die Schule geschafft hat.

Viele Menschen können sich nicht vorstellen, wie zermürbend es ist, diese Kinder in die Schule zu bringen. Ich habe dies aus erster Hand bei Monika erlebt, die im dritten Schuljahr war und etwa einen Monat gefehlt hatte. Es gab keine eindeutige Ursache für die Veränderung in ihrem Verhalten. Zuvor war sie immer ohne Widerstand zur Schule gegangen. Im Kindergarten hatte sie kurzfristig Trennungsangst gezeigt, aber damit hatte dies hier nichts zu tun.

Ich sah Monika und ihre Familie in mehreren Sitzungen, und wir arbeiteten einen Plan aus, sie zurück zur Schule zu bringen. Der Tag kam, an dem ihre Eltern sie direkt nach einer Sitzung bei mir zur Schule brachten. Monika verhielt sich so, wie ich es mir wünschte. Sie sagte, sie wüsste, dass sie zur Schule zurückkehren müsse, und sie sei dazu bereit.

Als ich die Familie zum Ausgang brachte, hatte ich das seltsame Gefühl, dass die Dinge fast zu glatt liefen. Irgendetwas stimmte nicht, auch wenn ich nicht genau sagen konnte, was es war. Während die Eltern am Empfang einen Nachfolgetermin vereinbarten, erfuhr ich von der Sekretärin, dass mein nächster Patient abgesagt hatte. Ich folgte meiner Intuition und fragte die Eltern, ob sie einverstanden wären, wenn ich mit zur Schule führe.

Kaum hatte ich mit Monika auf dem Rücksitz Platz genommen, begann ihr Protest: Wir waren alle böse, weil wir sie zur Schule zwingen wollten, sie hasste uns und würde nicht hingehen. Basta! Ich hörte Monika konzentriert zu und versuchte, ihre Gefühle genau in mir abzuwägen, während ich gleichzeitig – wie eine Schallplatte, die einen Kratzer hat – immerzu in ruhigem Ton wiederholte, dass sie an diesem Tag sehr wohl zur Schule gehen würde.

Monika aus dem Auto zu bugsieren war, wie wenn man einen ängstlichen Hund in die Tierarztpraxis bekommen will. Irgendwie gelang es uns, sie aus dem Auto zu holen, doch als wir den Eingang der Schule betreten wollten, streckte sie die Arme und Beine von sich, sodass sie nicht durch die Tür passte, und währenddessen schrie sie wie am Spieß.

Ich bekam einen Eindruck davon, wie peinlich solche Situationen für Eltern sein müssen. Und hier stand ich nun, die diplomierte Psychologin, und hatte die entsetzlichste Mühe, dieses Kind in sein Klassenzimmer zu bringen.

Interessant war aber, dass Monika, nachdem wir sie in ihre Klasse verfrachtet hatten, den ganzen Tag ohne Murren in der Schule verbrachte und danach ohne Widerstand zur Schule ging. Sie sagte mir später, sie wollte nicht riskieren, dass ihre Therapeutin »noch mal so einen Auftritt hinlegte«.

Je länger Ihr Kind zu Hause bleibt, desto schwerer fällt ihm die Rückkehr zur Schule

Nur in den seltensten Fällen und als allerletztes Mittel sollten Sie einen »häuslichen Unterricht« in Erwägung ziehen; und wenn, dann machen Sie Ihrem Kind zumindest klar, dass es sich um eine zeitlich begrenzte Maßnahme handelt. Schulverweigerung erfordert schnelles Handeln. Sowie Sie den Verdacht haben, dass es ein Problem gibt, befolgen Sie die Ratschläge in diesem Kapitel und suchen Sie professionelle Hilfe, wenn Ihre eigenen Maßnahmen keine raschen Ergebnisse zeigen. Je länger Kinder zu Hause bleiben, desto schwieriger wird für sie die Rückkehr zur Schule. Viele dieser Kinder fürchten sich davor, was die anderen Kinder sagen werden. Vielleicht wollen Sie mit Ihrem Kind den einen oder anderen Satz proben, den es sagen kann, oder Sie können die Situation in verschiedenen Rollen durchspielen. Auch sind manche Zeiten geeigneter als andere, um in die Schule zurückzukehren. Eine Rückkehr am Montag ist einfacher als am Freitag; auch ist es manchmal günstig, die Rückkehr auf den ersten Schultag nach einem Ferienende zu verlegen. Das zurückkehrende Kind erregt dann weniger Aufmerksamkeit.

Denken Sie auch an sich selbst

Natürlich ist es beunruhigend, wenn Ihr Kind massiv unter dem Schulbesuch leidet. Dennoch müssen Sie ruhig und besonnen bleiben und Ihr Kind unterstützen. Vor allem müssen Sie entschieden bleiben. Besorgen Sie sich so viel Hilfe, wie Sie brauchen: Nutzen Sie die Unterstützung einer Freundin oder Nachbarin, des Beratungslehrers in der Schule oder eines Therapeuten. Wenn sich Ihr Kind wirklich vergraben hat, brauchen Sie möglicherweise die tatkräftige Hilfe von mehreren Menschen an Ihrer Seite. Dies ist keine Zeit zum Abkapseln. Ihr Kind *muss* zur Schule gehen – nur dort hat es die Chance, sich zu entwickeln, nicht nur intellektuell, sondern auch sozial und emotional. Wenn Sie die genannten Ratschläge befolgen, können Sie voller Zuversicht darauf vertrauen, dass Ihr Kind seine Schulangst überwinden wird. In dem Prozess wird Ihr Kind überdies seine Fähigkeit entdecken, schwierige Situationen zu bestehen und sie zu einem guten Ende zu bringen.

Kapitel 11

»Buchstabensuppe«: GAS, PTBS, ADS/ADHS und mehr

Wenn Ihr Kind an zusätzlichen Störungen leidet

Wenn Ihr Kind neben der Sozialen Angststörung auch noch an anderen Störungen leidet, dann ist dies eher die Regel als die Ausnahme. Oft existieren Angststörungen nebeneinander – zum Beispiel wenn ein Kind eine soziale und eine allgemeine Angststörung hat – und häufig wird Angst von Depressionen begleitet. Da sich viele der Symptome bei Angst und Depressionen gleichen, kann es schwierig sein, die verschiedenen diagnostischen Merkmale auseinanderzuhalten.

Zum Glück funktionieren die Behandlungsmethoden, die wir in diesem Buch beschrieben haben, bei einer Vielzahl von Angststörungen genauso wie bei Depressionen. Dennoch ist es nützlich, wenn man weiß, womit man es zu tun hat. In diesem Kapitel geht es um Geschichten von Kindern, die eine Soziale Angststörung kombiniert mit einer weiteren Angststörung oder mit Depressionen haben. Dabei konzentrieren wir uns weniger auf die Soziale Angststörung, sondern auf die sie begleitende Störung.

Nach jeder Geschichte und der Beschreibung der jeweiligen Störung haben wir ein paar Kontrollfragen angefügt (aus dem *DSM-IV*), die Sie sich in Bezug auf Ihr Kind stellen sollten. Die Beantwortung dieser Fragen ist kein Ersatz für ein klinisch-diagnostisches Interview, das in der Regel von einem Psychologen durchgeführt wird. Gleichwohl werden die dadurch gewonnenen Informationen Ihnen bei der Orientierung helfen, welche Schritte Sie als Nächstes unternehmen sollten. Außerdem geben wir einige Tipps, wie man mit mehr als einer Störung umgehen kann.

Wenn Ihr Kind sich zu Tode ängstigt

Brandon, ein Elftklässler in der Highschool, hatte in dreieinhalb Wochen Abschlussprüfungen. Er meinte, er müsse überall Bestnoten erreichen, wenn er in ein gutes College kommen wollte. Er machte sich so viel Sorgen darüber, dass er nachts keinen Schlaf fand. Am nächsten Tag war er dann zu müde, um sich auf den Unterricht zu konzentrieren, und am Nachmittag, wenn er zu Hause war, lernte er weniger, als er vorhatte. Er hatte ständig Bauchweh, er verlor seinen Appetit und bald zog er sich obendrein eine schwere Erkältung zu.

Brandons Sorgen drehten sich aber nicht nur um gute Noten. Es bedrückte ihn auch, dass sein Vater vielleicht seinen Arbeitsplatz verlieren könnte. Es stimmte zwar: Sein Vater war Staatsangestellter in Missouri, und es hatte viele Entlassungen gegeben; doch war die Behörde seines Vaters von den Einsparungsmaßnahmen nicht betroffen, und es gab keinen Grund für die Befürchtung, dass er entlassen würde. Selbst wenn dies eintreten sollte, war da noch Brandons Mutter, die mit ihrer Arbeit gut verdiente.

Zudem hatte Brandon Angst um seine kleine Schwester. Sie litt an Asthma und hatte häufig Atemprobleme; doch auch hier war seine Besorgnis der tatsächlichen Situation nicht angemessen – seine Eltern passten gut auf sie auf.

Brandons Eltern beschrieben ihn als einen wohlgeratenen Jungen – intelligent, freundlich, sensibel und anteilnehmend. Doch führte Brandon leider nicht das Leben eines normalen Teenagers. Er war zu sehr mit seinen Sorgen und Ängsten beschäftigt. Natürlich haben Teenager ihre emotionalen Höhen und Tiefen, aber Brandons Ängste waren extrem überzogen. Er litt an dem, was in der Fachsprache GAS – Generalisierte Angststörung genannt wird.

Was ist die Generalisierte Angststörung?

Das Hauptmerkmal der Generalisierten Angststörung ist eine exzessive und scheinbar unkontrollierbare Angst. Kinder, die darunter leiden, machen sich ständig große Sorgen über eine Vielzahl von Problemen, zu denen Schulnoten, Freunde, Sport, Gesundheit, Sicherheit, die allgemeinen Zustände in der Welt usw. gehören können. Diese Sorgen lassen sich bei diesen Kindern so gut wie nicht »abschalten«. Neben den Sorgen haben die Kinder oft körperliche Beschwerden, wie Bauchweh, Kopfweh und Muskelverspannung. Häufig brauchen die betroffenen Kinder viel Bestätigung von ihren Eltern oder Lehrern, doch führt sie diese Bestätigung nicht zur Entlastung von ihren Ängsten und Sorgen.

Hat Ihr Kind eine Generalisierte Angststörung?

1. Ist Ihr Kind seit mindestens sechs Monaten an der Mehrzahl der Tage wegen einer Reihe von Ereignissen oder Aktivitäten tief besorgt?
2. Fällt es Ihrem Kind schwer, die Sorgen beiseitezuschieben?
3. Ist Ihr Kind durch die Sorgen stark belastet? Wird dadurch sein Funktionieren in der Schule oder zu Hause beeinträchtigt?
4. Hat Ihr Kind irgendeines der folgenden Symptome gezeigt, wobei zumindest einige der Symptome an der Mehrzahl der Tage präsent waren?
   - Unruhe, Nervosität oder Gereiztheit
   - Erschöpfungszustände, schnelle Ermüdung
   - Konzentrationsprobleme
   - Reizbarkeit
   - Muskelverspannungen
   - Probleme mit dem Einschlafen oder Durchschlafen
   - Kopf- oder Bauchschmerzen.

Wenn Sie die Fragen 1, 2 und 3 mit Ja beantwortet haben und Ihr Kind mindestens drei der Symptome zeigt, die unter 4 aufgeführt sind, leidet Ihr Kind möglicherweise an einer Generalisierten Angststörung.

Wenn Ihr Kind nicht von Ihrer Seite weicht

Lisa ist ein intelligentes und begabtes Mädchen von zehn Jahren. Sie war aber immer schon schüchtern. Sie findet nur langsam Kontakt, nimmt am Unterricht nicht aktiv teil und reagiert empfindlich auf Kritik.

»Ich musste Lisa nie bestrafen«, erklärte ihre Mutter Susanne. »Sie tut, was man ihr sagt, und wenn nicht, brauche ich sie nur streng anzusehen, und sie tut es sofort. Wenn ich einmal lauter werde, fängt sie an zu weinen.« Lisa hat wahrscheinlich eine Soziale Angststörung, aber nicht aus diesem Grund wurde sie meine Patientin.

»Ich bin mit meinem Latein am Ende«, sagte Susanne. »Ich habe wegen Lisa so viel Arbeit liegen lassen, dass ich bald meinen Job verliere.« Lisas Vater hatte sich von der Arbeit freigenommen, um bei unserer ersten Sitzung dabei zu sein; sein Leben war nicht so stark in Mitleidenschaft gezogen wie das von Susanne, aber auch er war besorgt.

In den letzten beiden Monaten fiel es Lisa immer schwerer, sich von Susanne zu trennen. Es begann damit, dass sie nicht zur Schule wollte. Sie bekam einen Weinkrampf, als sie den Bus nehmen sollte, und bestand darauf, dass Susanne sie zur Schule fuhr. Sie konnte nicht sagen, was sie am Bus besonders störte, aber Susanne gab nach, weil Lisa wirklich zu leiden schien.

Dann begann Lisa, regelmäßig die Schulschwester aufzusuchen, und klagte über Bauchweh. Sie bat, ihre Mutter an der Arbeitsstelle anrufen zu dürfen. Die Schulschwester versuchte immer, den Anruf bei der Mutter hinauszuzögern, aber die Intensität des Weinens führte schließlich dazu, dass Lisa die Erlaubnis bekam. An manchen Tagen hatte Lisa solche Krämpfe, dass die Schwester selbst Susanne anrief und ihr mitteilte, sie müsse Lisa abholen und nach Hause bringen.

Natürlich brachte Susanne Lisa zum Kinderarzt, nachdem diese Zustände mehrere Wochen angehalten hatten. Eine gründliche medizinische Untersuchung und verschiedene Tests ergaben keinen Hinweis auf eine körperliche Erkrankung. Obgleich der Arzt glaubte, dass es sich »nur um Stress« handle, verschrieb er ein säurebindendes Mittel, um Lisas Magen zu beruhigen.

Susanne hoffte, dass die Medizin helfen würde. Aber stattdessen wurde die Situation immer schlimmer. Lisa konnte abends nicht mehr einschlafen. Sie bestand darauf, dass ihre Mutter bei ihr lag, bis sie eingeschlafen war. Auch bekam sie plötzlich Albträume, dass ihrer Mutter Schreckliches zustoßen könnte, dass sie bei einem Autounfall ums Leben kommen oder an Krebs erkranken könnte.

Bald umfassten die Ängste auch schlechtes Wetter. Sowie der Himmel sich bewölkte, bekam sie Angst, dass ein Sturm losbrechen und ihre Mutter bedrohen könnte. Susanne konnte nicht mehr zum Supermarkt gehen, ohne dass Lisa einen emotionalen Zusammenbruch erlitt. Nur schon auf einem anderen Stockwerk in ihrem Haus zu sein, war für Lisa unerträglich, und so begleitete sie Susanne auf Schritt und Tritt.

Lisa schämte sich für ihr Verhalten, aber sie hatte keine Kontrolle darüber. »Ich kann nichts dafür, dass ich diese Ausbrüche habe«, erklärte sie mir.

Lisas offizielle Diagnose lautete auf Störung mit Trennungsangst, und wie wir zuvor schon angemerkt haben, leidet sie wahrscheinlich zugleich an einer Sozialen Angststörung.

Was ist eine Störung mit Trennungsangst?

Viele Kinder haben Trennungsängste, wenn sie von ihren Eltern getrennt oder nicht zu Hause sind; doch gewöhnliche Trennungsängste verlieren sich im Alter von fünf oder sechs Jahren. Die Trennungsangststörung betrifft zwei bis drei Prozent der Grundschulkinder. Die Betroffenen leiden unter einer extremen Stressbelastung wegen der alltäglichen Trennung von Eltern oder Elternhaus. Wie wir bei Lisa sahen, haben diese Kinder häufig aus der Luft gegriffene Ängste, dass ihnen besonders nahestehende Personen zu Schaden kommen können. Auch »beschatten« sie manchmal ihre Eltern und lassen sie nicht aus den Augen. Diese Trennungsangststörung setzt gewöhnlich zwischen dem siebten und elften Lebensjahr ein und kann in manchen Fällen abrupt auftreten.

Hat Ihr Kind eine Störung mit Trennungsangst?

1. Zeigt Ihr Kind unangemessene oder exzessive Angst, wenn es sich von zu Hause oder von seinen Eltern trennen soll (oder von anderen Personen, denen es sich besonders nahe fühlt)?
2. Hat Ihr Kind exzessive Angst davor, seine Mutter (seinen Vater) zu verlieren oder davor, dass ihr (ihm) etwas zustößt?
3. Hat Ihr Kind Angst davor, verloren zu gehen oder gekidnappt zu werden?
4. Wehrt sich Ihr Kind massiv dagegen, zur Schule oder an andere Orte zu gehen, weil es Angst vor der Trennung hat?
5. Hat Ihr Kind exzessive Angst davor, alleine zu sein?
6. Hat Ihr Kind Schwierigkeiten, schlafen zu gehen, ohne dass die Mutter (der Vater) oder eine andere besonders nahestehende Person bei ihm ist?
7. Hat Ihr Kind wiederholte Albträume, bei denen Trennung eine Rolle spielt?
8. Hält diese Angst seit mindestens einem Monat an?
9. Verursacht die Angst signifikante Störungen in schulischen, sozialen oder anderen wichtigen Lebensbereichen?

Wenn Sie mindestens drei der Fragen von 1–7 sowie die Fragen 8 und 9 mit Ja beantwortet haben, leidet Ihr Kind möglicherweise an einer Störung mit Trennungsangst.

Wenn Ihr Kind immer wieder die gleichen Dinge tut

Justins Eltern wussten, dass er eine Soziale Angststörung hatte. Er hatte eine Therapeutin besucht und gute Fortschritte gemacht. Mittlerweile hatte er Freunde und kam mit einer ganzen Reihe von sozialen Situationen gut zurecht. Doch als Justin zehn Jahre alt wurde, entwickelte er neue Ängste.

Eines Morgens, vor dem Aufbruch zur Schule, brauchte er ungewöhnlich lange, um die Treppen herunterzukommen. Seine Mutter bat ihn, sich zu beeilen, aber er fuhr fort, langsam und laut die Stäbe des Treppengeländers zu zählen. Zuerst dachte sie, er trödle nur herum, und wurde wütend: »Beeil dich, Justin! Wir kommen sonst zu spät zur Schule!«, rief sie. Sie tat den Vorfall mit einem Achselzucken ab, aber als am nächsten Morgen das Gleiche geschah, fand sie es doch merkwürdig.

Zur gleichen Zeit begann Justin, sich über ein Mädchen in der Schule zu beschweren. Er sagte, sie sehe »schmutzig« aus und er habe Angst, dass er Läuse bekomme, wenn er neben ihr sitzen müsse. Er stellte alles Mögliche an, um nicht neben ihr zu sitzen. Eines Tages zettelte er sogar eine handfeste Balgerei in der Klasse an – er wusste, dass er dann auf einen speziellen »Sicherheitsplatz« gesetzt wurde, wo Kinder hinkamen, die sich beruhigen mussten. Dem Lehrer fiel auf, dass Justin lange Zeit im Toilettenraum zubrachte, und seine Mutter stellte erstaunt fest, dass seine Hände rot und aufgesprungen waren. Offenbar hatte er jedes Mal seine Hände gewaschen, wenn er dachte, er hätte das Gleiche wie das Mädchen berührt.

Justins Eltern gingen daher abermals zu der Therapeutin, die ihn zuvor wegen seiner Sozialangst behandelt hatte, und nun erhielt er die Diagnose einer Zwangsstörung.

Was ist eine Zwangsstörung?

Die Zwangsstörung oder zwanghafte Persönlichkeitsstörung, unter der ein bis drei Prozent der Schulkinder leiden, ist gekennzeichnet durch zwanghafte Gedanken an negative Ereignisse (zum Beispiel: »Ich werde vergiftet«) und zwanghafte Verhaltensweisen, die vor diesen schützen sollen (ständiges Händewaschen). Kinder mit einer Zwangsstörung beschreiben ihre Zwänge oft als »Ängste«, die die Störung der Generalisierten Angststörung ähnlich erscheinen lässt. Das Unterscheidungsmerkmal ist, dass das zwangsgestörte Kind ritualisierte Handlungen ausführen muss, um der obsessiven Angst zu begegnen.

Verbreitete Obsessionen sind die Angst vor Keimen, Vergiftung, Unfällen oder anderen Gefahren. Zum Beispiel kann ein Kind Angst davor haben, dass Feuer in der Wohnung ausbricht, und kontrolliert nun regelmäßig die Steckdosen, ob auch alle Elektrogeräte vom Netz sind. Oder ein Kind hat Angst vor Einbrechern und sieht unablässig nach, ob alle Türen und Fenster verriegelt sind.

Bei anderen Kindern können die Obsessionen aus »unanständigen Wörtern« oder »gotteslästerlichen« Gedanken bestehen. Zum Beispiel fürchtete sich ein Kind vor der Kommunion, weil es zwanghafte Gedanken hatte wie: »Was, wenn ich kein wirklicher Christ bin?«, oder: »Jesus ist nicht Gott.« Es blieb aber nicht bei solchen eher normalen Fragen und Zweifeln, sondern es kamen Gedanken hinzu wie: »Jesus kotzt mich an.« Das Zwangsverhalten des Kindes äußerte sich darin, dass es mehrfach die Hand auf die Bibel legen und dabei sagen musste: »Vater, vergib mir.«

Kinder mit einer Zwangsstörung bleiben häufig lange Zeit undiagnostiziert, weil sie sich so sehr schämen, dass sie ihr Problem lieber verbergen, als sich helfen zu lassen.

Hat Ihr Kind eine Zwangsstörung?

1. Hat Ihr Kind Obsessionen, die sich wie folgt definieren lassen:
   - Immer wiederkehrende und andauernde Gedanken, Impulse oder Bilder, die als zudringlich, unpassend und sehr quälend erlebt werden?
   - Die Gedanken sind nicht nur übertriebene Sorgen oder Ängste, die mit realen Lebensproblemen zu tun haben.
   - Die Gedanken lassen sich nur extrem schwer ignorieren oder unterdrücken.
2. Zeigt Ihr Kind zwanghafte Verhaltensweisen, die sich wie folgt definieren lassen:
   - Stereotype Verhaltensweisen – wie Hände waschen oder Schlösser, Steckdosen etc. kontrollieren –, die es ausführen muss, um seiner Obsession zu genügen.
   - Das Zwangsverhalten zielt darauf ab, den Leidensdruck zu verringern oder ein befürchtetes Ereignis zu verhindern, und es ist eindeutig übertrieben.
3. Verbringt Ihr Kind eine signifikante Zeit mit seinen Obsessionen und Zwangshandlungen (mehr als eine Stunde pro Tag)?

Oder behindern die Obsessionen und Zwangshandlungen Ihr Kind in der Verrichtung seiner täglichen Pflichten oder in seinen Beziehungen?

Wenn Sie alle Fragen mit Ja beantwortet haben, leidet Ihr Kind möglicherweise an einer Zwangsstörung.

Wenn Ihr Kind über etwas nicht hinwegkommen kann

Die fünfjährige Alice saß zusammen mit ihrer Schwester auf dem Rücksitz des Familienautos. Ihre Mutter hatte sie gerade von der Kindergruppe abgeholt. Ihre Mutter fuhr vorsichtig aus der Einfahrt auf die Straße – die Stelle war unübersichtlich, und oft fuhren die Leute hier zu schnell. Geblendet von der Sonne, die sich auf den Dächern der parkenden Autos spiegelte, übersah sie ein gerade heransausendes Auto, und es kam zu einem furchtbaren Zusammenstoß. Zwar trugen sie und ihre Kinder nur kleinere Blessuren davon, aber die andere Fahrerin wurde aus ihrem Auto geschleudert. Rettungswagen kamen mit Sirene und Blaulicht, und sie erfuhren, dass die Frau ihr ungeborenes Kind verloren hatte.

Alice war von dem Unfall traumatisiert. Monatelang weigerte sie sich, mit dem Auto zu fahren, wenn ihre Mutter am Steuer saß. Sie fuhr mit ihrem Vater, wenn es unbedingt sein musste, und trotzdem bekam sie vorher einen Schreianfall. Ihre kleine Schwester schien zwar weniger betroffen zu sein, dennoch spielten die beiden mit ihren Puppen täglich den Unfall nach. Alice stopfte sogar ein Kissen unter ihr Hemd und spielte, dass sie schwanger wäre. Dann zog sie das Kissen heraus und sagte: »Mein Baby ist gestorben.« Alice bekam Albträume, klammerte sich an ihre Eltern und weinte sehr viel öfter als früher.

Ihre Eltern wussten, dass es ihr schwerfiel, mit dem Unfall zu Rande zu kommen, und sie versuchten, so verständnisvoll wie möglich zu sein. Doch machten sie sich zu Recht Sorgen, als Alice keinerlei Anzeichen zeigte, darüber hinwegzukommen.

Der Unfall lag jetzt fast sechs Monate zurück, und immer noch war sie nicht wiederzuerkennen.

Was ist eine Posttraumatische Belastungsstörung (PTBS)?

Wie der Name bereits sagt, tritt die Posttraumatische Belastungsstörung auf, wenn jemand eine traumatische Erfahrung hinter sich hat. Die Erfahrung kann ein Verkehrsunfall sein wie bei Alice oder ein anderes Geschehen, bei dem sich das Kind bedroht fühlte. Eine Naturkatastrophe, wie etwa ein Wirbelsturm oder eine Überschwemmung, kann bei manchen Kindern ebenso die Ursache sein wie ein Einbruch oder eine andere Art von Verbrechen. Körperliche Misshandlung oder sexueller Missbrauch können bei Kindern ebenfalls zu einer Posttraumatischen Belastungsstörung führen.

Zu den Symptomen gehört das Nacherleben des traumatischen Erlebnisses, etwa in Form von Albträumen oder verstörenden Erinnerungen. Manche Kinder entwickeln Schlafstörungen und werden extrem reizbar oder empfindlich. Ein weiteres wesentliches Symptom ist die Vermeidung. Das Kind versucht Dinge zu vermeiden, die mit dem Trauma in Zusammenhang stehen. Zum Beispiel wollte Alice nach dem Unfall nicht mehr Auto mit ihrer Mutter fahren.

Leidet Ihr Kind an einer Posttraumatischen Belastungsstörung?

1. War Ihr Kind einem traumatischen Erlebnis ausgesetzt, auf das die beiden folgenden Aussagen zutreffen?
   - Es hat einen Vorfall erlebt (oder wurde dessen Zeuge), der Tod oder Todesgefahr oder schwere Verletzungen für es selbst oder andere zur Folge hatte.
   - Ihr Kind hat darauf mit Angst, Hilflosigkeit und Entsetzen reagiert.
2. Durchlebt Ihr Kind das traumatische Ereignis immer wieder in einer oder mehreren der folgenden Formen?
   - Wiederkehrende und hartnäckige Erinnerungen an das Ereignis, wozu auch Gedanken oder Bilder gehören können;

- wiederkehrende, das Ereignis betreffende Albträume;
- ein Gefühl, als ob sich das Ereignis wiederholt – so genannter Flashback;
- intensiver Leidensdruck, wenn es an das Ereignis erinnert wird.

3. Vermeidet Ihr Kind Dinge, die mit dem traumatischen Ereignis zu tun haben?
   - Gedanken und Gefühle, die mit dem Trauma zusammenhängen.
   - Menschen, Aktivitäten, Orte, die mit dem Trauma zusammenhängen.
   - Sind Ihrem Kind bestimmte Aspekte der traumatischen Situation nicht mehr erinnerlich?
4. Ist Ihr Kind sprunghaft oder reizbar? Leidet es an Schlafstörungen? Konzentrationsschwierigkeiten?

Wenn Sie alle diese Fragen mit Ja beantwortet haben und wenn die Symptome nach dem Trauma einen Monat oder länger andauern und zugleich sein Alltagsleben behindern, leidet Ihr Kind möglicherweise an einer Posttraumatischen Belastungsstörung.

Wenn Ihr Kind Angstanfälle »aus dem Nichts« bekommt

Jane, eine Achtklässlerin, klagte während des ersten Schulhalbjahres immer mal wieder, dass sie sich »komisch« fühle. Sie erzählte ihrer Mutter, dass ihr Herz »wie wild« rase und dass ihr in den Gängen schwindlig werde. Ihre Mutter brachte sie zum Kinderarzt, doch der fand medizinisch nichts Auffälliges. Jane war von dem Ergebnis allerdings nicht überzeugt.

Eines Tages, als sie in der Schule zu ihrem Schließfach ging, begann Janes Herz zu rasen, ihr wurde schwindlig, aber weder war ihr heiß, noch schwitzte sie. Sie wusste zwar, dass sie wahrscheinlich für so etwas zu jung war, aber ihr schoss durch den Kopf, dass sie einen Herzanfall hatte. Eine Freundin brachte sie in den Krankenraum zur Schulschwester, und Janes Mutter holte sie später ab.

Jane blieb ein paar Tage zu Hause. Ihre Mutter dachte, dass sie sich vielleicht einen Virus geholt hatte und sich deshalb schlecht fühlte. Jane lag auf dem Sofa und weinte immer wieder, weil sie Angst hatte, krank zu sein. Sie sprach ununterbrochen auf ihre Eltern ein, dass irgendetwas mit ihr nicht stimmen könne.

Als sie zur Schule zurückkehrte, traten diese »Attacken« häufiger auf. Einmal saß sie an ihrem Platz und las, und plötzlich begann sie sich wieder »komisch« zu fühlen. Sie dachte: »Verdammt, jetzt geht's wieder los.«

Nach weiteren Besuchen beim Kinderarzt wurde Jane an einen Herzspezialisten für Kinder überwiesen. Doch erneut wurde nichts Medizinisches gefunden, und sie wurde zu mir überwiesen.

Was ist eine Panikstörung?

Jane war im Begriff, eine Panikstörung zu entwickeln. Kinder sind davon selten betroffen, doch bei Adoleszenten kann sie auftreten. Um die Panikstörung zu definieren, müssen wir zunächst wissen, was eine Panikattacke ist. Eine Panikattacke ist ein plötzlicher Ausbruch von Angst oder starkem Unwohlsein, der von einer Reihe körperlicher Symptome begleitet wird wie Kurzatmigkeit, Herzrasen, Schwindelgefühl, Schwitzen, Prickeln in den Gliedern, Zittern, Erstickungsgefühle, Kälteschauer oder Hitzewellen sowie Ohnmacht. Manchmal können die körperlichen Symptome auch begeleitet werden von Unwirklichkeitsgefühlen und der Angst, die Kontrolle zu verlieren oder zu sterben.

Panikattacken können im Kontext jeder der anderen Angststörungen auftreten. Zum Beispiel kann ein Kind mit Sozialer Angststörung eine Panikattacke erleiden, bevor es vor die Klasse treten und ein Referat vortragen muss. Ein Kind mit Zwangsstörung kann eine Panikattacke erleiden, wenn es glaubt, dass es mit etwas »Kontaminiertem« in Berührung gekommen ist. Ein Kind mit Generalisierter Angststörung kann eine Panikattacke erleiden, wenn es sich in einem akuten Angstzustand befindet. Das definierende Merkmal der Panikstörung ist, dass die Panikattacken scheinbar durch nichts ausgelöst werden – sie kommen wie »aus dem heiteren Himmel«.

Hat Ihr Kind eine Panikstörung?

1. Erleidet Ihr Kind wiederholt unerwartete Panikattacken? Mit »unerwartet« meinen wir, dass sie aus dem Nichts zu kommen scheinen.
2. Folgte mindestens einer dieser Attacken eine mindestens einen Monat lang anhaltende Angst vor einer weiteren Panikattacke?
   und/oder
   Hat Ihr Kind sich große Sorgen über die Folgen der Panikattacke gemacht? (»Bin ich krank?«, oder: »Werde ich verrückt?«)
   und/oder
   Hat sich das Verhalten Ihres Kindes seit der Panikattacke verändert?

Wenn Sie Frage 1 mit Ja und mindestens eine der Fragen unter 2 mit Ja beantwortet haben, leidet Ihr Kind möglicherweise an einer Panikstörung.

Wenn Ihr Kind sehr niedergeschlagen ist

Zacharias, ein Junge von dreizehn Jahren, besuchte eine katholische Schule. Er war in dem Alter, in dem die Jungen aktiv an den Gottesdiensten teilnehmen, sowohl während der Schultage als auch am Sonntag. Zacharias konnte sich nicht vorstellen, als Ministrant am Altar zu stehen. Er brachte es kaum fertig, im Unterricht die Hand zu heben, um eine Frage zu beantworten – wie sollte er je fähig sein, vor der ganzen Gemeinde in einem weißen Gewand zu ministrieren.

Seine Eltern waren enttäuscht, drängten ihn aber zu nichts. Sie wussten, dass er extrem schüchtern war und große Probleme hatte, vor anderen Menschen aufzutreten. Obgleich er musikalisch begabt war, war er aus dem Chor und dem Schulorchester ausgetreten, weil er sich vor den öffentlichen Auftritten fürchtete.

Die anderen Kinder zogen ihn wegen der Ministrantenstelle auf. Weder wollte Zacharias Ministrant sein, noch wollte er Aufmerksamkeit erregen, weil er keiner war. Er wusste nicht, was er sagen sollte, wenn die anderen Kinder ihn fragten, warum er nicht wie die anderen Jungen mitmachte. Er verstummte gewöhnlich und senkte den Blick zu Boden.

»Ich bin so ein Versager«, erklärte er seinen Eltern. »Alle Kinder finden mich seltsam.«

Zacharias zog sich immer mehr zurück. Seine Eltern wussten, dass er in der Schule ziemlich still war, aber wenigstens zu Hause war er normalerweise guter Dinge und fröhlich. Jetzt aber redete er auch zu Hause nur noch wenig, schaute kaum mehr fern und beteiligte sich nicht mehr an den Familienspielen. Er aß wenig und schien weniger Energie zu haben als früher.

Wie sieht Depression bei Kindern aus?

Depression bei Kindern gleicht in vielem der Depression bei Erwachsenen, auch wenn es natürlich Unterschiede gibt. Kinder, die an Depressionen leiden, können einen traurigen und gedämpften Eindruck machen, oder sie sind verdrießlicher und reizbarer als sonst. Sie verlieren oft das Interesse an Aktivitäten, die ihnen früher Spaß gemacht haben.

Appetitlosigkeit und Schlafstörungen sind ebenfalls häufige Symptome von Depressionen bei Kindern. Adoleszente hingegen essen und schlafen manchmal zu viel. Beides ist also möglich.

Auch Konzentrationsstörungen sind zuweilen mit Depression verbunden. Dies kann der Grund für einen Abfall der Leistungen in der Schule sein.

Depressive Kinder äußern häufig negative Urteile über sich selbst, etwa: »Ich bin zu nichts gut«, oder: »Ich hasse mich.« Sie können so verzweifelt sein, dass sie an Selbstmord denken.

Leidet Ihr Kind an Depressionen?
Berücksichtigen Sie bei der Beantwortung dieser Fragen die letzten beiden Wochen.

1. Ist Ihr Kind fast jeden Tag niedergeschlagen, traurig oder reizbar?
2. Hat Ihr Kind an fast allem, was ihm früher Spaß gemacht, das Interesse verloren?
3. Hat sich das Essensverhalten Ihres Kindes geändert? Hat sich sein Gewicht verändert?
4. Hat Ihr Kind Schwierigkeiten, einzuschlafen? Durchzuschlafen? Schläft Ihr adoleszentes Kind die ganze Zeit?
5. Erscheint Ihr Kind angespannt, ruhelos oder gereizt?
6. Hat Ihr Kind kaum Energie und fühlt sich fast jeden Tag müde?
7. Äußert es Gefühle seiner eigenen Wertlosigkeit (zum Beispiel: »Ich bin zu nichts gut«, oder: »Den Menschen ginge es ohne mich besser.«)?
8. Hat Ihr Kind Konzentrationsprobleme?
9. Hat Ihr Kind über den Tod gesprochen oder den Wunsch geäußert, Selbstmord zu begehen?

Wenn Sie die Fragen 1 und 2 sowie vier oder mehr der anderen Fragen mit Ja beantwortet haben und diese Symptome über zwei Wochen andauern, leidet Ihr Kind möglicherweise an einer Klinischen Depression.

Warnsignale für einen möglichen Selbstmord

- wenn das Kind/der Jugendliche direkt oder indirekt über Selbstmord oder darüber spricht, sterben zu wollen;
- Depression, Traurigkeit;
- Änderungen im Schlaf- und Essverhalten;
- Langeweile, Rückzugsverhalten und Antriebslosigkeit;
- starke Stimmungsschwankungen;
- wenn das Kind/der Jugendliche wertgeschätzte Besitztümer verschenkt;
- zunehmender Alkohol- und Tablettenkonsum;
- Leistungsabfall in der Schule;
- eine nicht lange zurückliegende Verlusterfahrung;
- ein vorausgegangener Selbstmordversuch.

Weitere mögliche Probleme

Zwar sind die genannten Angststörungen und Depressionen wahrscheinlich die häufigsten Störungen, die mit einer Sozialen Angststörung einhergehen, aber es gibt auch noch andere Probleme, auf die Sie vorbereitet sein sollten. Wir beschreiben diese im Folgenden. Bitte beachten Sie, dass dies keine lückenlose Liste ist. Wenn Ihr Kind Probleme hat, die wir nicht erwähnen, gehen Sie sicher und sprechen Sie mit Ihrem Arzt und lassen Sie sich für eine weitere Beurteilung an einen Psychologen überweisen.

Alkohol- oder Drogenmissbrauch

Menschen, die an einer Sozialen Angststörung leiden, sind besonders anfällig für den Missbrauch von Alkohol (und manchmal auch von Freizeitdrogen).

Alkohol wird bei vielen sozialen Anlässen angeboten, und man muss selbst nicht unbedingt ängstlich sein, um zu glauben, dass ein Glas Bier oder Wein einen entspannt und vielleicht auch spontaner und offener macht. Adoleszente, die ohnehin dazu neigen, das zu tun, »was alle tun«, experimentieren nicht selten mit Drogen und Alkohol. Wenn schüchterne Jugendliche diese Substanzen konsumieren, um damit ihre Angst zu bekämpfen, kann es leicht sein, dass sie auf Dauer zwei Probleme haben statt nur einem.

Hier ist die gute Nachricht: Ihr schüchterner und ängstlicher Teenager, wenn er oder sie die eigenen Ängste überwindet, wird sehr wahrscheinlich weniger Motivation verspüren, zu trinken oder Drogen zu nehmen. Natürlich kann sich der Drogenmissbrauch verselbstständigen, und deshalb müssen Sie beiden Problemen ins Auge sehen.

Wenn Sie den Verdacht haben, dass Ihr Sohn oder Ihre Tochter zusätzlich zur Sozialen Angststörung ein Problem mit Alkohol- oder Drogenmissbrauch hat, sollten Sie folgende Ratschläge beherzigen:

- Warten Sie nicht ab, bis die Dinge schlimmer werden. Sprechen Sie mit Ihrem Kind offen über Ihre Sorgen.
- Es kann gefährlich sein, Alkohol zu trinken, während man zugleich verschriebene Medikamente gegen Depression und Angst einnimmt. Gehen Sie sicher, dass Ihr Kind dies weiß und sich an die Richtlinien für die jeweiligen Medikamente hält.
- Sprechen Sie mit Ihrem Kind darüber, dass Alkohol – trotz seiner raschen Entspannungswirkung – auf lange Sicht Angst erhöht.
- Studien zeigen, dass Menschen, die ein Placebo trinken (also etwas, von dem sie glauben, dass Alkohol enthalten sei), sich sozial ebenso offen verhalten wie diejenigen, die Alkohol trinken. Auch die Placebo-Getränke bauen Hemmungen ab und machen die Menschen entspannter und gesprächsfreudiger.
- Es gibt mittlerweile auch Anonyme-Alkoholiker-Gruppen für Jugendliche. Wir wissen natürlich, dass solche Gruppentreffen für Menschen mit Sozialangst eine enorme Herausforderung darstellen, aber wenn Ihr Teenager den Mut dazu aufbringt, ist es den Versuch wert. Versichern Sie Ihrem Sohn oder Ihrer Tochter, dass dort auch andere mit Sozialangst sitzen werden.

Sensorische Integrationsstörung

Lehnt es Ihr Kind ab, bestimmte Arten von Kleidung zu tragen oder bestimmte Materialien zu berühren? Kitzelt das Gras unter seinen Füßen? Ist es ein heikler Esser? Reagiert es überempfindlich auf Licht (»Die Sonne ist zu grell«) oder auf Geräusche (»Der Lärm tut meinen Ohren weh«)? Vermeidet Ihr Kind Spiele und Aktivitäten, bei denen es sich körperlich anstrengen muss, und bleibt stattdessen lieber an einem Fleck? Ermüdet Ihr Kind schnell? Bewegt es sich ungeschickt oder unkoordiniert und fällt es leicht hin oder stößt sich oft an?

Dies sind deutliche Hinweise auf eine Sensorische Integrationsstörung, eine keineswegs seltene, aber oft übersehene Krankheit, bei der Sinnesinformationen vom Hirn nicht richtig verarbeitet werden. Die Sensorische Integrationsstörung wurde vor Jahrzehnten von einem Beschäftigungstherapeuten erkannt, aber erst seit Kurzem gilt sie auch unter Ärzten und Psychologen als klinische Störung.

Da Kinder mit einer Sozialen Angststörung häufig überempfindlich sind (erinnern Sie sich an die Beschreibung der Verhaltenshemmung in Kapitel 2), ist es nicht verwunderlich, dass ein bestimmter Prozentsatz von ihnen auch Probleme mit der sensorischen Integration hat. Wenn die obigen Merkmale auf Ihr Kind zutreffen, sollten Sie eine beschäftigungstherapeutische Beurteilung vornehmen lassen. Die entsprechenden Therapeuten sind auf sensorische Probleme spezialisiert. Das beste Buch über Sensorische Integration, das wir kennen, ist *The Out-of-Sync Child* von Carol Stock Kranowitz.

Aufmerksamkeitsdefizitstörung (ADS) und Aufmerksamkeitsdefizit-Hyperaktivitätsstörung (ADHS)

Die Hauptmerkmale von ADS und ADHS sind Konzentrationsschwäche, Ablenkbarkeit und Impulsivität. Diesen Kindern fällt es schwer, sich zu konzentrieren oder aufmerksam zu sein, und infolgedessen haben sie Probleme in der Schule. Kinder mit ADHS zeigen darüber hinaus ein Übermaß an motorischer Aktivität. Mit anderen Worten ist es ihnen fast unmöglich, still zu sitzen. Im Gegensatz dazu werden Kinder mit ADS (ohne Hyperaktivität) häufig als verträumt beschrieben.

Da Kinder mit ADS oder ADHS Schwierigkeiten bei der Verarbeitung von Informationen haben, haben sie auch oft soziale Probleme. Sie können soziale Hinweisreize nicht »lesen« und fallen anderen unabsichtlich zur Last. Häufig werden diese Kinder dann aus Gruppen ausgeschlossen und geraten in Isolation. Wenn diese Kinder erkennen, dass sie sozial nicht mithalten können, ziehen sie sich möglicherweise zurück, werden gehemmt und entwickeln Sozialangst. In einem solchen Szenario entsteht Sozialangst als Folge von ADS/ADHS; doch in anderen

Fällen leiden Kinder an beiden Störungen, die sich unabhängig voneinander entwickelt haben.

Welche Situation auch vorliegen mag, ADS/ADHS muss angemessen behandelt werden – je früher, desto besser –, sodass die Kinder sozial aufholen können und ihr Selbstbewusstsein keinen Schaden nimmt.

Lernbehinderungen

Ähnlich wie bei ADS/ADHS haben Kinder mit Lernbehinderungen Probleme, Informationen aufzunehmen, zu speichern und bei Bedarf abzurufen, und dies kann zur Beeinträchtigung der sozialen Fähigkeiten führen. Für lernbehinderte Kinder ist es schwierig, soziale Informationen einzuordnen, und daher neigen sie zu sozialen Fehlleistungen. Wahrscheinlich erhalten sie kaum positives Feedback von anderen, was zu vermehrter Angst führt. Diese Angst wiederum veranlasst sie, sich sozial zurückzuziehen, und so hat ein Teufelskreis begonnen.

Wenn Sie den Verdacht haben, dass Ihr Kind an einer Lernbehinderung leidet, suchen Sie psychologisch geschulte Therapeuten auf. Die Lehrerin Ihres Kindes (oder sein Lehrer, Beratungslehrer oder Schulpsychologe) ist vielleicht zunächst der beste Ansprechpartner. Denken Sie daran, dass eine Lernbehinderung nichts mit Intelligenz zu tun hat. Vielmehr sind viele Kinder, die an einer Lernbehinderung leiden, überdurchschnittlich intelligent; doch oft müssen sie härter arbeiten als andere Kinder, um die Nachteile ihres Lernstils zu kompensieren.

Tipps, wie sich koexistierende Störungen besser meistern lassen

Wenn Sie Ihr Kind in einer der obigen Beschreibungen wiedererkennen, werden Sie vielleicht denken: »Wie kann ich meinem Kind nicht nur bei seiner Sozialen Angststörung, sondern auch bei dem anderen Problem helfen?« Wir wollen Ihnen hier nichts vormachen; wenn Ihr Kind mehr als eine Störung hat, so bedeutet dies in jedem Fall eine zusätzliche Herausforderung. Hier folgen ein paar Tipps, wie Sie mit der Situation besser fertig werden können.

Lassen Sie sich helfen

Dies ist wahrscheinlich der wichtigste Rat, den wir Ihnen geben können. Sie brauchen alle erdenkliche Unterstützung, die Sie bekommen können, um Ihrem Kind zu helfen und zugleich Ihr eigenes Wohlbefinden nicht aus den Augen zu verlieren.

Selbsthilfe ist nicht genug

Wenn Ihr Kind unter einer Sozialen Angststörung und einer Begleitstörung leidet, reicht Selbsthilfe möglicherweise nicht aus. Suchen Sie das Beratungsgespräch mit einem Psychologen oder Psychotherapeuten, statt sich mit Ihren eigenen Bemühungen im Kreis zu drehen. Das heißt keineswegs, dass die Befolgung der Vorschläge in diesem Buch nicht wichtig wäre. Doch wenn Sie es mit einer Kombination von Störungen zu tun haben, können Sie für Ihr Kind und seine Genesung nichts Besseres tun, als das Problem von verschiedenen Seiten her anzugehen.

Die Wichtigkeit der therapeutischen Beziehung

Wie wir wissen, sehnen sich Menschen mit einer Sozialen Angststörung nach Beziehungen zu anderen Menschen, fürchten sich aber vor einer möglichen Zurückweisung oder Ablehnung. Dies gilt auch für die Beziehung zum Therapeuten. Bevor Ihr Kind in der Therapie Fortschritte machen kann, muss es sich in der therapeutischen Beziehung sicher fühlen und wissen, dass der Therapeut oder die Therapeutin es nicht verurteilen oder zurückweisen wird, wenn es einen Fehler macht. Diese Vertrauensbildung kann Zeit in Anspruch nehmen, insbesondere bei Kindern mit intensiven sozialen Ängsten.

Akzeptieren Sie, dass sich Fortschritte nur langsam zeigen

Ohne Zweifel kann es ein mühsamer Kampf sein, wenn Ihr Kind eine Soziale Angststörung und noch ein weiteres Problem dazu hat. Es entsteht dann manchmal der Eindruck, dass Ihr Kind in der Therapie keinerlei Fortschritte macht.

Als Eltern müssen Sie Ihre Vorstellungen über den erwarteten Veränderungsprozess überprüfen, weil diese aller Wahrscheinlichkeit nach Einfluss auf Ihr Kind haben. Muss die Therapie zum Beispiel schnelle Fortschritte zeitigen, damit Sie damit zufrieden sind? Wenn dies der Fall ist, dann wird der ganze Prozess sowohl für Sie als auch für Ihr Kind wahrscheinlich frustrierend.

Obwohl es ohne Zweifel schön wäre, wenn Ihr Kind seine Probleme schnell überwinden würde, lehrt die Erfahrung, dass es meist nicht so leicht geht. Wenn sich Ihnen der Eindruck vermittelt, dass Ihr Kind zwei Schritte vor und einen zurück macht, dann ist dies normal. Das Ziel ist Fortschritt – selbst langsamer Fortschritt –, nicht Perfektion.

Haben Sie keine Furcht vor Medikamenten

Es gibt genügend wissenschaftliche Belege, dass die Soziale Angststörung eine starke biologische Komponente hat. Bei manchen Kindern richtet selbst die beste kognitive Verhaltenstherapie nicht genug aus. Insbesondere, wenn Ihr Kind unter Depressionen und Angst leidet, werden Sie es vielleicht mit einer medikamentösen Unterstützung versuchen wollen. Siehe im Anhang die Informationen zur Medikamentenfrage.

Konzentrieren Sie sich auf das Wesentliche

Gehen Sie noch einmal die Grundprinzipien durch, die wir in Kapitel 3 aufgestellt haben: Akzeptanz, Geduld und Fokussierung auf das Positive. Wenn Sie diese Ratschläge befolgen, befördern Sie eine realistische Sicht der Dinge und eine gesunde

Dosis Optimismus. Ihr Kind ist sehr viel mehr als seine Soziale Angststörung. Mit den heutigen therapeutischen Fortschritten besteht jeder Grund zur Hoffnung, dass Ihr Kind seine Angst überwinden wird – und auch die anderen existierenden Probleme.

Nehmen Sie sich Zeit für sich selbst

Es kann sehr anstrengend und zeitaufwändig sein, wenn man einem Kind mit besonderem Förderungsbedarf helfen muss. Es gibt viele Arzttermine und Therapiestunden, man muss emotionale Zusammenbrüche auffangen, bei Konfrontationen helfen, ganz abgesehen von den anderen Alltagsaufgaben, die nun einmal mit einer Familie verbunden sind. Nehmen Sie sich auch mal frei und amüsieren Sie sich. Ihr erfrischter und positiver mentaler Zustand wird nicht nur Ihnen, sondern auch Ihrem Kind guttun.

Anhang

Therapeutische Hilfe

Wir hoffen, dass die Lektüre dieses Buches und die Methoden zur Angstverringerung, die wir vorgestellt haben, Ihnen und Ihrem Kind effektiv weitergeholfen haben. Wenn Sie aber zusätzliche Hilfe brauchen, wollen wir Ihnen in diesem Anhang zeigen, wie Sie diese finden können.

Wenn Selbsthilfe nicht genügt

Es gibt viele Phasen im Leben, in denen Selbsthilfe nicht ausreicht. Das ist kein Fehler – es ist nur einfach so, dass Angstprobleme meist kompliziert sind und mit anderen Störungen (wie zum Beispiel Depression) einhergehen. Wenn Sie die von uns beschriebenen Strategien ausprobiert haben, aber sich die erhofften Ergebnisse auf Dauer nicht einstellen, ist es an der Zeit, Hilfe von außen zu suchen.

Als erster Schritt empfiehlt es sich, den Haus- oder Kinderarzt zu konsultieren. Angst kann sich hinter verschiedenen medizinischen Erkrankungen verbergen, und Sie wollen sichergehen, dass dies nicht der Fall ist. Wenn medizinische Probleme ausgeschlossen werden können, müssen Sie einen Kinder- oder Jugendtherapeuten finden, der Erfahrung mit der Behandlung von Angststörungen hat.

Wie Sie Hilfe finden

Hier folgen einige Vorschläge, wie Sie einen Therapeuten finden können, der mit Ihnen und Ihrem Kind arbeitet:

- Wie erwähnt, bitten Sie Ihren Haus- oder Kinderarzt um eine Überweisung.
- Fragen Sie beim Jugendamt, bei der Familienberatung oder bei Erziehungsberatungsstellen in Ihrer Stadt oder Gemeinde nach.
- Auch die Kirchen bieten diesbezüglich Beratung an.
- Schauen Sie im Internet nach, ob Sie eine Selbsthilfegruppe für Sozialangst bei Kindern in Ihrer Nähe finden. Aber auch Selbsthilfegruppen andernorts geben bereitwillig Auskunft und wertvolle Informationen.
- Wenn Sie Freunde oder Angehörige haben, die schon einmal wegen einer Angststörung behandelt wurden, fragen Sie diese, bei wem sie eine Therapie gemacht haben und wie zufrieden sie damit sind. Direkte Erfahrungen sind oft die beste Entscheidungsgrundlage.
- Sie können auch bei psychologischen Fachverbänden nachfragen, welche Therapeuten auf Angsttherapie spezialisiert sind.

Verschiedene Ärzte und Therapeuten

Viele Menschen sind verwirrt, wenn Sie zwischen einem Psychologen und einem Psychiater wählen sollen. Das einfachste Unterscheidungsmerkmal ist dies: Psychiater sind Ärzte und dürfen daher auch Medikamente verschreiben. Psychologen sind hingegen manchmal Doktoren der Psychologie, meist aber Diplom-Psychologen, die zusätzlich eine Ausbildung als klinische Therapeuten absolviert haben.

Wie finden Sie heraus, dass jemand die Kompetenz hat, die Sozialangst Ihres Kindes zu behandeln? Fragen Sie einfach! Therapeuten sind keineswegs verletzt, wenn man Sie nach Ihrer Ausbildung und Spezialisierung fragt. Oft verweisen sie einen an einen spezialisierten Kollegen, wenn sie sich selbst nicht kompetent genug fühlen.

Fragen, die Sie stellen sollten

Nicht jeder Psychotherapeut hat die Ausbildung, die ihn befähigt, Kinder und Jugendliche mit Sozialer Angststörung zu therapieren. Deshalb folgen hier einige Fragen, die Sie einem zukünftigen Therapeuten stellen sollten:

- Arbeiten Sie mit Kindern, die an einer Sozialen Angststörung leiden?
- Welche Art von Therapie führen Sie durch?
- Beziehen Sie die Eltern mit ein?
- Koordinieren Sie sich bei Bedarf mit dem Hausarzt, der Schule?
- Welchen Erfolg hatten Sie bisher bei der Therapierung solcher Fälle?
- Was halten Sie von Medikamenten? An wen überweisen Sie Patienten, wenn eine Medikamentierung notwendig erscheint?
- Empfehlen Sie irgendwelche einschlägigen Bücher zur Begleitung der Therapie?
- Stellen Sie Aufgaben, die außerhalb der Therapiestunden erfüllt werden müssen?
- Haben Sie bezüglich der Therapie von Kindern mit Sozialer Angststörung irgendwelche Fortbildungsmaßnahmen gemacht?

Die meisten Therapeuten und Therapeutinnen haben viel zu tun, also fassen Sie Ihre Fragen so kurz wie möglich. Gleichwohl haben Sie als Klient das Recht, sich ausreichend informieren zu lassen, sodass Sie der Therapie Ihres Kindes mit voller Überzeugung zustimmen können.

Das erste Gespräch

Bereiten Sie Ihr Kind auf den ersten Termin beim Therapeuten vor. Sagen Sie ihm, dass dort jemand ist, der mit Kindern und ihren Familien spricht, um ihnen bei ihren Problemen zu helfen. Es wird nicht wehtun, weil dieser »Doktor« keine Spritzen gibt. Bei Jugendlichen, die sich vielleicht genieren, kann die Versicherung helfen, dass auch erfolgreiche Sportler und Filmstars sich von Psychologen helfen lassen – und das heißt keineswegs, dass sie verrückt sind. Auch geht es keinesfalls um Bestrafung. Ihre Kinder gehen nicht zum Therapeuten, weil sie »böse« gewesen wären.

Nehmen Sie zur ersten Sitzung alle Fragebögen mit, die Sie in diesem Buch ausgefüllt haben. Insbesondere »Hat mein Kind eine Soziale Angststörung?« aus Kapitel 1 könnte sich als hilfreich erweisen. Der Therapeut wird zunächst mit Ihnen sprechen, um Hintergrundinformationen zu bekommen. Möglicherweise ist Ihr Kind bei der ersten Sitzung zugegen, vielleicht auch nicht. Wenn Ihr Kind teilnimmt, Sie aber eine Information unter vier Augen mitteilen möchten, so lassen Sie den Therapeuten wissen, dass Sie ein paar Minuten mit ihm allein sprechen wollen.

Der Therapeut wird dann irgendwann mit Ihrem Kind sprechen wollen. Auch hier gibt es verschiedene Möglichkeiten. Manche Therapeuten ziehen es vor, mit Ihrem Kind allein zu sprechen, während andere Sie dabeihaben wollen. Therapeuten, die sich mit schüchternen, sozial ängstlichen Kindern auskennen, können die Situation »lesen«, und wenn das Kind davor Angst hat, von seiner Mutter (oder seinem Vater) getrennt zu werden, akzeptieren sie dies.

Es kann mehrere Sitzungen dauern, bis der Therapeut alle Informationen auswertet, die für eine formelle Diagnose notwendig sind, und einen Vorschlag für eine Therapie macht. Haben Sie Geduld bei diesem Prozess. Eine sorgfältige Beurteilung ist für eine effektive Behandlung entscheidend.

Was Sie erwarten können

Wenn Ihr Kind mit einer Therapie begonnen hat: Was können Sie erwarten? Natürlich müssen wir hier verallgemeinern, aber es folgen ein paar Hinweise, die Ihnen möglicherweise zeigen, dass Sie und Ihr Kind auf dem richtigen Weg sind.

- Ein Elternteil oder am besten beide Eltern sind an dem Behandlungsprozess beteiligt. Es ist normalerweise nicht so, dass Sie Ihr Kind beim Therapeuten abgeben und es nach einer Stunde wieder abholen. Sie verbringen ja sehr viel mehr Zeit mit Ihrem Kind als der Therapeut, also müssen Sie wissen, wie Sie Ihr Kind zu Hause instruieren sollen.
- Sie sollten sich keine Scheu auferlegen, dem Therapeuten Fragen zu stellen, und Sie sollten das Gefühl haben, dass der Therapeut für Ihre Fragen offen ist.
- Ihr Kind braucht möglicherweise eine gewisse Zeit, bevor es zu dem Therapeuten Vertrauen fasst, aber im Allgemeinen sollte es hier in überschaubarer Zeit Fortschritte geben. Andererseits fordert der Therapeut von Ihrem Kind, Dinge zu tun, vor denen es sich fürchtet – dies sollten Sie berücksichtigen, wenn Sie die Situation bewerten. Im Idealfall ist der Stil des Therapeuten warmherzig und ermutigend, und zugleich gibt er die Richtung vor.
- Sie und Ihr Kind werden wahrscheinlich zwischen den Therapiestunden »Hausaufgaben« absolvieren müssen.
- Es ist schwierig, wenn nicht unmöglich, am Anfang zu sagen, wie lange die Therapie dauern wird. Doch sollten Sie im Abstand von mehreren Monaten mit allen Beteiligten über den erreichten Fortschritt sprechen und, wenn nötig, den Therapieplan an die Erfordernisse anpassen.

Was, wenn Medikamente notwendig sind?

Irgendwann stehen Sie vielleicht vor der schwierigen Entscheidung, ob Ihr Kind zur Unterstützung der Therapie Medikamente nehmen soll. Die Meinungen gehen hier weit auseinander. Viele Eltern zögern natürlich, wenn sie es nicht sogar von vornherein ausschließen, Medikamente für ihr Kind in Erwägung zu ziehen. Gewöhnlich liegt das an unzureichenden Informationen oder an Furcht einflößenden Geschichten, die sie von anderen Leuten oder aus den Medien gehört haben. Jede der beiden Extrempositionen – eine Ablehnung jeglicher Medikamente oder in Medikamenten den Königsweg zu sehen – beraubt Sie der Möglichkeit, alle Optionen für Ihr Kind in Erwägung zu ziehen, und dies hat weder für Sie noch für Ihr Kind einen erkennbaren Nutzen.

Nach unserer Erfahrung können viele Kinder mit einer Sozialen Angststörung ohne Medikamente gute Fortschritte machen, insbesondere, wenn das Problem früh erkannt wird und keine weiteren komplizierenden Faktoren hinzutreten. Doch gibt es Situationen, in denen wir Eltern empfehlen, einen Kinderpsychiater aufzusuchen (oder, falls dieser nicht erreichbar ist, einen erfahrenen Kinderarzt). Diese Situationen sind:

- Ihr Kind zeigt deutliche Anzeichen von Depression (insbesondere, wenn Selbstmordgedanken geäußert werden), die sich durch die kognitive Verhaltenstherapie allein nicht bessert.
- Das Alltagsleben Ihres Kindes ist stark beeinträchtigt (es kann zum Beispiel nicht in die Schule gehen) und es ist nicht genug Zeit vorhanden, um abzuwarten, ob die Therapie wirkt.
- Es ist kein Therapeut erreichbar, der eine kognitive Verhaltenstherapie anbietet. Dies ist leider im ländlichen Raum öfter der Fall.
- Die kognitive Verhaltenstherapie allein hat für Ihr Kind keine Fortschritte erbracht, und nun ist ein kombinierter Ansatz erforderlich.
- Ihr Kind hat einige Fortschritte in der Therapie gemacht, aber es braucht noch einen »Extraschub«, den das Medikament leistet.

Wenn Sie sich dafür entscheiden, ein Medikament auszuprobieren, sollte Ihr Kind regelmäßig von einem Arzt kontrolliert werden. Die Medikation sollte nur ein Teil eines umfassenderen Therapieprogramms sein.

Die Art von Medikament, die Ihr Kind verschrieben bekommen wird, fällt wahrscheinlich unter die Klasse der so genannten Selektiven Serotoninwiederaufnahmehemmer, kurz SSRI genannt. Die verbreitetsten Präparate sind Prozac, Zoloft, Luvox und Paxil (die deutschen Präparate heißen Fluctin, Fevarin, Zoloft und Seroxat). Diese Medikamente wirken, indem sie im Hirn Serotonin freisetzen, einen chemischen Botenstoff, der Einfluss auf Stimmungen und Angst hat. Wenn ein SSRI richtig verschrieben und kontrolliert eingenommen wird, kann ein solches Medikament sehr hilfreich sein. Ihr Arzt kann Ihnen die möglichen positiven Wirkungen (und Nebenwirkungen) jedes Medikaments erklären.

Bei der Erwägung einer Medikation für Ihr Kind möchten wir Ihnen empfehlen, Ihrem Arzt folgende Fragen zu stellen:

- Wie funktioniert das Medikament?
- Was sind die möglichen positiven Auswirkungen für mein Kind?
- Welche Nebenwirkungen können sich einstellen?
- Wann soll mein Kind das Medikament einnehmen?
- Woran und wie bald kann ich erkennen, dass das Medikament wirkt?
- Wie lange wird mein Kind das Medikament einnehmen müssen?

SSRIs benötigen in der Regel mehrere Wochen, bis sich eine Wirkung einstellt, und die ersten Wirkungen sind oft subtil. Wir empfehlen den Eltern und ihrem Kind, die Wirksamkeit des Medikaments zu kontrollieren, indem das Kind nach Einnahmebeginn täglich seine Stimmungen und sein Angstniveau notiert. Das kann in einem Kalender oder Tagebuch geschehen, und die Daten können dann dem Arzt bei den Nachfolgeterminen gezeigt werden. Dies ermöglicht eine gewisse Objektivität bei der Einschätzung, ob sich mit der Zeit eine Verbesserung einstellt, und es hilft auch Ihnen, kleine Fortschritte zu erkennen.

Während SSRIs die am häufigsten verschriebenen Medikamente bei Sozialangst sind, wird Ihr Arzt aufgrund bestimmter Umstände vielleicht eine andere Klasse von Medikamenten vorziehen wollen. Er sollte in jedem Fall in der Lage sein, Ihnen den Grund für eine spezifische Medikation zu erklären.

Wenn eine Medikation für Ihr Kind empfohlen wird, seien Sie aufgeschlossen und versuchen Sie sich zu informieren. Ein gutes Buch zu diesem Thema ist *Straight Talk About Psychiatric Medications for Kids* von Timothy E. Wilens.

Literatur

Angststörungen

Rapee, Ronald M.; Spence, Susan H.; Cobham, Vanessa, und Wignall, Ann (2000): *Helping Your Anxious Child: A Step-by-Step Guide for Parents.* Oakland, CA: New Harbinger Publications.

Ross, Jerilyn (1994): *Triumph Over Fear: A Book of Help and Hope for People with Anxiety, Panic Attacks, and Phobias.* New York: Bantam Books.

Wagner, Aureen Pinto (2002): *Worried No More: Help and Hope for Anxious Children.* Rochester, NY: Lighthouse Press.

Kinder und Erziehung

Kurcinka, Mary Sheedy (1991): *Raising Your Spirited Child.* New York: HarperCollins.

Turecki, Stanley (1994): *The Emotional Problems of Normal Children: How Parents Can Understand and Help.* New York: Bantam Books.

Depression

Koplewicz, Harold S. (2002): *More than Moody: Recognizing and Treating Adolescent Depression.* New York: Putnam.

Miller, Jeffrey A. (1999): *The Childhood Depression Sourcebook.* Lincolnwood, IL: Lowell House.

Medikamente

Gorman, Jack M. (1998): *The Essential Guide to Psychiatric Drugs.* New York: St. Martin's Press.

Wilens, Timothy E. (1999): *Straight Talk About Psychiatric Medications for Kids.* New York: Guilford Press.

Zwangsstörungen

Wagner, Aureen Pinto (2000): *Up and Down the Worry Hill: A Childrens's Book About Obsessive-Compulsive Disorder and Its Treatment*. Rochester, NY: Lighthouse Press.

Wagner, Aureen Pinto (2002): *What to Do When Your Child Has Obsessive-Compulsive Disorder: Strategies and Solutions*. Rochester, NY: Lighthouse Press.

Waltz, Mitzi (2000): *Obsessive-Compulsive Disorder: Help for Children and Adolescents*. N. Sebastopol, CA: O'Reilly & Associates.

Sensorische Integrationsstörungen

Kranowitz, Carol Stock (1998): *The Out-of-Sync Child: Recognizing and Coping with Sensory Integration Dysfunction*. New York: Berkley.

Schüchternheit, Sozialangst, Sozialphobie

Berent, Jonathan (1993): *Beyond Shyness: How to Conquer Social Anxieties*. New York: Simon & Schuster.

Carducci, Bernardo J. (1999): *Shyness: A Bold New Approach*. New York: HarperCollins.

Carducci, Bernardo J. (2003): *The Shyness Breakthrough: A No-Stress Plan to Help Your Shy Child Warm Up, Open Up, and Join the Fun*. Emmaus, PA: Rodale.

Markway, Barbara G.; Carmin, Cheryl N.; Pollard, Alec, und Flynn, Teresa (1992): *Dying of Embarassment: Help for Social Anxiety & Phobia*. Oakland, CA: Hew Harbinger Publications.

Markway, Barbara G., und Markway, Gregory P. (2001): *Painfully Shy: How to Overcome Social Anxiety and Reclaim Your Life*. New York: St. Martin's Press.

Schneier, Franklin, und Welkwitz, Lawrence (1996): *The Hidden Face of Shyness: Understanding and Overcoming Social Anxiety*. New York: Avon Books.

Stein, Murray B., und Walker, John R. (2002): *Triumph over Shyness*. New York: McGraw-Hill.

Swallow, Ward K. (2000): *The Shy Child: Helping Children Triumph over Shyness*. New York: Warner Books.